Excel Tipps und Tricks für Dummies

Schummelseite

Tastenkombinationen	Befehle
F4	Wiederholen
Strg+⇧+[)]	Zeilen: Ausblenden
Strg+9	Zeilen: Einblenden
Strg++	Zeilen: Einfügen
Strg+[-]	Zeilen: Löschen
⇧+Leertaste	Zeilen: Markieren
Strg+A	Zellbereich markieren
F4	Zellen: Absoluter Bezug
Strg+A	Zellen: Alles markieren
F4	Zellen: Bezug festsetzen: $$
Strg+5	Zellen: Durchstreichen
Strg+⇧+F	Zellen: Fettschrift
Strg+2	Zellen: Fettschrift
Strg+⇧+K	Zellen: Kursivschrift
Strg+3	Zellen: Kursivschrift
Strg+⇧+%	Zellen: Prozentformat
Strg+⇧+[<]	Zellen: Rahmen entfernen
Strg+⇧+[-]	Zellen: Rahmen setzen
Strg+⇧+[&]	Zellen: Standard-Zahlenformat
Strg+⇧+!	Zellen: Tausendertrennzeichen
Strg+⇧+U	Zellen: Unterstreichen
Strg+4	Zellen: Unterstreichen
Strg+⇧+$	Zellen: Währungsformat

Excel Tipps und Tricks für Dummies

Schummelseite

Tastenkombinationen	Befehle
Strg+K	Hyperlink einfügen
Strg+⇧+K	Kursivschrift
Strg+3	Kursivschrift
Strg+A	Liste markieren
Strg+⇧+*	Liste markieren
Strg+⇧+Ende	Liste markieren
Strg+⇧+Leertaste	Liste markieren
Alt+F8	Makros: Bearbeiten
Alt+F4	Makros: Visual-Basic-Editor beenden
Alt+F11	Makros: Visual Basic-Editor starten
Strg+A	Markieren ganzer Zellbereich/Liste
Strg+⇧+↵	Matrixformel angeben
Strg+F1	Menüband reduzieren bzw. erweitern
Alt oder F10	Menüband Tastenkombinationen anzeigen
Strg+F3	Namensmanager starten
Strg+N	Neue Arbeitsmappen
Strg+O	Öffnen Arbeitsmappe
Alt+D+O	Optionen
Alt+N+P	PivotTable-/PivotChart-Assistenten starten
Strg+⇧+%	Prozentformat
Alt+R+P	Prozentformat
Strg+⇧+[<]	Rahmen entfernen
Strg+⇧+[-]	Rahmen setzen
Strg+Z	Rückgängig
Strg+W oder Strg+F4	Schließen Arbeitsmappe

Excel Tipps und Tricks für Dummies

Schummelseite

Tastenkombinationen	Befehle
Alt+I+I	Screenshot aktivieren
Strg+F2	Seitenansicht
Strg+8	Spalten: Ausblenden
Strg+⇧+[(]	Spalten: Einblenden
Strg+Leertaste	Spalten: Markieren
Strg+S	Speichern
F12	Speichern unter
Strg+⇧+[&]	Standard-Zahlenformat
Strg+F	Suchen und Ersetzen
Strg+L	Tabelle erstellen
Strg+T	Tabelle formatieren
Strg+⇧+*	Tabelle markieren
Strg+⇧+Ende	Tabelle markieren
Strg+⇧+Leertaste	Tabelle markieren
Strg oder ⇧ + Mausklick	Tabellenblätter gruppieren
Strg+Bild ⇧+Bild ⇩	Tabellenblätter navigieren
⇧+F11	Tabellenblätter neu anlegen
Strg+Bild ⇧+Bild ⇩	Tabellenblätter wechseln
Strg+⇧+!	Tausendertrennzeichen mit zwei Dezimalstellen
Strg+⇧+U	Unterstreichen
Strg+4	Unterstreichen
Alt+F4	Visual-Basic-Editor beenden
Alt+F11	Visual-Basic-Editor starten
Strg+⇧+$	Währungsformat
Strg+Y	Wiederherstellen

Excel Tipps und Tricks für Dummies

Schummelseite

BEST OF TASTATUR

Die Handhabung in Excel kann mit ein paar Tasten so schnell sein, denn Sie wissen ja, schneller Arbeiten, mehr Freizeit oder noch mehr Arbeit? Das hängt ganz von Ihnen ab!

Mal ist eine Taste, mal sind zwei Tasten gleichzeitig gedrückt, mal drei. Verschiedene Tastenkombinationen führen sogar denselben Befehl aus.

Tastenkombinationen	**Befehle**
[Strg]+[A]	Alles markieren
[Strg]+[N]	Arbeitsmappe neu
[Strg]+[O]	Arbeitsmappe öffnen
[Strg]+[W] oder [Strg]+[F4]	Arbeitsmappe schließen
[Strg]+[S]	Arbeitsmappe speichern
[F12]	Arbeitsmappe speichern unter
[Strg]+[Tab]	Arbeitsmappe wechseln
[F2]	Bearbeitungsleiste Bearbeitungsmodus
[Strg]+[⇧]+[U]	Bearbeitungsleiste erweitern
[Alt]+[R]+[D]	Bedingte Formatierung
[Alt]+[F4]	Beenden von Excel
[Strg]+[Z]	Befehle: Rückgängig
[Strg]+[Y]	Befehle: Wiederherstellen
[F4]	Befehle: Wiederholen
[F4]	Bezug für Zellen festsetzen: $$
[Alt]+[I]+[Ä]	ClipArt einfügen
[Strg]+[⇧]+[.]	Datum einfügen
[Strg]+[.]	Datum und Uhrzeit einfügen
[Alt]+[F1]	Diagramm schnell einfügen
[F11]	Diagramm schnell einfügen auf neues Tabellenblatt

Excel Tipps und Tricks für Dummies

Schummelseite

Tastenkombinationen	Befehle
Strg + F2	Drucken – Seitenansicht
Strg + P ODER F12	Druckoptionen
Strg + 5	Durchstreichen
Alt + F4	Excel beenden
Alt + D + O	Excel-Optionen
Strg + F10	Fenster anordnen
Strg + F6	Fenster zum nächsten wechseln
Strg + ⇧ + F6	Fenster zum vorherigen wechseln
Strg + ⇧ + F	Fettschrift
Strg + 2	Fettschrift
Strg + 5	Format: Durchstreichen
Strg + ⇧ + F	Format: Fettschrift
Strg + 2	Format: Fettschrift
Strg + ⇧ + K	Format: Kursivschrift
Strg + 3	Format: Kursivschrift
Strg + ⇧ + %	Format: Prozent
Strg + ⇧ + [<]	Format: Rahmen entfernen
Strg + ⇧ + [-]	Format: Rahmen setzen
Strg + ⇧ + [&]	Format: Standard-Zahlenformat
Strg + ⇧ + !	Format: Tausendertrennzeichen
Strg + ⇧ + U	Format: Unterstreichen
Strg + 4	Format: Unterstreichen
Strg + ⇧ + $	Format: Währungsformat
F2	Formel für aktive Zelle einblenden
⇧ + F3	Funktions-Assistenten starten
F5	Gehe zu

Excel Tipps und Tricks für Dummies

Rainer Schwabe

Excel Tipps und Tricks

für dummies®

5. Auflage

WILEY

WILEY-VCH GmbH

Excel Tipps und Tricks für Dummies

Bibliografische Information der Deutschen Nationalbibliothek

Die Deutsche Nationalbibliothek verzeichnet diese Publikation in der Deutschen Nationalbibliografie; detaillierte bibliografische Daten sind im Internet über `http://dnb.d-nb.de` abrufbar.

5. Auflage 2026

Coverfoto: ivanko80 – stock `adobe.com`
Korrektur: Isolde Kommer
Satz: Straive, Chennai, India
Druck und Bindung:

Print ISBN: 978-3-527-72391-1
ePub ISBN: 978-3-527-85505-6

Über den Autor

Rainer Schwabe sollte nach seinem Lieblingsonkel »Axel« genannt werden, was natürlich im Englischen ausgesprochen noch besser zum Programm Excel passen würde. Nun, er heißt aber »Rainer«, und so behauptet er: »Keiner mag Excel so wie Rainer ...!«

Rainer Schwabe ist langjähriger Word- und Excel-Buchautor bei renommierten Verlagen. Seine Bücher wurden ins Englische, Türkische, Niederländische und Russische übersetzt. Seit Excel 97 ist er permanent als Schreiberling dabei und wird dabei in der Branche als »Erklärbär« bezeichnet, da er selbst komplexe Zusammenhänge nicht nur anschaulich, sondern auch besonders einfach erklären kann.

Er war Redakteur und ist freier Autor bei zahlreichen, verschiedenen Computer- und Finanzzeitschriften.

Mittlerweile geht er auf bundesweite und internationale Excel-Tourneen in Form von zahlreichen, praxisbezogenen Firmenschulungen und sammelt dabei akribisch Tipps, Tricks und Tastenkombinationen über und in Excel.

Er ist im freien Undercover-Excel-Geheimbund im Vorstand aktiv tätig und sucht ständig nach neuen Rezepturen für Formeln und Funktionen.

Von all den Lehrbüchern, die er bereits zu EDV-Themen geschrieben hat, machte ihm dieses Buch (bis jetzt) am meisten Spaß!

Auf einen Blick

Inhaltsverzeichnis

Einleitung

Die Frage ist nicht, ob Sie Excel nutzen, sondern wie Sie es nutzen! Ob Ein- oder Umsteiger, ob Anfänger, Fortgeschrittener oder Profi – setzen Sie Excel mit nützlichen Tipps und Tricks richtig ein!

Lernen Sie wie beim Tennis in der Tennisschule, auch wenn Sie weder ein sportlicher Typ sind noch Tennis spielen. Schlagen Sie mit Excel von Anfang an richtig auf und lernen Sie die Abläufe korrekt kennen, bevor Sie umständliche Umwege zeitaufwendig gehen.

Zeigen Sie anderen, was Sie alles können, und machen Sie richtig Eindruck mit schnellen Befehlen, rasanten Funktionen und Ruck-Zuck-Tastenkombinationen. Lästige Routine-Aufgaben lassen sich beschleunigen. Das spart Zeit, Mühe und schont Ihre Nerven!

Über dieses Buch

... kann man viel schreiben, aber muss das sein? Wir nutzen lieber die Seitenzahlen für Tipps, Tricks und Top Secrets in Excel mit Aha-Effekt.

Dieses Buch ist mehr als ein Buch, denn es ist ein Excel-Buch. Das Tabellenkalkulationsprogramm (allein dieses Wort!) Excel ist eine ziemlich trockene Angelegenheit: Berechnungen, Tabellen, nur Zahlen und Formeln.

Das muss man sich erst einmal mühsam aneignen, denken die meisten. Dass es auch anders geht, möchte Ihnen dieses Buch zeigen ... Trockener Stoff, flüssig erzählt!

Wenig lesen müssen, um Excel zu verstehen, das war eine echte Herausforderung. Kann man staubtrockene Inhalte überhaupt so darstellen, dass sie sofort eingängig sind? Wenn die Lektüre dieses Buchs für Sie zum Excel-Erfolgserlebnis wird, dann ist es geglückt.

Törichte Annahmen über die Leser

Nehmen Sie an: Excel ist schwer zu verstehen? Dann ist dieses Buch nicht das richtige für Sie! Denn das ist nicht korrekt. Wer Excel von Grund auf versteht, kann auch Excel. Daher geben Sie nicht auf. Was andere können, können Sie schon längst.

Es gibt nicht den Leitfaden für Excel. Jede Aufgabenstellung in der Praxis ist anders aufgebaut und eine neue Herausforderung. Seien Sie einfach flexibel.

Es ist wie in der Fahrschule. Sie lernen in der Fahrschule das richtige Einlenken beim Einparken. Doch jede Parklücke auf der Straße ist anders, und trotzdem parken Sie ein. Genau so ist es bei Excel. Sie lernen hier das grundsätzliche Prozedere, in der Praxis anwenden müssen Sie es dann selbst.

Excel findet nie ein Ende, denn es gibt hier unendliche Welten zu entdecken. Seien Sie ein Excel-Entdecker, der einfach Lust auf dieses Entdecken hat und etwas anderes und Neues kennenlernen möchte.

Excel findet anscheinend nie ein Ende im Gegensatz zu diesem Buch, denn es hat nur ca. 200 Seiten. Sie erwarten in diesem Buch jeden Tipp und Trick, sämtliche Tastenkombinationen? Sorry, das kann ich Ihnen nicht bieten. Aber Sie werden bestimmt – so wie meine Teilnehmer in meinen zahlreichen Firmenschulungen – eine Menge dazulernen.

Wie dieses Buch aufgebaut ist

Dieses Buch besteht aus drei Teilen, die in einzelne Kapitel untergliedert sind. Wert wird hier vor allem auf den Praxisbezug wie bei einer Firmenschulung gelegt. Es ist sowohl als Lern- als auch als schnelles Nachschlagewerk aufgebaut.

Hier ein kurzer Überblick, was Sie in den einzelnen Teilen erwartet:

Teil I: Von Anfang an »excellent« sein!

Sie kennen Excel bereits? Sie werden es noch besser kennenlernen. Weiten Sie Ihr Grundwissen noch mehr aus …

Sie lernen, schneller zu rechnen und zu kalkulieren. Mit den Grundlagen beziehungsweise der Eingabe von Zahlen beschäftigen wir uns nicht so sehr – vielmehr mit den Tricks, und davon gibt es eine Menge. Für den Start von Excel erhalten Sie schon den ersten Tipp.

Teil II: Mal ein »Excelperte« sein!

Behalten Sie den Durchblick bei Übersichten! Mit Excel können Sie Daten leicht erfassen, verwalten und auswerten. Excel kann ruck, zuck Befehle umsetzen. Mit bestimmten Mausaktionen und Tasten bewegen Sie sich sehr schnell auf der Excel-Oberfläche.

Inhalte können schnell bewegt, kopiert und eingefügt werden, und das gilt nicht nur für Excel, sondern auch für andere Programme. Die Eingabe von Daten in Excel-Tabellen ist oft reine Fleißarbeit: Mitunter muss man in mehrere Tabellenblätter immer wieder dieselben Zahlen, Formeln und Formatierungen eingeben.

Excel schickt sich ständig an, mit zahlreichen Funktionen seinen Anwendern das Leben zu erleichtern. Für Arbeit und Freizeit. Excel für alle Lebenslagen. Man muss nur wissen, wie, wo und wann. Dazu braucht man nicht unbedingt Programmierkenntnisse. Profitieren Sie von Kombinationen aus Funktionen.

Zeigen Sie stolz mit den Entwicklertools, was Sie so alles können!

Ärgern Sie sich gelegentlich über Excel? Auch Excel macht mal Fehler. Aber Ärgern muss nicht sein. Denn in diesem Teil wird auch beschrieben, wie Sie mit Fehlern des Programms umgehen können. Lernen Sie einfach aus Fehlern.

Teil III: Der Top-Ten-Teil – kreativ und geheim!

Was kann Excel eigentlich nicht? Es kann nicht die Lottozahlen voraussagen, einen Parkplatz freihalten oder morgens einen anständigen Filterkaffee vorbereiten. Und es fällt einem sicherlich noch einiges mehr ein … Aber sonst kann Excel eine Menge zusätzlich!

Dazu gibt es viele Tipps, Tricks und Tastenkombinationen und versteckte Assistenten, die auf ihr Comeback warten. Seien Sie doch einfach dabei!

Symbole, die in diesem Buch verwendet werden

Hier wird ab und zu erwähnt, wie lustig die praktische Anwendung in Excel sein kann. Nicht immer ein »Schenkelklopfer«, aber auch mal zum Schmunzeln. Da kann eine Formel noch so gut sein, aber »ein Lächeln am Tag ist viel schöner«. Die Arbeit mit Excel muss ja nicht immer so ernst sein.

Mit praktischen Beispielen sollen die Zusammenhänge noch tiefer verdeutlicht werden. Die Theorie ist gut, aber die Praxis gehört zum Excel-Leben. Der Bezug zum Excel-Alltag wird hier großgeschrieben.

Wie heißt in Excel was und vor allem warum? Muss man nicht immer wissen. Aber schön ist es, die gleiche Sprache wie ein »Excellaner« zu sprechen. Auch bei der Suche nach Hilfe ist es besonders wichtig, nach den richtigen Begriffen zu suchen. »Wer richtig sucht, der findet!«

Früher war alles besser! Nein, sicherlich nicht. Nur die Befehle und Optionen waren von Version zu Version unterschiedlich. Hier wird von der Version 2019 ausgegangen. Diese müssen Sie aber nicht haben. Daher erfolgen entsprechende Hinweise.

Na klar, beim Tipp-Symbol erhalten Sie Tipps, Tricks, Tastenkombinationen, und von denen gibt es hier eine Menge! Mein Tipp: Setzen Sie sie sofort in die Praxis um.

Achtung, aufpassen! Finger weg, sonst können Sie sich das Excel-Händchen verbrennen. Unbedingt lesen, bevor Sie etwas falsch machen, fluchen und es bereuen.

Teil I
Von Anfang an »excellent« sein!

IN DIESEM TEIL …

- lernen Sie, wie Sie von Anfang an richtig loslegen.
- erfahren Sie, warum Bezüge so wichtig sind.
- zaubern Sie mit Zahlenformaten, die Eindruck machen.

IN DIESEM KAPITEL

lernen Sie den richtigen Start kennen.

finden Sie die richtigen Einstellungen.

schalten Sie zwischen den Fenstern.

Kapitel 1
Ein starker Anfang

Bei den Excel-Versionen ab 2013 und auch in Excel 365 erscheint beim Start zunächst die Auswahl mit verschiedenen Dokumentvorlagen. Wenn Sie einfach nur loslegen wollen, klicken Sie auf LEERE ARBEITSMAPPE. Sie gelangen zur Excel-Oberfläche.

Mal ehrlich: Dieser umständliche Weg über den Startbildschirm nervt schon! Sie können ihn direkt abschalten, sodass sofort die Benutzeroberfläche erscheint.

1. Klicken Sie auf DATEI und dann auf OPTIONEN.
2. Unter ALLGEMEIN finden Sie die STARTOPTIONEN.
3. Den Startbildschirm können Sie über STARTBILDSCHIRM BEIM START DIESER ANWENDUNG ANZEIGEN ausblenden (siehe Abbildung 1.1).

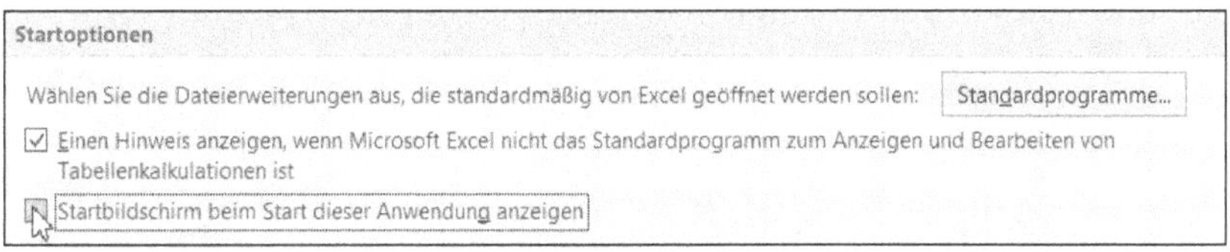

Abbildung 1.1: Startbildschirm? Am besten für immer ausblenden!

4. Bestätigen Sie das Deaktivieren der OPTION über die Schaltfläche OK.

Ab jetzt startet Excel direkt mit einer leeren Tabelle. Deaktivieren Sie also diese Option, bleibt das Ausblenden des Startbildschirms so lange bestehen, bis Sie ihn wieder einblenden.

Eine Option – aktiviert oder deaktiviert – ändert die entsprechende Einstellung in Excel. So können Sie unter den Optionen den KI-Copilot für Excel aktivieren oder deaktivieren.

Um Excel nach Ihren Wünschen und Anforderungen zu gestalten, besuchen Sie am besten unter DATEI und OPTIONEN die Excel-Optionen, in denen Sie zahlreiche Einstellungsmöglichkeiten finden.

Wird häufig eine bestimmte Schriftart (und/oder -größe) verwendet, sollten Sie diese als **Standardschrift** ebenfalls unter DATEI und OPTIONEN|ALLGEMEIN festlegen. Die Standardschrift verwenden Sie so lange, bis Sie wieder eine neue auswählen. Sie gilt für sämtliche neue Arbeitsmappen.

Die meisten Unternehmen verwenden als Standardschrift Arial oder Times New Roman. Um diese endgültig zu aktivieren, muss Excel beendet und neu gestartet werden.

Speicherorte – lokal oder Cloud?

Interessant für Sie könnte die Optionenkategorie SPEICHERN sein. Hier finden Sie Dateiformate und Speicherorte zum Beispiel für die automatische Wiederherstellung von Dateien.

In der Optionenkategorie SPEICHERN finden Sie Dateiformate und Speicherorte zum Beispiel für die automatische Wiederherstellung von Dateien:

- ✔ Wo Excel automatisch speichert
- ✔ In welchem Dateiformat Ihre Arbeitsmappen gespeichert werden
- ✔ Wie oft Excel eine Wiederherstellungskopie speichert (zum Beispiel alle 10 Minuten)

Für die Cloud-Nutzer unter Ihnen:

Wenn Sie mit OneDrive oder SharePoint arbeiten, achten Sie darauf, dass der Standard-Speicherort korrekt gesetzt ist. So landen Ihre Dateien immer automatisch im gewünschten Cloud-Ordner – und sind auch auf anderen Geräten sofort verfügbar.

Besonders praktisch bei mehreren Geräten – oder wenn Sie regelmäßig im Team arbeiten.

1. Gehen Sie zu DATEI|OPTIONEN|SPEICHERN.
2. Dort können Sie unter LOKALER STANDARTSPEICHERORT FÜR DATEI Ihren Speicherort anpassen.

Automatisches Speichern

In neueren Excel-Versionen, insbesondere in Microsoft 365, gibt es oben links eine zusätzliche Schaltfläche mit der Bezeichnung AUTOMATISCHES SPEICHERN.

Ist diese aktiviert, speichert Excel jede Änderung sofort und automatisch – ganz ohne Mausklick oder Tastenkombination.

Doch diese Schaltfläche ist nicht immer sichtbar. Das ist kein Fehler, sondern hängt davon ab, wo die betreffende Datei gespeichert ist. Wenn die Datei in der Cloud liegt, also beispielsweise in OneDrive oder SharePoint, wird die Schaltfläche angezeigt. Speichern Sie die Datei dagegen lokal auf der Festplatte, verschwindet die Schaltfläche automatisch.

Auch wenn Sie nicht mit einem Microsoft-Konto angemeldet sind oder eine ältere Excel-Version verwenden, wird die Schaltfläche nicht angezeigt.

Ein manuelles Ein- oder Ausblenden dieser Schaltfläche ist nicht möglich. Excel entscheidet selbst, ob sie sichtbar ist – abhängig vom Speicherort, vom Dateiformat und davon, ob eine Cloud-Anbindung besteht. Auch ältere Dateiformate wie ».xls« oder ».xlt« verhindern die Anzeige.

Wenn Sie eine in der Cloud gespeicherte Datei öffnen, sehen Sie die Schaltfläche oben links direkt neben dem klassischen SPEICHERN-Symbol. Sie können die automatische Speicherung dort bequem ein- oder ausschalten. Ist die Schaltfläche aktiv, speichert Excel automatisch jede Änderung. Ist sie deaktiviert, müssen Sie wie gewohnt manuell speichern – zum Beispiel über Strg+S oder das Disketten-Symbol.

Wenn Sie vermeiden möchten, dass Excel automatisch speichert, und die Schaltfläche ganz verschwinden soll, speichern Sie Ihre Datei einfach nicht in der Cloud, sondern lokal – z. B. auf dem Desktop oder auf einem USB-Stick.

Gehen Sie dazu auf DATEI|SPEICHERN UNTER|DURCHSUCHEN und wählen Sie einen lokalen Speicherort aus. Ab diesem Moment verschwindet die Schaltfläche AUTOMATISCHES SPEICHERN dauerhaft für diese Datei.

Ein kleiner Merksatz für den Alltag: Automatisches Speichern gibt es nur in der Cloud – für alles andere bleibt die Tastenkombination Strg+S der beste Freund.

Office-Design, Farben & Hintergrund

Sie wollen Excel nicht mehr im langweiligen Weiß sehen – kein Problem! Sie können das Farbschema, die Bildschirmfarbe, von Excel schnell ändern.

Mit einer Option ändern Sie die Einstellungen in Excel. Unter Allgemein ändern Sie das Farbschema Ihrer Excel-Benutzeroberfläche.

1. Unter Datei finden Sie den Eintrag Optionen.
2. Wählen Sie Allgemein.
3. Öffnen Sie die Auswahl bei Office-Hintergrund und Office-Design. Die Möglichkeiten sind hier vielfältig (siehe Abbildung 1.2).

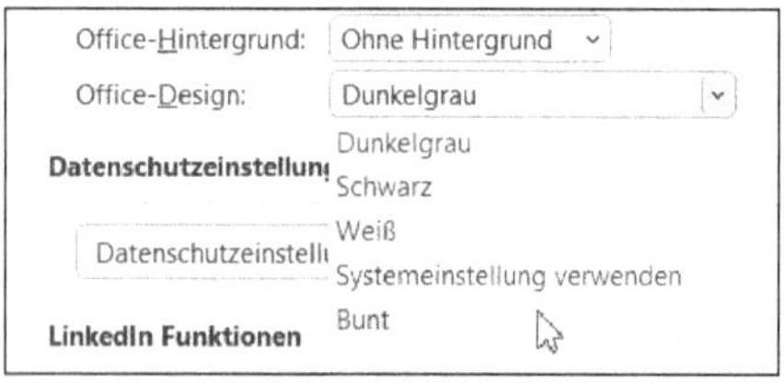

Abbildung 1.2: Den Hintergrund und das Design von Excel ändern

4. Bestätigen Sie mit der Schaltfläche OK.

Ändern Sie hier den Hintergrund, ändern Sie damit gleichzeitig den Hintergrund von anderen Microsoft-Office-Programmen wie Word. Warum das wohl so ist? Weil das Office-Design an das Microsoft-Konto bzw. an das **lokale Benutzerprofil** gebunden ist. Es handelt sich um eine übergreifende Design-Einstellung, die für die gesamte Office-Suite gilt – nicht nur für Excel.

Tabellenblatt mit persönlichem Hintergrund

Ist Ihnen der weiße Tabellenhintergrund zu langweilig? Auf der Registerkarte Seitenlayout können Sie über die Schaltfläche Hintergrund ein persönliches Hintergrundbild für das Tabellenblatt auswählen. Möchten Sie wieder einen »normalen Hintergrund« haben, wählen Sie einfach die Schaltfläche Hintergrundbild löschen.

Und wenn Sie auch noch die Farbe der Gitternetzlinien ändern möchten, wählen Sie den Weg Datei|Optionen (Alt+D+O). Geben Sie dann über Erweitert unter Optionen für dieses Tabellenblatt anzeigen: einfach eine andere

Farbe an. Die Gitternetzlinien blenden Sie übrigens über die Registerkarte ANSICHT ein und aus.

In den Excel-Zellen können Sie sowohl für den Hintergrund als auch für die Schrift die Farbe ändern. Sie können direkt auf die Schaltfläche klicken oder die Auswahl neben der Schaltfläche öffnen.

1. Öffnen Sie die Auswahl neben dem Symbol FÜLLFARBE, können Sie eine andere Farbe festlegen (siehe Abbildung 1.3). Und zurück geht es mit der Hintergrundfarbe WEIß.

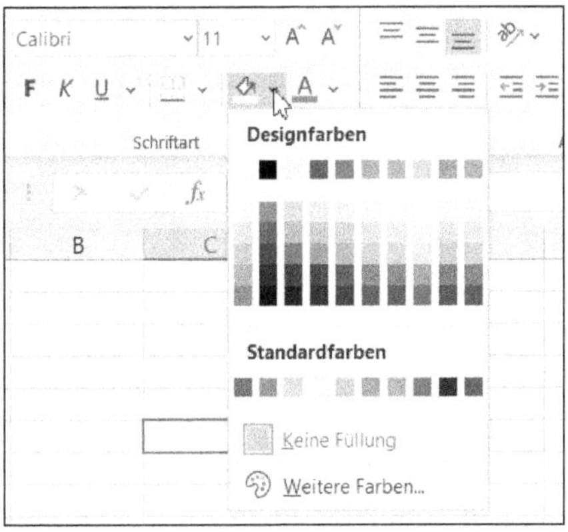

Abbildung 1.3: Auswahl Füllfarbe

2. Öffnen Sie die Auswahl neben der Schaltfläche SCHRIFTFARBE, können Sie hier auch eine andere Farbe auswählen (siehe Abbildung 1.4). Und zurück geht es mit der Schriftfarbe »Schwarz« oder der Angabe AUTOMATISCH.

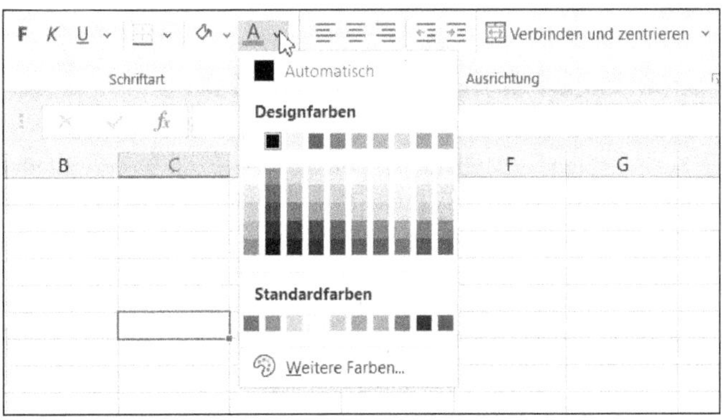

Abbildung 1.4: Auswahl Schriftfarbe

3. Klicken Sie direkt auf die Schaltfläche, ist die ausgewählte Farbe so lange aktiv, bis Sie wieder eine andere auswählen.

Ändern Sie die Schriftfarbe auf Weiß und behalten Sie einen weißen Hintergrund, erkennen Sie nichts, da Weiß auf Weiß. Der Inhalt der Zellen ist aber da. Das erkennen Sie in der Bearbeitungsleiste.

»Tabellenblätter wie in der guten, alten Excel-Zeit«, könnte man sagen. Früher startete Excel mit drei Blättern. Heute gibt es nur noch eins: Tabelle1. Weitere Tabellenblätter hinzuzufügen, geht ganz einfach. Mit einem Klick auf das Plus-Symbol erzeugen Sie neue Tabellenblätter.

Die Einstellung für die automatische Anzahl der Start-Tabellenblätter können Sie rasch ändern:

1. Wählen Sie unter Datei die Optionen aus.
2. Unter den Excel-Optionen ist Allgemein bereits aktiviert.
3. Geben Sie unter Beim Erstellen neuer Arbeitsmappen die Anzahl der Tabellenblätter an, die standardmäßig erscheinen sollen (siehe Abbildung 1.5).

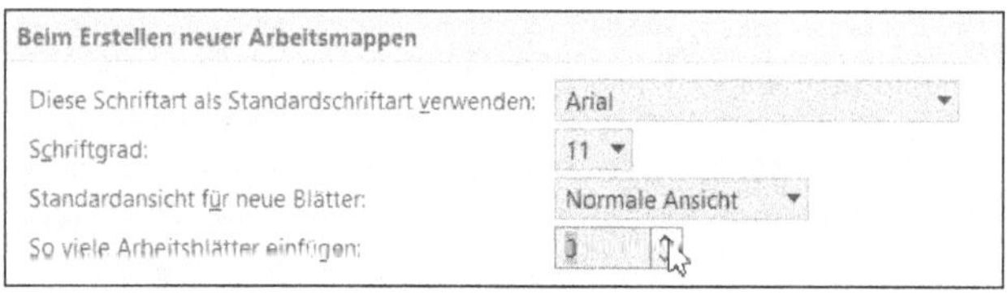

Abbildung 1.5: Die Anzahl der Tabellenblätter erhöhen

4. Bestätigen Sie Ihre Einstellungen mit der Schaltfläche OK.

Fensterwechsel leicht gemacht!

In Excel können Sie beliebig viele Arbeitsmappen aktivieren, die in verschiedenen Fenstern erscheinen. Da kann auf dem Bildschirm ein ganz schönes Tohuwabohu entstehen. Sie können sich aber auch schnell Ordnung am Bildschirm schaffen.

Zurück zum Thema »Arbeitsmappen anordnen« ... In der Registerkarte Ansicht (Alt+F) klicken Sie auf die Schaltfläche Alle anordnen, um alle aktiven Arbeitsmappen anzuzeigen.

- ✔ Ein Doppelklick auf die Titelleiste schaltet eine Mappe von der Fensteransicht zur Vollansicht.

✔ Über die Schaltfläche FENSTER WECHSELN holen Sie ein Fenster in den Vordergrund.

Über die Tasten geht es noch schneller (siehe Tabelle 1.1)!

Tastenkombination	Erklärung
[Strg]+[F10]	Mappen schnell anordnen
[Strg]+[F6]	Zum nächsten Fenster wechseln
[Strg]+[⇧]+[F6]	Zur vorherigen Mappe wechseln

Tabelle 1.1: Fenster wechseln per Tastatur

Mit der Tastenkombination [Windows]+[M] reduzieren Sie sämtliche auf dem Desktop geöffneten Arbeitsfenster zu den einzelnen Symbolen in der Taskleiste.

Sie arbeiten vielleicht mit mehr als einer Arbeitsmappe, mit 2, 3, 4 oder noch mehr? Drücken Sie mal die [Strg]-Taste und betätigen Sie dann gleichzeitig die [Tab]-Taste. Hokuspokus: Sie wechseln zwischen den einzelnen Arbeitsmappen hin und her.

Beste Ansichten

In der Registerkarte ANSICHT ändern Sie die Ansichten Ihrer Arbeitsmappe. Die Namen der Schaltflächen erklären bereits die jeweiligen Auswirkungen (siehe Abbildung 1.6).

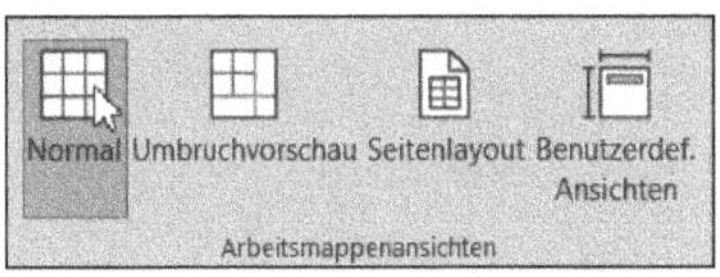

Abbildung 1.6: Schnell zwischen den Ansichten wechseln

Meistens ist die Schaltfläche NORMAL aktiviert.

Ferner haben Sie noch die Auswahl zwischen UMBRUCHVORSCHAU und SEITENLAYOUT. Die Umbruchvorschau zeigt den Seitenumbruch an.

Das Seitenlayout blendet Kopf- und Fußzeile ein.

Platzieren Sie den Mauszeiger für ein paar Sekunden auf einer Schaltfläche, erhalten Sie im Infofeld die Erklärung ihrer Funktion.

In der Statusleiste rechts unten können Sie diese Ansichten per Mausklick ebenfalls schnell ändern.

In der Registerkarte ANSICHT können Sie ein- und ausblenden:

- ✔ Gitternetzlinien
- ✔ Bearbeitungsleiste
- ✔ Spalten- und Zeilenbezeichnungen

BEISPIEL Im Leben gibt es immer verschiedene Ansichten, so auch in Excel. Sie möchten Listen und Datenbanken verschieden auswerten und zum Beispiel jede Änderung in einer eigenen Ansicht beibehalten?

Die unterschiedlichen Ansichten machen hier das Excel-Leben leichter und wesentlich übersichtlicher. So möchte ich Ihnen die Schaltfläche BENUTZERDEF. ANSICHTEN erklären.

BEISPIEL Passen Sie Ihre Ansicht an, indem Sie zum Beispiel eine Spalte ausblenden (rechter Mausklick auf die Spaltentrennlinie und AUSBLENDEN wählen, siehe Abbildung 1.7). Genauso wie Sie Spalten ein- und ausblenden, blenden Sie auch Zeilen ein und aus.

Abbildung 1.7: Rechte Maustaste auf den Spaltenkopf und ausblenden

1. Aktivieren Sie in der Registerkarte ANSICHT die Schaltfläche BENUTZERDEF. ANSICHTEN.

2. Klicken Sie auf die Schaltfläche HINZUFÜGEN.

3. Vergeben Sie für die aktuelle Ansicht einen Namen.

4. Bestätigen Sie mit OK.

5. Ändern Sie nun Ihre Liste bzw. Datenbank: filtern, sortieren, Spalten und Zeilen ausblenden … und so weiter.

6. Speichern Sie die neue Ansicht ab.

Jetzt können Sie über die Schaltfläche BENUTZERDEF. ANSICHTEN zwischen den Ansichten hin- und herschalten.

Die Funktion BENUTZERDEFINIERTE ANSICHTEN steht nicht zur Verfügung, wenn Sie mit einer Excel-Tabelle arbeiten – also einem Bereich, den Sie mit (Strg+T) in eine sogenannte strukturierte Tabelle umgewandelt haben. In diesem Fall ist die Schaltfläche deaktiviert.

Es geht noch einfacher: Einmal das passende Symbol in der SYMBOLLEISTE FÜR DEN SCHNELLZUGRIFF angelegt, können Sie diese für immer nutzen.

1. Wählen Sie unter DATEI die OPTIONEN und dann SYMBOLLEISTE FÜR DEN SCHNELLZUGRIFF.

2. Unter BEFEHLE AUSWÄHLEN geben Sie ALLE BEFEHLE AN und wählen darunter BENUTZERDEFINIERTE ANSICHTEN.

3. Fügen Sie das Symbol über HINZUFÜGEN >> in die Symbolleiste ein. Bestätigen Sie mit der Schaltfläche OK (siehe Abbildung 1.8).

Das Symbol steht Ihnen daraufhin in der SYMBOLLEISTE FÜR DEN SCHNELLZUGRIFF zur Verfügung. Sie können nun die Ansichten per Auswahl schnell wechseln.

Beachten Sie die richtige Auswahl der Schaltfläche. Mit der anderen Schaltfläche gelangen Sie lediglich in das bereits bekannte Fenster. Doch wir möchten die Auswahl der Ansichten.

Sie können eine Schaltfläche in der SYMBOLLEISTE FÜR DEN SCHNELLZUGRIFF schnell löschen, indem Sie mit der rechten Maustaste auf die entsprechende Schaltfläche klicken und den Befehl AUS DER SYMBOLLEISTE FÜR DEN SCHNELLZUGRIFF ENTFERNEN aktivieren.

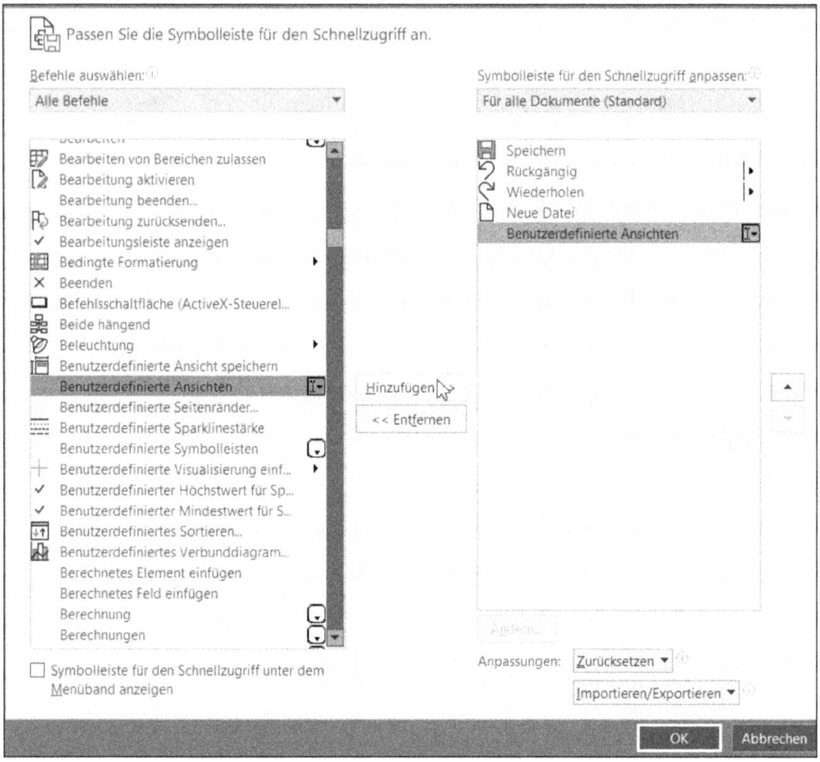

Abbildung 1.8: Schaltfläche für die Auswahl der benutzerdefinierten Ansichten anlegen

Excel bietet Ihnen auf Tablet-PCs und Windows-Smartphones Features zum Arbeiten mit Touchscreen-Geräten. Haben Sie einen Touchscreen und möchten Sie in den Touchmodus wechseln, dann gehen Sie so vor:

1. Öffnen Sie die Auswahl der SYMBOLLEISTE FÜR DEN SCHNELLZUGRIFF (siehe Abbildung 1.9).

2. Klicken Sie auf TOUCH-/MAUSMODUS.

Das Symbol befindet sich nun in der SYMBOLLEISTE FÜR DEN SCHNELLZUGRIFF. Jetzt können Sie schnell per Mausklick in den Touchmodus schalten.

Durch den Touchmodus werden die Abstände zwischen den Schaltflächen im Menüband größer. Dadurch wird eine leichtere Bedienung ermöglicht.

Abbildung 1.9: Auswahl öffnen und den Touchmodus aktivieren

Zoomen – drehen Sie mal am Rad!

Klein, kleiner, kaum lesbar? Oder doch lieber alles XXL? Kein Problem – Excel hat ein eingebautes Vergrößerungsglas! Unten rechts in der Statusleiste finden Sie den Zoom-Schieberegler. Drehen Sie mal am Rad – im wahrsten Sinne des Wortes.

Mit einem Klick auf + oder – oder per Schieberegler bestimmen Sie selbst, wie groß oder klein Excel auf Ihrem Bildschirm erscheint. Und keine Sorge: Beim Ausdruck bleibt alles wie vorher. Der Zoom ist nur für Ihre Augen gedacht, nicht für den Drucker.

In der Registerkarte ANSICHT gibt's noch mehr Zoom-Spaß: Die Schaltfläche Zoom öffnet ein Fenster, in dem Sie ganz genau sagen können, wie viel Prozent Ihnen gefallen. Mit 100 % geht's zurück zur Normalität – falls Sie sich mal verklickt haben. Und wer vorher einen Zellbereich markiert, kann mit AUSWAHL VERGRÖSSERN genau diesen Bereich groß rausbringen.

Sind Sie noch ein »alter Schieberegler«, um den Zoom einzustellen? Das können Sie viel einfacher haben! Mit gedrückter Strg-Taste und Mausrad können Sie den Zoom von 10 % bis 400 % einstellen.

Falls Sie mit oder ohne Strg-Taste mit dem Mausrad zoomen möchten, schalten Sie die Option entsprechend dazu ein oder aus.

3. Wählen Sie den Weg Datei|Optionen.

4. Geben Sie dann Erweitert an.

5. Entscheiden Sie sich für die Option Beim Rollen mit IntelliMouse zoomen.

Schnell-Menü à la carte

Oben im Excel-Fenster finden Sie das Menüband – quasi die Speisekarte für Ihre Befehle.

Das Menüband oben ist wie eine Art »Karteikasten« dargestellt, der wiederum verschiedene Karten (= Registerkarten) enthält. Die Register fassen grundlegende Aufgaben zusammen. Wie beim erwähnten Karteikasten klicken Sie auf den Namen des Registers.

Wer lieber mit der Tastatur bestellt: Ein Druck auf die Alt-Taste reicht (siehe Abbildung 1.10). Schon erscheinen kleine Buchstaben über den Befehlen – wie ein Navi für Tasten und Tastenkombinationen durchs Menüband. Damit können Sie jeden Befehl erreichen, ohne auch nur einmal zur Maus zu greifen.

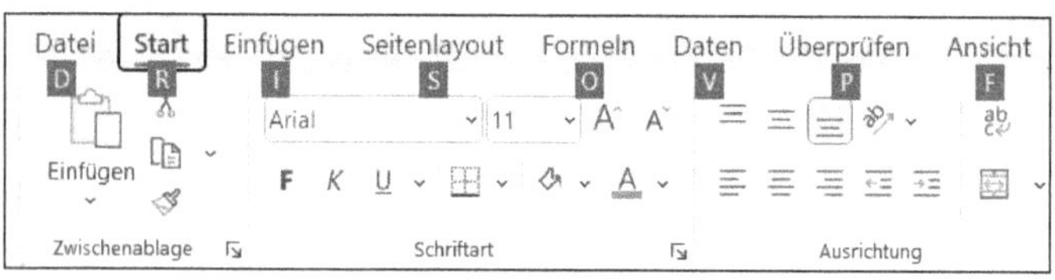

Abbildung 1.10: Einmal Alt-Taste gedrückt für weitere Tastenbefehle

Und wenn Sie sich verklickt oder vertippt haben: Ein Klick ins Tabellenblatt oder die Esc-Taste bringt Sie zurück in den Normalzustand.

Klicken Sie eine Registerkarte (außer Datei) an und Sie können mit dem Mausrad bequem durch die Register rollen.

Zusammengehörige Befehle bilden Gruppen. Ein Mausklick auf das Pfeilsymbol der Gruppe öffnet ein Dialogfeld.

Lassen Sie den Mauszeiger auf dem Pfeilsymbol stehen, erscheint die Erklärung, was Sie mithilfe des Dialogfelds ausführen können (siehe Abbildung 1.11). Die Darstellung unterscheidet sich abhängig von den jeweiligen Excel-Versionen ein wenig.

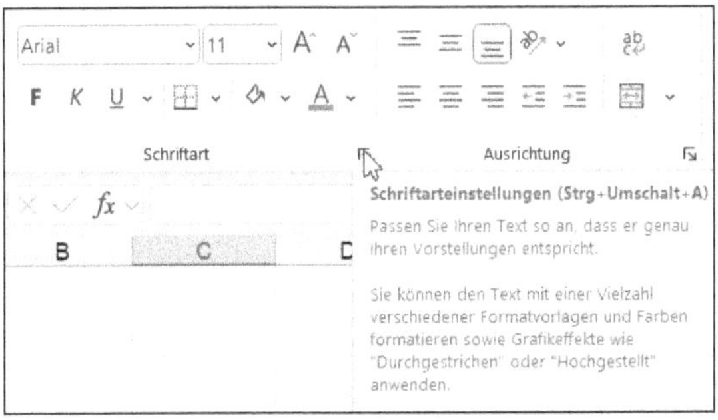

Abbildung 1.11: Start eines Dialogfeldes mit weiteren Befehlen

Ebenfalls nützlich: die Tastenkombination – falls vorhanden – zum Starten des Dialogfeldes.

Entscheidend für die Darstellung in Excel ist die Bildschirmauflösung. Arbeiten Sie mit einer geringen Auflösung, kann es gelegentlich vorkommen, dass die Schaltflächen »ein wenig anders« dargestellt werden. Der Ablauf in diesem Buch ist aber auch dann nachvollziehbar.

Das ständige Klicken auf die einzelnen Register im Menüband kann mit der Zeit ganz schön nervig sein. Das Menüband ändert das Aussehen, wenn das Programmfenster verkleinert wird. Besonders bei einem Notebook kann es viel Platz in Anspruch nehmen.

Ein rechter Mausklick auf das Menüband, und Sie können es schnell anpassen oder minimieren (siehe Abbildung 1.12). Das geht auch mit den Tasten Strg+F1.

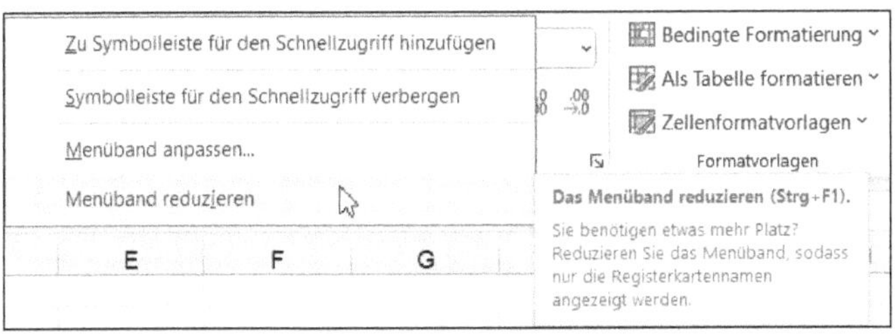

Abbildung 1.12: Rechter Mausklick und das Menüband reduzieren

Öffnen Sie rechts die Auswahl über das Symbol MENÜBAND-ANZEIGEOPTIONEN, erhalten Sie einen anderen Weg (siehe Abbildung 1.13).

Abbildung 1.13: Menüband mit den Befehlen ein- und ausblenden

Eine weitere (fast versteckte) Möglichkeit, das Menüband zu reduzieren, ist der Klick rechts auf den kleinen Pfeil (siehe Abbildung 1.14).

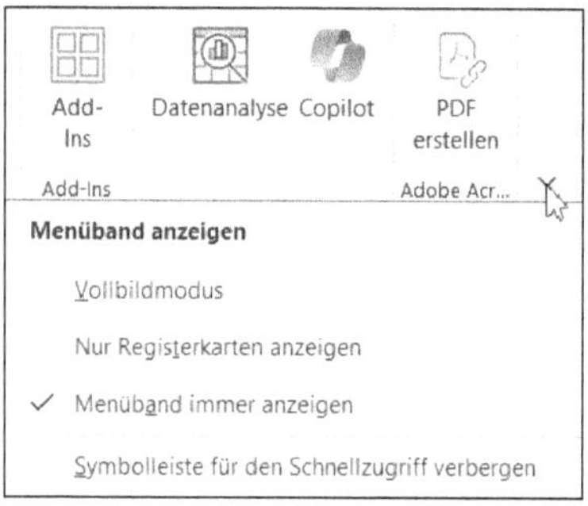

Abbildung 1.14: Einen Mausklick oder die Tastenkombination verwenden

Das Menüband können Sie auch über die Tastenkombination Strg+F1 reduzieren bzw. wieder einblenden. Mit einem Doppelklick auf einen beliebigen Reiter eines Menübands geht das ebenfalls.

Sie können natürlich auch das Menüband ganz nach Ihren Wünschen anpassen. Dazu gibt es ebenfalls mehrere Möglichkeiten.

1. Klicken Sie mit der rechten Maustaste auf eine Registerkarte und wählen Sie den Befehl MENÜBAND ANPASSEN aus.
2. Sie können nun Registerkarten aktivieren, deaktivieren oder umbenennen und das Menüband beliebig mit eigenen Registern, Gruppen und Symbolen erweitern. Auch einzelne Befehle können hier in den Registerkarten hinzugefügt und entfernt werden.

3. Möchten Sie eine neue Registerkarte anlegen, erstellen Sie zunächst die Gruppe.

Ein anderer Weg mit dem gleichen Ziel, das Menüband anzupassen: DATEI|OPTIONEN|MENÜBAND ANPASSEN.

Möchten Sie Excel mal so ganz persönlich gestalten, benennen Sie einfach die Registerkarten in Namen um, die Sie schon immer hier sehen wollten.

Das können die Namen von Fußballvereinen, Musikern, Schauspielern oder die Ihrer Familie sein. Lassen Sie Ihrer Fantasie einfach freien Lauf …

1. Aktivieren Sie in der Liste HAUPTREGISTERKARTEN eine Registerkarte.
2. Wählen Sie die Schaltfläche UMBENENNEN.
3. Vergeben Sie einen beliebigen NAMEN (siehe Abbildung 1.15).

Abbildung 1.15: Registerkarten bearbeiten

4. Bestätigen Sie zweimal mit der Schaltfläche OK. Die Registerkarte hat einen neuen Namen.

Über die Schaltfläche ZURÜCKSETZEN geht's zurück zum Urzustand.

Unter MENÜBAND ANPASSEN können Sie sich auch weitere Registerkarten anzeigen lassen.

Informationen in der Statusleiste

Am unteren Rand des Excel-Bildschirms befindet sich die Statusleiste.

Klicken Sie mit der rechten Maustaste auf die Statusleiste, können Sie sie entsprechend den Angaben anpassen.

Alle Angaben, die mit einem Häkchen versehen sind, sind bereits aktiviert. Interessant sind aber auch zum Beispiel Minimum und/oder Maximum (siehe Abbildung 1.16).

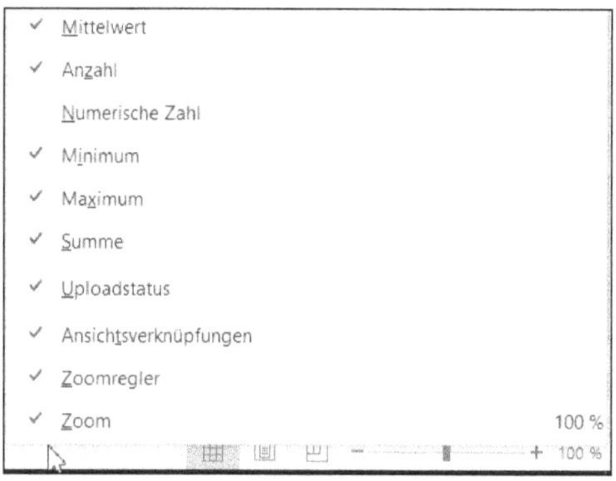

Abbildung 1.16: Die Statusleiste unten anpassen

Markieren Sie mehrere Zellen mit Zahlen, zeigt Excel Ihnen in der Statusleiste automatisch praktische Auswertungen an – zum Beispiel Summe, Mittelwert, Minimum oder Maximum. Die Einblendung erfolgt nur dann, wenn mindestens zwei Zellen markiert sind (siehe Abbildung 1.17).

Auch die Anzahl wird angezeigt – allerdings nur, wenn die markierten Zellen Text oder Zahlen enthalten. Leere Zellen werden dabei nicht mitgezählt.

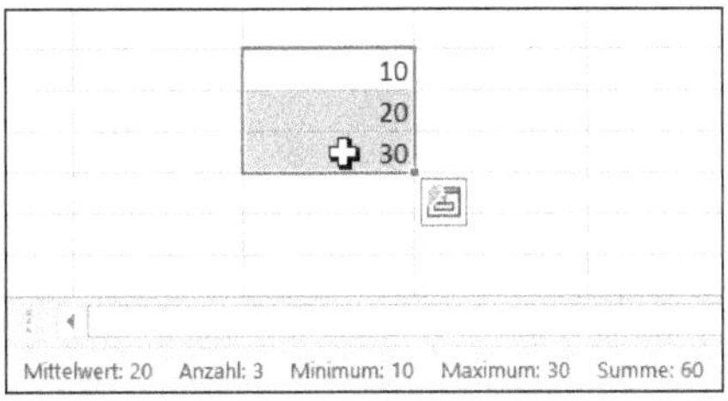

Abbildung 1.17: Schnelles Anzeigen von Ergebnissen

Die schnelle Leiste

Was Sie häufig brauchen, legen Sie in der SYMBOLLEISTE FÜR DEN SCHNELLZUGRIFF an. Hört sich einfach an – ist es auch. Wie Sie Ihre SYMBOLLEISTE FÜR DEN SCHNELLZUGRIFF zusammenstellen, bleibt natürlich Ihnen überlassen.

BEISPIEL In meinen Firmenschulungen kannten einige Teilnehmer vorher überhaupt nicht die Möglichkeit, die SYMBOLLEISTE FÜR DEN SCHNELLZUGRIFF anzupassen. Daher ist sie hier nochmals erwähnt.

Die nächsten Schritte sind für Sie als Beispiel gedacht, um Ihnen die Vorgehensweise zu erläutern. Die Befehle können sich abhängig von den Excel-Versionen ein wenig unterscheiden.

1. Klicken Sie in der Registerkarte START mit der rechten Maustaste auf die Schaltfläche FETT.

2. Bestätigen Sie mit dem Befehl ZU SYMBOLLEISTE FÜR DEN SCHNELLZUGRIFF HINZUFÜGEN (siehe Abbildung 1.18).

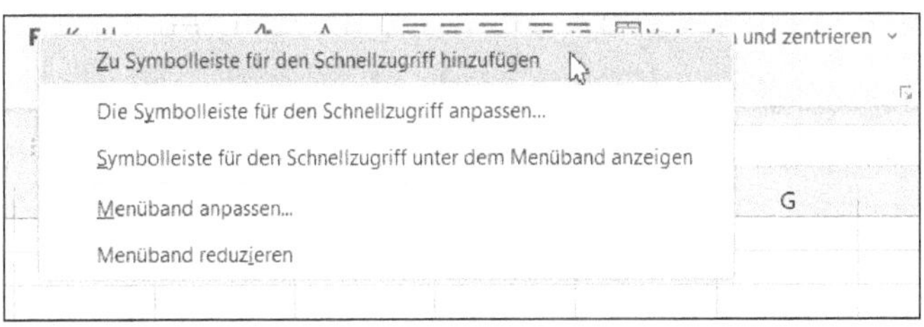

Abbildung 1.18: Befehle für den schnellen Klick platzieren

Das Ergebnis: Die Schaltfläche FETT lässt sich nun auch über die SYMBOLLEISTE FÜR DEN SCHNELLZUGRIFF aktivieren.

Auf gleiche Art und Weise binden Sie die Befehle ein, die Sie häufig benötigen. Doch Sie sollten beachten: Binden Sie nicht zu viele Befehle ein, denn dann kann von Schnellzugriff keine Rede mehr sein.

Genauso leicht wie das Einbinden eines Symbols ist das Löschen aus der Symbolleiste für den Schnellzugriff.

1. Bewegen Sie den Mauszeiger auf das betreffende Symbol in der Symbolleiste für den Schnellzugriff.
2. Drücken Sie die rechte Maustaste.
3. Klicken Sie auf den Befehl Aus Symbolleiste für den Schnellzugriff entfernen.

Das Symbol ist direkt wieder aus der Schnellzugriffsleiste entfernt.

Sie können die Symbolleiste für den Schnellzugriff auch unter dem Menüband platzieren, indem Sie den Eintrag Symbolleiste für den Schnellzugriff unter dem Menüband anzeigen aktivieren. Auf gleiche Art und Weise geht es auch wieder zurück.

Möchten Sie Ihre Befehle in der Symbolleiste für den Schnellzugriff neu anordnen, wählen Sie im Kontextmenü den Befehl die Symbolleiste für den Schnellzugriff anpassen.

Neuere Excel-Versionen bieten zum Teil zusätzlich die Möglichkeit, Symbole direkt per Drag-and-drop innerhalb des Dialogfelds umzusortieren.

Die Schnellzugriffsleiste wird in manchen Microsoft-Hilfetexten inzwischen auch kurz als Symbolleiste oben links bezeichnet – die offizielle Bezeichnung Symbolleiste für den Schnellzugriff bleibt aber gültig und korrekt.

Viele Wege führen nach Rom – genau wie hier. Die schnellste Methode, um die Symbolleiste für den Schnellzugriff anzupassen, ist sicherlich wieder der Weg über die rechte Maustaste.

Noch ein anderer Weg ist:

1. Öffnen Sie die Auswahl neben der Symbolleiste für den Schnellzugriff.
2. Weiter geht es hier dann über den Eintrag Weitere Befehle.

Ein anderer Weg mit dem gleichen Ziel:

Datei|Optionen|Symbolleiste für den Schnellzugriff

Egal, welchen Weg Sie gewählt haben, Sie kommen ins selbe Dialogfeld.

Sie befinden sich in der Schaltzentrale für die Symbolleiste für den Schnellzugriff. Hier können Sie die Leiste ergänzen, bearbeiten und/oder sortieren.

In der rechten Hälfte des Dialogfelds sehen Sie dann die Schaltflächen der Symbolleiste und können diese neu anordnen (siehe Abbildung 1.19).

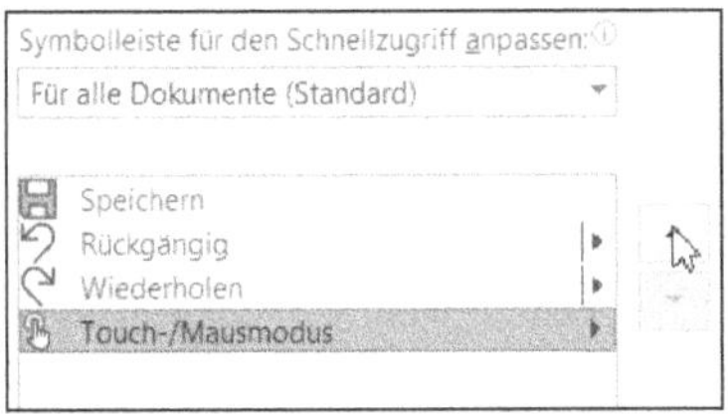

Abbildung 1.19: Befehle in der Symbolleiste anordnen

Es gibt so viele Befehle, dass nicht alle in den Registerkarten berücksichtigt werden können. Vermissen Sie den einen oder anderen Befehl aus früheren Zeiten bzw. älteren Excel-Versionen? Dann können Sie hier fündig werden ...

Unter Befehle auswählen erkennen Sie zunächst Häufig verwendete Befehle.

Wählen Sie unter Befehle auswählen die Angabe Alle Befehle aus, stehen Ihnen sämtliche vorhandenen Befehle zur Verfügung. Nun können Sie scrollen und sich Ihren Befehl aussuchen.

Eine große Hilfe! Nicht bereits im Menüband erwähnte Befehle finden Sie im Drop-down-Menü unter Nicht im Menüband enthaltene Befehle.

1. Wählen Sie hier einen Befehl aus.

   Klicken Sie auf den ersten Befehl – das wäre hier <Trennzeichen> – und geben Sie den Anfangsbuchstaben über die Tastatur ein. Excel springt direkt zu den Befehlen, die mit diesem Buchstaben beginnen.

2. Über die Schaltfläche Hinzufügen >> platzieren Sie die ausgewählten Befehle in der Symbolleiste für den Schnellzugriff. Das geht übrigens schnell auch mit einem Doppelklick auf den Befehl.

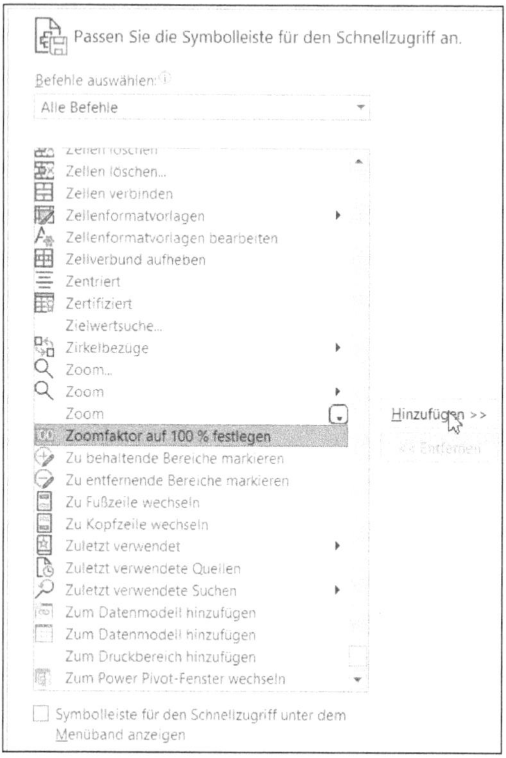

Abbildung 1.20: Befehle einfügen

Und falls Ihnen das alles zu viel wird, können Sie bei ANPASSUNGEN die Schaltfläche ZURÜCKSETZEN aktivieren und den Standard wiederherstellen.

IN DIESEM KAPITEL

beschleunigen Sie Ihre Eingaben.

erfahren Sie mehr zum Rechnen beim Kopieren.

zählen Sie besser mit Aufzählungen.

Kapitel 2
Flinke Eingaben

Der Vorteil von Excel ist, dass Sie Zahlen im Nachhinein ändern können. Sie müssen nicht jedes Mal eine neue Kalkulation aufstellen. Wie Sie mit Excel rechnen können, wissen Sie sicherlich bereits. Die Rechenzeichen, die Sie brauchen, sind: +, -, * und /.

Soll ein Rechenzeichen als Text eingegeben werden, tippen Sie vor der Eingabe ein Hochkomma »' « ein.

Zelleninhalte können auch gedreht werden. In der Registerkarte START können Sie im Bereich AUSRICHTUNG die genaue Gradzahl der Drehung auswählen. Geben Sie zum Beispiel den Wert `0` ein, richtet sich der Zelleninhalt wieder normal aus.

Wenn Sie die Taste [↵] drücken, wandert der Zellzeiger nach unten, drücken Sie [⇧]+[↵], bewegt er sich nach oben. Sollten Sie – aus welchen Gründen auch immer – eine andere Richtung festlegen wollen, geben Sie das unter DATEI|OPTIONEN|ERWEITERT|BEARBEITUNGSOPTIONEN an.

Klick-Fix-Befehle

Im richtigen Leben kann es einem schon mal schwerfallen, etwas rückgängig zu machen.

In diesem Zusammenhang sollen auch die Befehle RÜCKGÄNGIG und WIEDERHERSTELLEN kurz erwähnt werden (siehe Tabelle 2.1), deren Schaltflächen bereits in der Symbolleiste für den Schnellzugriff platziert sind (siehe Abbildung 2.1).

Tastenkombination	Befehle
Strg+Z	Rückgängig
Strg+Y	Wiederherstellen
F4	Wiederholen

Tabelle 2.1: Befehle schnell per Tastatur ausführen

Abbildung 2.1: Befehle zurücknehmen

Arbeitsmappen speichern Sie über die Schaltfläche SPEICHERN (Strg+S) beziehungsweise über DATEI und den Befehl SPEICHERN UNTER (F12).

Bereits gespeicherte Arbeitsmappen öffnen Sie über DATEI und ÖFFNEN. Natürlich geht das schneller mit dem Tastenkürzel Strg+O. Neue Arbeitsmappen starten Sie über die Tasten Strg+N.

Bereits geöffnete Arbeitsmappen schließen Sie über die Tasten Strg+W oder Strg+F4.

Zum Beenden von Excel können Sie auch die Tastenkombination Alt+F4 drücken. Ein Doppelklick bei den älteren Excel-Versionen auf das Excel-Symbol links oben beendet Excel ebenfalls sehr schnell!

Flinke Eingaben – auch ohne Maus

Nicht alle Menschen können mit der Maus arbeiten – deshalb ist die Tastatur oft die bessere Wahl. Wer eine Bildschirmlesehilfe nutzt oder motorische Einschränkungen hat, profitiert besonders von den hier vorgestellten Tastenkombinationen (siehe Tabelle 2.2):

Tastenkombination	Befehle
⇥	springt zur nächsten Zelle rechts
⇧+⇥	springt nach links
Strg + ⇧	springt zum Rand eines Datenbereichs
F2	Zelle bearbeiten
Alt+Strg+V	Inhalte mit Optionen einfügen

Tabelle 2.2: Befehle schnell per Tastatur ausführen

Wer nur mit der Tastatur arbeitet, kann das Menüband mit Alt steuern. Excel zeigt dann Buchstaben für jede Registerkarte an.

Schnelles Kopieren und Verschieben

Für neue Berechnungen brauchen Sie nicht jedes Mal eine neue Formel einzugeben. Zellen beziehungsweise Zellbereiche können kopiert oder verschoben werden.

Sie kopieren dazu einfach eine Formel für mehrere Berechnungen.

1. Erstellen Sie eine kleine Kalkulation.
2. Die erste Spalte hier im Beispiel wird mithilfe des Summenzeichens (siehe Abbildung 2.2) ermittelt (Registerkarte START).

Abbildung 2.2: Das Summenzeichen: die verkürzte Form der Addition

3. Dann ziehen Sie einfach die Formel in die Zellen, die auch berechnet werden sollen, und die Formel wird schnell kopiert (siehe Abbildung 2.3). Das gilt sowohl für Spalten als auch für Zeilen!

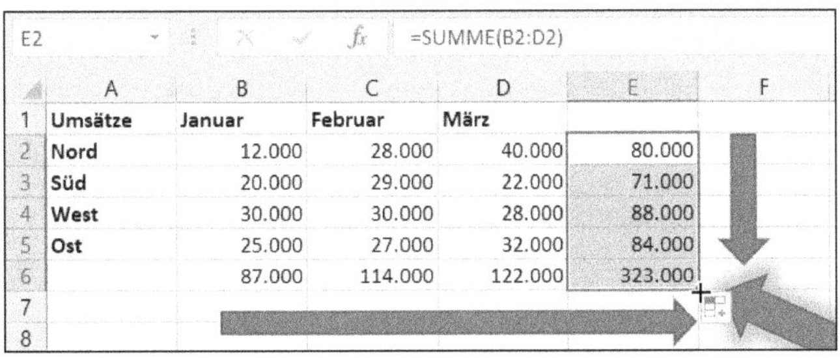

E2 =SUMME(B2:D2)

	A	B	C	D	E	F
1	**Umsätze**	**Januar**	**Februar**	**März**		
2	**Nord**	12.000	28.000	40.000	80.000	
3	**Süd**	20.000	29.000	22.000	71.000	
4	**West**	30.000	30.000	28.000	88.000	
5	**Ost**	25.000	27.000	32.000	84.000	
6		87.000	114.000	122.000	323.000	
7						
8						

Abbildung 2.3: Formeln einfach kopiert

Klicken Sie doppelt auf das Ausfüllkästchen am Zellzeiger, kopiert Excel die Formel automatisch in die anderen Zellen. Das funktioniert jedoch nur bei Spalten und nicht bei Zeilen.

Sie können zum Verschieben (Ausschneiden) oder Kopieren das Kontextmenü nutzen. Dazu klicken Sie mit der rechten Maustaste auf die Zelle und wählen die entsprechenden Befehle.

Die Schaltflächen zum AUSSCHNEIDEN, KOPIEREN und EINFÜGEN finden Sie auch in der Registerkarte START.

Sie können ebenfalls die oben erwähnten Funktionen über Tastenkombinationen ausführen (siehe Tabelle 2.3):

Tastenkombination	Funktion
Strg+X oder ⇧+Entf	Ausschneiden
Strg+C	Kopieren
Strg+V oder ⇧+Einfg	Einfügen
Alt+Strg+V	Inhalte mit Optionen einfügen

Tabelle 2.3: Per Tastatur Zellen kopieren, verschieben und einfügen

Sie können natürlich nicht nur Zellen, sondern ganze Zellbereiche verschieben, kopieren und einfügen. Dazu muss dieser Zellbereich markiert werden. Durch die Markierung weiß Excel, welche Zellen Sie bearbeiten möchten. Dazu bewegen Sie den Mauszeiger innerhalb des Zellzeigers und markieren mit gedrückter linker Maustaste die entsprechenden Zellen (siehe Abbildung 2.4).

Abbildung 2.4: Zellen mit links markieren

1. Platzieren Sie den Mauszeiger genau auf den Rand der Markierung. Er wandelt sein Aussehen (siehe Abbildung 2.5).

Abbildung 2.5: Das Aussehen des Mauszeigers ist entscheidend.

2. Bewegen Sie den Mauszeiger nun mit gedrückter linker Maustaste zu der Stelle, an der Sie einfügen möchten.

Möchten Sie nicht verschieben, sondern kopieren, halten Sie zusätzlich die Strg-Taste gedrückt (siehe Abbildung 2.6).

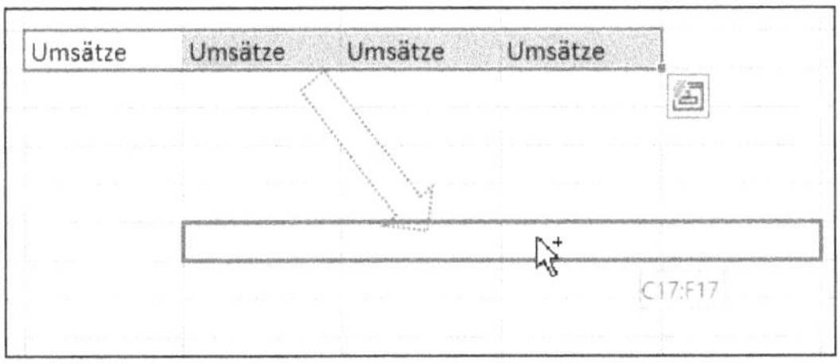

Abbildung 2.6: Leichtes Kopieren mit gedrückter linker Maustaste

Um einen kopierten oder ausgeschnittenen Bereich wieder einzufügen, genügt auch ein Drücken der [↵]-Taste.

1. Sie kopieren oder schneiden aus.
2. Klicken Sie dann in den Bereich, in dem Sie einfügen möchten.
3. Drücken Sie die [↵]-Taste.

Beim Kopieren und Verschieben mit der Maus erscheint die Schaltfläche SCHNELLANALYSE.

Beim Kopieren und Verschieben über die Schaltflächen erscheint die [Strg]-Schaltfläche.

Beide sind jeweils bei der nächsten Arbeitsaktion mit Excel verschwunden. Diese Schaltflächen sind standardmäßig aktiviert und führen weitere Befehlsmöglichkeiten zum Beispiel fürs Kopieren oder Formatieren auf.

Spalten in Zeilen kopieren

Sie möchten bei einer Tabelle die Spalten in Zeilen (und umgekehrt) umwandeln? Der Befehl dazu in Excel heißt TRANSPONIEREN.

1. Kopieren Sie die markierte Tabelle.
2. Markieren Sie nun die Zellen, in die eingefügt werden soll.
3. Aktivieren Sie das kleine Dreieck bei der Schaltfläche EINFÜGEN.
4. Wählen Sie den Befehl TRANSPONIEREN. Die Zeilen und Spalten werden umgewandelt (siehe Abbildung 2.7).

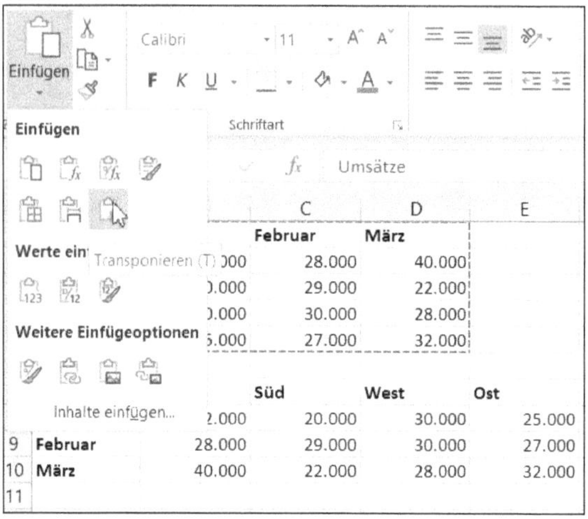

Abbildung 2.7: Zeilen und Spalten werden schnell umgewandelt.

Beim Kopieren mitrechnen

Sie können Berechnungen direkt beim Einfügen durchführen. Dabei stehen sämtliche Grundrechenarten zur Verfügung. Dazu aktivieren Sie zuerst die Zelle, deren numerischer Inhalt addiert, subtrahiert, dividiert oder multipliziert werden soll. Dieser Wert wird mit Strg+C in die Zwischenablage kopiert oder mit Strg+X verschoben. Danach selektieren Sie den Wertebereich, der mit der neuen Berechnung direkt überschrieben werden soll.

Über die Tastenkombination Alt+Strg+V öffnen Sie anschließend den Dialog INHALTE EINFÜGEN. Geben Sie nun unter VORGANG die Rechenart an. Sobald Sie auf die Schaltfläche OK klicken, werden die vorhandenen Werte mit dem Ergebnis der Berechnung angepasst beziehungsweise überschrieben (siehe Abbildung 2.8).

Beim Kopieren und anschließenden Einfügen überschreiben Sie im Bereich auch Zellen, deren Inhalte Sie vielleicht überhaupt nicht überschreiben möchten. Geben Sie nichts an, überschreiben auch die mitkopierten Leerzellen Zellen mit Inhalten im einzufügenden Bereich. Das vermeiden Sie mit der Angabe LEERZELLEN ÜBERSPRINGEN im Dialog INHALTE EINFÜGEN.

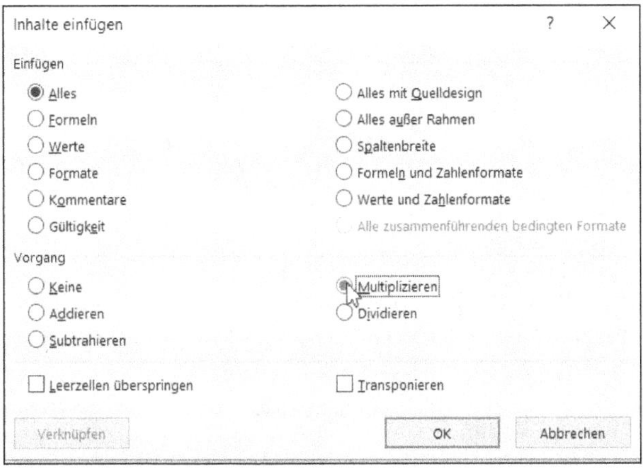

Abbildung 2.8: Berechnungen direkt beim Einfügen durchführen

Die kleine Schaltfläche mit den Einfügeoptionen, die unter anderem nach dem Kopieren von Daten erscheint, nervt Excel-Anwender mitunter. Sie lässt sich zum Glück deaktivieren. Dazu wählen Sie unter den Excel-OPTIONEN den Eintrag ERWEITERT und schalten unter AUSSCHNEIDEN, KOPIEREN UND EINFÜGEN die Option SCHALTFLÄCHE FÜR EINFÜGEOPTIONEN ANZEIGEN, WENN INHALT EINGEFÜGT WIRD ab.

Schnell (auto-)gezählt!

Zahlen für eine laufende Nummerierung müssen nicht jedes Mal extra eingetippt werden. Sie brauchen auch nicht mit der Zahl »1« anzufangen. Excel muss nur den Wert wissen, mit dem Sie starten möchten.

1. Markieren Sie dazu die erste Zelle der Aufzählung.
2. Drücken Sie die Strg-Taste und klicken Sie auf die rechte untere Ecke der Zelle.
3. Ziehen Sie den Rahmen über die Zellen, die automatisch gefüllt werden sollen.
4. Sie müssen zusätzlich die Strg-Taste drücken, ansonsten wird der Wert nur kopiert. Anstelle der Taste können Sie auch die Schaltfläche AUTO-AUSFÜLLOPTIONEN verwenden (DATENREIHE AUSFÜLLEN, siehe Abbildung 2.9).

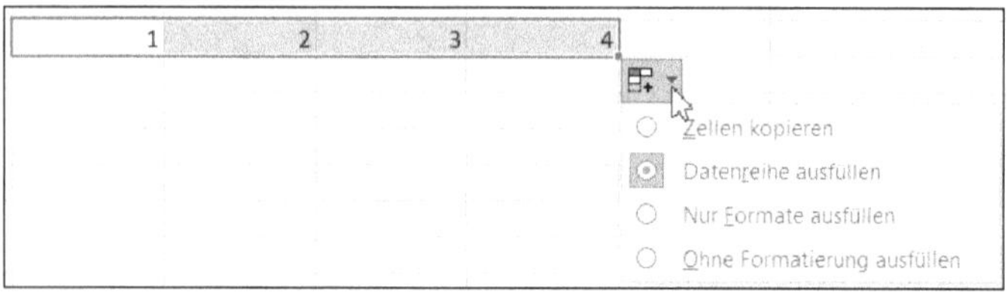

Abbildung 2.9: 1, 2, 3 ... schnell aufgezählt!

Excel bietet Ihnen noch weitere Möglichkeiten der Aufzählung. So gilt die automatische Aufzählung nicht nur für numerische Werte, sondern auch für »gemischte« Eingaben wie:

- Fahrzeug 1, Fahrzeug 2, Fahrzeug 3 ...
- Bezirk 1, Bezirk 2, Bezirk 3 ...
- Wahlkreis 1, Wahlkreis 2, Wahlkreis 3 ...
- 1. Jahr, 2. Jahr, 3. Jahr ...

Ein Drücken der Strg-Taste ist hier übrigens nicht nötig.

Möchten Sie Excel einen Zählrhythmus wie »1, 3, 5 ...« oder »4, 8, 12 ...« mitteilen, müssen Sie in mindestens zwei Zellen eine Zahl eintragen und diese markieren, dann zählen Sie mithilfe der AUTO-AUSFÜLLOPTIONEN.

Sie können beispielsweise auch Uhrzeiten (im Format 13:00) und das Datum zählen lassen.

BEISPIEL

Sie möchten wissen, wie die Datumsangaben der Samstage eines Jahrs lauten? Kein Problem: Geben Sie das Datum von diesem und dem nächsten Samstag ein und lassen Sie Excel den Rest erledigen!

Das ist besonders beim Erstellen von Terminplänen sehr nützlich, da Sie nicht jedes Datum im Kalender nachschauen müssen.

Drücken Sie hier zusätzlich die Strg-Taste, wenn Sie den Inhalt der Ausgangszelle nur kopieren wollen.

Eigene Aufzählungen erstellen

Excel bietet bereits vordefinierte Füllreihen an. Einträge für Aufzählungen können geändert und ergänzt werden. Selbst eine eigene Reihenfolge können Sie hier festlegen.

1. Legen Sie eine eigene Reihenfolge fest.
2. Markieren Sie die Zellen.
3. Drücken Sie die Tasten [Alt]+[D]+[O] (in Excel 2007 [Alt]+[D]+[I]).
4. Klicken Sie auf ERWEITERT.
5. Scrollen Sie nach unten und aktivieren Sie im Bereich ALLGEMEIN die Schaltfläche BENUTZERDEFINIERTE LISTEN BEARBEITEN.
6. Klicken Sie auf die Schaltfläche IMPORTIEREN.
7. Klicken Sie auf OK, bis alle offenen Dialogfelder geschlossen sind.

Sie können eine Liste auch direkt anlegen. Dazu klicken Sie auf NEUE LISTE und geben Ihre persönliche Aufzählung unter LISTENEINTRÄGE ein.

Um die Einträge zu trennen, drücken Sie die [↵]-Taste. Die Liste wird per Klick auf die Schaltfläche HINZUFÜGEN aufgenommen.

Mit der Schaltfläche LÖSCHEN können Sie eine Liste wieder entfernen. Dazu muss die zu löschende Liste markiert sein.

Wie der Blitz trennen!

Mit der Blitzvorschau trennt Excel Inhalte schneller, als Sie »Zellenformatierung« sagen können – ganz ohne Formeln!

Mit der Blitzvorschau in Excel können Sie ganz einfach Inhalte automatisch aufteilen, kombinieren oder umwandeln, ohne eine einzige Formel schreiben zu müssen. Excel erkennt dabei Muster und schlägt passende Werte vor.

Die Blitzvorschau in Excel ist eine Art »Mini-KI«, die Muster in Daten erkennt. Sobald Sie ein Beispiel geben (etwa Vornamen aus »Anna Müller«), erkennt Excel, was Sie möchten – ganz ohne Formel.

Diese Funktion arbeitet regelbasiert, aber ähnelt schon den Denkweisen von KI.

Die Blitzvorschau funktioniert am besten, wenn die Daten gleichmäßig strukturiert sind (etwa »Vorname Nachname«) und der Musterwert eindeutig ist.

Beispiel 1: Vor- und Nachnamen trennen

1. Geben Sie zum Beispiel in Zelle B2 den Vornamen von »Anna Müller« ein – also Anna.
2. Drücken Sie [↵].
3. Wechseln Sie dann in die Zelle B3.
4. Drücken Sie [Strg]+[E].
5. Excel erkennt das Muster automatisch und füllt die restlichen Vornamen aus.
6. Geben Sie anschließend zum Beispiel in Zelle C2 den Nachnamen Müller ein.
7. Drücken Sie [↵].
8. Klicken Sie dann in C3.
9. Mit einem erneuten Druck auf [Strg]+[E] übernimmt Excel auch hier per Blitzvorschau die restlichen Nachnamen (siehe Tabelle 2.4).

Vorname, Nachname	Vorname	Nachname
Anna Müller	Anna	Müller
Paul Schmidt	Paul	Schmidt
Lotte Schneider	Lotte	Schneider

Tabelle 2.4: Vornamen und Nachnamen per Blitzvorschau trennen

Beispiel 2: E-Mail-Adressen automatisch erzeugen

1. Geben Sie zum Beispiel in Zelle A2 den Namen Anna Müller ein.
2. Tragen Sie in Zelle B2 die passende E-Mail-Adresse anna.mueller@example.com ein.
3. Drücken Sie [↵] und gehen Sie in B3.
4. Drücken Sie jetzt [Strg]+[E].
5. Excel erkennt das Muster und erstellt automatisch die passenden E-Mail-Adressen für die anderen Namen in Spalte A (siehe Tabelle 2.5).

Vorname, Nachname	E-Mail-Adresse
Anna Müller	anna.mueller@example.com
Paul Schmidt	paul.schmidt@example.com
Lotte Schneider	lotte.schneider@example.com

Tabelle 2.5: Vornamen und Nachnamen per Blitzvorschau trennen

Ganz einfach – Textsplitt

Seit Excel 365 und Excel 2021 steht mit `=TEXTSPLIT()` eine besonders praktische Funktion zur Verfügung, um Inhalte in einer Zelle automatisch aufzuteilen. Damit lassen sich etwa Vor- und Nachnamen, durch Kommas getrennte Begriffe oder andere Listen mühelos in einzelne Zellen zerlegen, ganz ohne Umwege über die klassische Text-in-Spalten-Funktion oder die Blitzvorschau.

Die Funktion `=TEXTSPLIT()` gehört zu den dynamischen Arrayfunktionen. Das bedeutet, das Ergebnis wird nicht auf eine einzige Zelle beschränkt, sondern verteilt sich automatisch auf die nötigen benachbarten Zellen.

Dynamische Arrayfunktionen sind neue Excel-Funktionen, die automatisch mehrere Ergebnisse auf einmal liefern. Sie schreiben nur eine einzige Formel in eine Zelle, und Excel trägt die Ergebnisse automatisch in die Nachbarzellen ein. So müssen Sie nichts kopieren oder mehrere Zellen vorher markieren.

Mit `=TEXTSPLIT()` sparen Sie sich viele Arbeitsschritte bei der Textaufbereitung und gewinnen Sie gleichzeitig Übersichtlichkeit – ganz ohne komplizierte Zwischenschritte.

Die Syntax ist dabei einfach:

```
=TEXTSPLIT(Text;Spaltentrennzeichen)
```

Optional lässt sich auch ein Zeilentrennzeichen angeben, wenn der Text nicht nebeneinander, sondern untereinander aufgeteilt werden soll.

Ein typisches Beispiel:

Befindet sich in Zelle A1 der Name »Max Mustermann«, genügt die Eingabe `=TEXTSPLIT(A1;" ")`, um automatisch in zwei nebeneinanderliegenden Zellen den Vornamen und den Nachnamen zu erhalten. Excel erkennt das Leerzeichen als Trennzeichen und verteilt die Inhalte entsprechend.

Auch **Listen mit Kommas** lassen sich problemlos verarbeiten. Steht in A2 zum Beispiel »Apfel, Birne, Banane«, liefert die Formel `=TEXTSPLIT(A2;",")` drei separate Zellen mit jeweils einem »Fruchtnamen«.

Die folgende Übersicht zeigt typische Anwendungsfälle:

Zelle	Inhalt	Formel	Ergebnis (automatisch verteilt)
A1	Max Mustermann	=TEXTSPLIT(A1;" ")	B1: Max C1: Mustermann
A2	Apfel, Birne, Banane	=TEXTSPLIT(A2;",")	B2: Apfel C2: Birne D2: Banane

Tabelle 2.6: Beispiele für die Funktion `=TEXTSPLIT()`

Schnell die Zeit ausfüllen

Mit dem Füllkästchen können Sie das Ausfüllen der Zellen noch differenzieren. Wenn Sie zum Beispiel ein Datum eingeben und die Zellen ausfüllen, erhalten Sie über die Optionsschaltfläche eine Auswahl. So können Sie sich hier beispielsweise nur die Wochentage anzeigen lassen (siehe Abbildung 2.10).

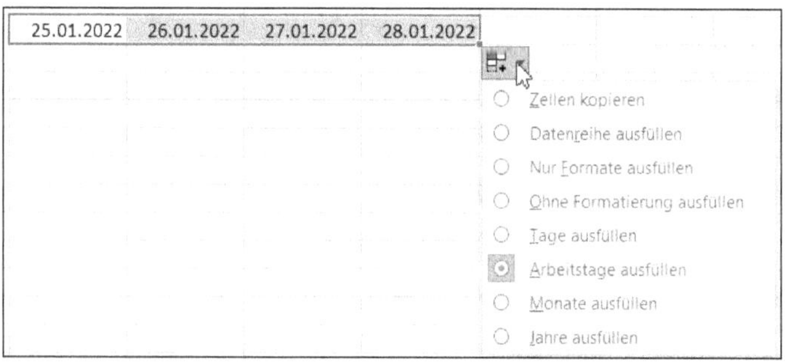

Abbildung 2.10: Die Datumsreihen werden entsprechend der Auswahl ausgefüllt.

Einfach fortlaufend!

In einigen Excel-Versionen wie Excel 365 können Sie auch mit sogenannten dynamischen Array-Funktionen arbeiten. Eine besonders praktische Funktion ist dabei `=SEQUENZ()`, mit der Sie nummerierte Listen automatisch erzeugen lassen können – ganz ohne manuelle Eingabe.

Möchten Sie beispielsweise die Zahlen 1 bis 10 untereinander auflisten, geben Sie einfach folgende Formel in eine Zelle ein:

```
=SEQUENZ(10)
```

Excel füllt daraufhin automatisch zehn Zellen mit den Zahlen 1 bis 10 – jede in einer neuen Zeile. Sie brauchen nichts weiter zu tun.

Sie können die Funktion auch anpassen, etwa für mehrere Spalten oder mit einem bestimmten Startwert und einer gewünschten Schrittweite:

```
=SEQUENZ(5;2;10;5)
```

Das erzeugt eine Liste mit 5 Zeilen und 2 Spalten, beginnend bei 10, jeweils mit einem Schritt von 5.

Diese Funktion ist ideal für fortlaufende Nummerierungen, Kalenderdaten, automatische Kennziffern (zum Beispiel für Rechnungen oder Datensätze) und vieles mehr – und das völlig dynamisch: Ändern Sie die Ausgangswerte, passt sich die Liste automatisch an.

IN DIESEM KAPITEL

summieren Sie besser.

rechnen Sie mit der Matrix.

arbeiten Sie schneller.

Kapitel 3
Schnelle Ergebnisse

Excel ist gemacht fürs Rechnen – und oft schneller, als Sie denken. Bei einfachen Summen spart Ihnen Excel viel Tipparbeit: Statt jede Zahl einzeln zu addieren, nutzen Sie einfach die cleveren Kurzbefehle für benachbarte Zellen. So müssen Sie nicht ständig ein Pluszeichen eintippen.

Super Summe

Sie brauchen nur die Tabelle einschließlich der Ergebniszellen zu markieren und zum Beispiel die Schaltfläche Autosumme zu klicken (siehe Abbildung 3.1). Das gilt natürlich auch für andere Funktionen.

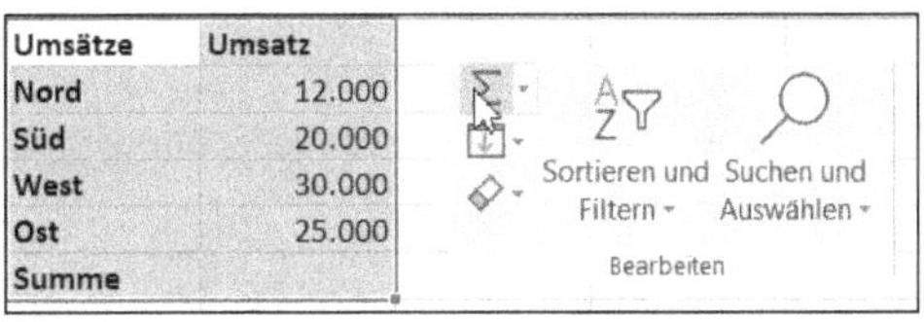

Abbildung 3.1: Per Mausklick werden die Summen für mehrere Zellen berechnet.

Möchten Sie Zellen beziehungsweise Zellbereiche berechnen, die nicht nebeneinanderliegen, drücken Sie die Strg-Taste und klicken diese mit der Maus an oder tippen nach jeder Zellenbezeichnung ein Semikolon als Trennungsmerkmal über die Tastatur ein.

Auf der Registerkarte Start können Sie weitere Funktionen für mehrere Ergebniszellen ausführen. Zum Beispiel können Sie, wenn Sie auf Autosumme klicken, den Mittelwert, das Maximum oder Minimum berechnen (siehe Abbildung 3.2).

Abbildung 3.2: Die Auswahl für weitere Funktionen

Sie können mit Funktionen auch rechnen, so ergibt die Formel `=100*SUMME(A1:A3)` das Hundertfache einer Summe!

Diese Funktionen sollen bis zu 255 Argumente beinhalten können, gleichgültig ob Zahlen, Zellen oder Bereiche. Aber, um ehrlich zu sein, habe ich das nicht nachgezählt ... Es sind jedenfalls eine Menge!

Mit dem Befehl `=SUMME(Spalte:Spalte)` summieren Sie sämtliche Zahlenwerte einer Spalte. Das Gleiche können Sie natürlich auch bei Zeilen angeben (siehe Abbildung 3.3).

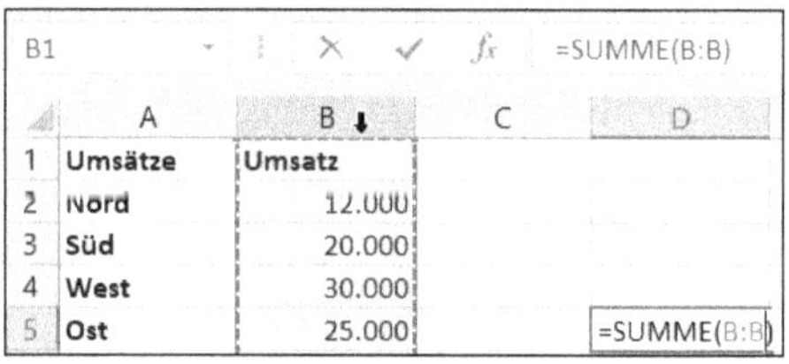

Abbildung 3.3: Summe aktivieren und auf den Spaltenkopf klicken

Rechen-Fix mit Matrixformeln

»Viele Wege führen nach Rom« – manche länger, manche schneller!

Hier in diesem Beispiel würden Sie vielleicht den Preis jeweils mit der verkauften Stückzahl multiplizieren, die Formel nach unten kopieren und dann die Summe aus den einzelnen Umsätzen bilden.

Doch es geht einfacher! Jede Spalte einer Kalkulation beziehungsweise Tabelle ist eine Matrix. So kann Excel mit den Inhalten mehrerer Spalten rechnen:

1. Aktivieren Sie die Zielzelle, in der das Ergebnis stehen soll.

2. Klicken Sie in der Registerkarte START auf das Summenzeichen.

3. Markieren Sie hier im Beispiel die Preis-Spalte.

4. Geben Sie das *-Zeichen für die Multiplikation an.

5. Markieren Sie im Beispiel die Stückzahl-Spalte.

6. Schließen Sie die Eingabe der MATRIXFORMEL gleichzeitig über die Tasten Strg+⇧+↵ ab (Abbildung 3.4).

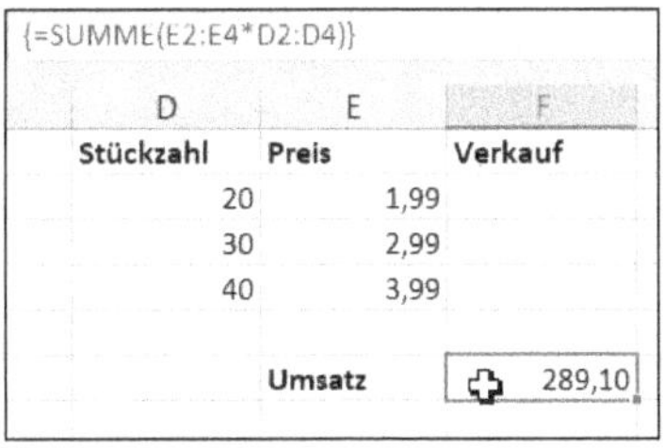

Abbildung 3.4: Sie erkennen eine Matrixformel an den geschweiften Klammern { } in der Bearbeitungsleiste.

Excel 365 – dynamische Arrays

Seit Excel 365 benötigen Sie für viele Rechenaufgaben keine spezielle Matrixformel mehr. Früher mussten Sie beispielsweise Preis mal Menge mit der Tastenkombination Strg+⇧+↵ abschließen – das ist jetzt nicht mehr notwendig.

Beispiel: `=D2:D4 * E2:E4`

Diese Formel berechnet automatisch jede Zeile und zeigt die drei Ergebnisse untereinander an. Excel erkennt, dass mehrere Werte entstehen, und verteilt sie automatisch in die passenden Zellen.

Das nennt sich Spill-Bereich: Excel trägt die Ergebnisse automatisch in die darunterliegenden Zellen ein – je nachdem, wie viele Werte entstehen.

Sie müssen nichts mehr kopieren, keine geschweiften Klammern setzen und keine Tastenkombinationen verwenden – einfach eingeben und fertig.

Achten Sie darauf, dass unter oder neben der Zelle genug Platz für die Ergebnisse ist. Andernfalls zeigt Excel einen Fehler »`#SPILL!`« an.

IN DIESEM KAPITEL

erfahren Sie, warum Bezüge wichtig sind.

legen Sie Bezüge fest.

vergeben Sie Namen für Zellen.

Kapitel 4
Beste Bezüge

Dann gibt es noch immer diese »komischen Sachen« mit den Bezügen: absolut und relativ.

Die Begriffe halte ich persönlich für unwichtig. Wichtig ist, dass Sie wissen, wenn Sie eine Zelle fixieren müssen, da sich eine bestimmte Rechnung darauf bezieht.

Zellen fixieren

Wie in diesem Beispiel ist ein einfaches Kopieren der Formel nicht möglich, da sich die Ermittlung der Prozentzahlen auf den Gesamtbetrag bezieht, der in einer bestimmten Zelle steht (siehe Abbildung 4.1).

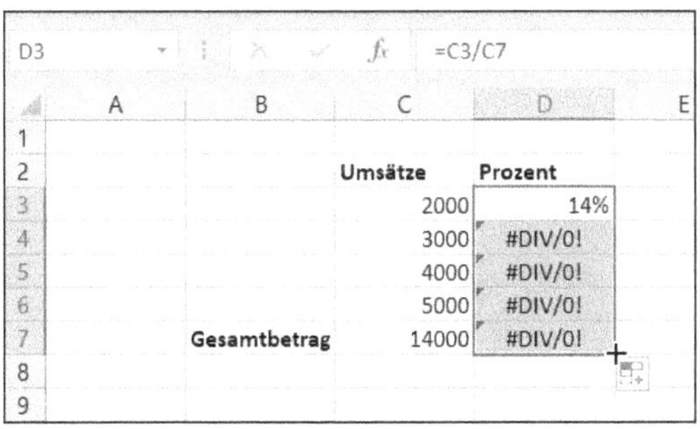

Abbildung 4.1: Falsch kopiert und gerechnet

BEISPIEL

Um den Prozentbetrag für Einzelbeträge zu ermitteln, dividieren Sie den Einzelbetrag durch den Gesamtbetrag. Kopieren Sie die Formel entsprechend und belassen Sie den Zellbereich markiert. Aktivieren

Sie nur die %-Schaltfläche. Excel multipliziert automatisch mit 100. Die Zellen sind in Prozent angegeben.

Es ist leicht zu merken! Bezieht sich eine Rechnung auf eine feste Zelle, muss diese innerhalb einer Formel fixiert werden.

Die Berechnung bezieht sich immer auf eine bestimmte Zelle. Um diese zu fixieren, klicken Sie in die Bearbeitungsleiste in die entsprechende Zelle und drücken die Taste F4 (siehe Abbildung 4.2).

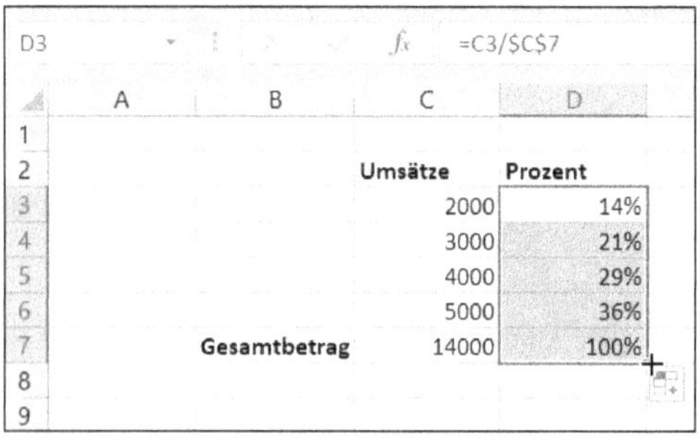

Abbildung 4.2: Die Fixierung erscheint in Form von Dollarzeichen.

Das Kopieren der Formel kann nun durchgeführt werden, und die Berechnung der Kalkulation erfolgt.

Sie können auch nur die Spalte oder nur die Zeile fixieren:

1. Spalte fixiert, Zeile flexibel – Beispiel: $B10
2. Zeile fixiert, Spalte flexibel – Beispiel: B$10
3. beides fixiert – Beispiel: $B$10

Das ist besonders praktisch bei Kalkulationen mit festen Preisen oder Bezugsspalten.

Besser Zellen mit Namen

Vergeben Sie Namen für bestimmte Zellen beziehungsweise Bereiche, sind diese für eine Berechnung genauso fixiert. Es entfällt also das Drücken der F4-Taste.

1. Klicken Sie in die Zelle, die zu fixieren ist.

2. Klicken Sie in das NAMENFELD.

3. Vergeben Sie einen Namen für die Zelle (siehe Abbildung 4.3).

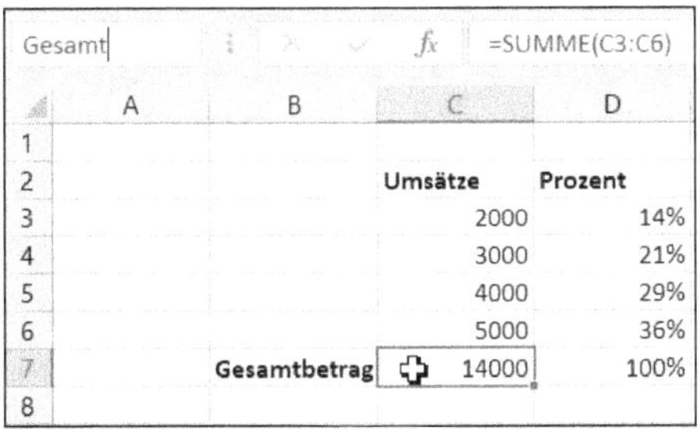

Abbildung 4.3: Namen für Zellen vergeben

4. Bestätigen Sie über die ↵-Taste.

Stellen Sie nun die zuvor erwähnte Rechnung neu auf, erscheint der Zellenname direkt innerhalb der Formel in der Bearbeitungsleiste (siehe Abbildung 4.4).

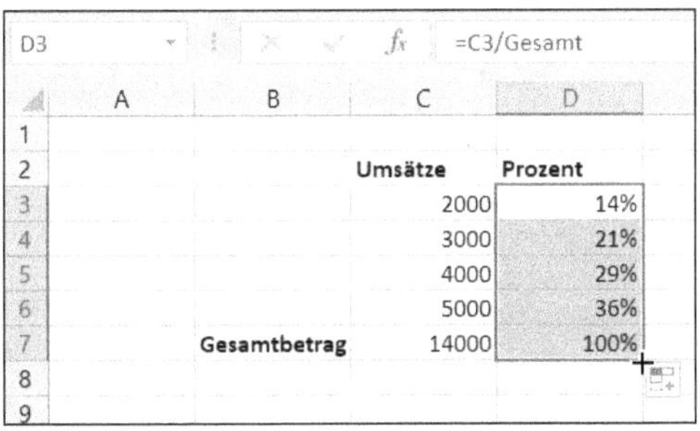

Abbildung 4.4: Die Vergabe des Zellennamens fixiert die Zelle

Eine weitere Möglichkeit, einen Zellbereich zu fixieren, bietet Ihnen die Schaltfläche AUS AUSWAHL ERSTELLEN in der Registerkarte FORMELN.

Damit können Sie auf Basis von Überschriften automatisch Namen für Zellen oder Zellbereiche vergeben – diese sind dann automatisch fixiert und können direkt in Formeln verwendet werden.

Namen wie »MwSt.«, »Rabatt«, »Zielwert« helfen dabei, Formeln verständlicher zu machen. Die Namen gelten für die ganze Arbeitsmappe und können auch auf anderen Tabellenblättern verwendet werden. Dabei dürfen die Namen keine Leerzeichen enthalten.

Sie können nicht nur einzelne Zellen, sondern auch ganze Bereiche benennen – z. B. A1:A10 = Umsätze. Dann können Sie direkt schreiben: =SUMME(Umsätze)

Wenn die Namen für Zellen vergeben sind, können Sie nicht mehr so leicht geändert werden. Das geht nur über den Namens-Manager (siehe Abbildung 4.5).

Diesen starten Sie in der Registerkarte FORMELN oder über die Tasten Strg+F3.

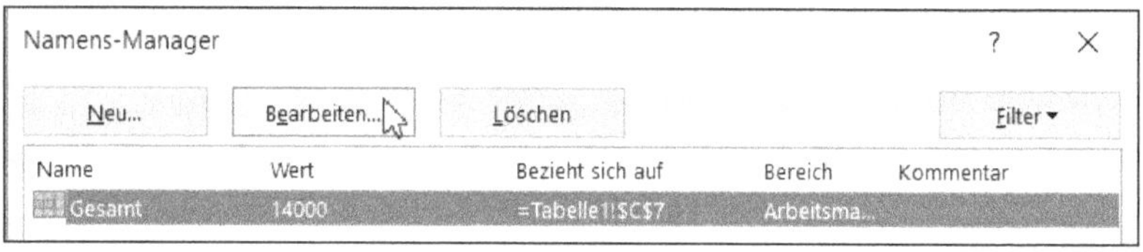

Abbildung 4.5: Im Namens-Manager werden Zellennamen bearbeitet.

Mit der Taste F3 erhalten Sie eine Liste aller vergebenen Namen und können diese direkt in Ihre Formeln einfügen.

IN DIESEM KAPITEL

arbeiten Sie mit Tabellenblättern.

tragen Sie Daten gleichzeitig ein.

kopieren Sie von Blatt zu Blatt.

Kapitel 5
Leichtes Spiel mit Tabellenblättern

Über Excel müssen Sie noch wissen, dass Sie mit Arbeitsmappen arbeiten, die wiederum Tabellenblätter beinhalten. Diese befinden sich am unteren Rand des Bildschirms.

Tabellenblätter sind die Seiten Ihrer Excel-Datei und vergleichbar mit Karteikarten – je besser sie sortiert, beschriftet und geschützt sind, desto mehr Spaß macht's, mit ihnen zu arbeiten.

Neue Arbeitsmappen verfügen automatisch abhängig von Ihrer Excel-Version über ein Tabellenblatt beziehungsweise drei Tabellenblätter. Die Anzahl der Tabellenblätter erhöhen Sie über die Registerkarte DATEI. Wählen Sie hier den Eintrag OPTIONEN. Bei ALLGEMEIN ändern Sie die Anzahl der Tabellenblätter.

Um die neue Option auszuführen, müssen Sie Excel beenden und neu starten.

Die Tabellenblätter sind wie einzelne Blätter in einem Ordner. Der Ordner wiederum stellt die Arbeitsmappe dar. So können Sie leicht mit Tabellenblättern arbeiten und Berechnungen zwischen ihnen herstellen. Im Laufe der Zeit werden Sie immer mehr mit Tabellenblättern arbeiten. Für die schnelle Bearbeitung sollten Sie ein paar Tricks anwenden.

Sie navigieren leicht zwischen den Tabellenblättern, indem Sie die [Strg]-Taste und die [Bild ↑]-/[Bild ↓]-Tasten entsprechend der Richtung drücken.

Um neue Tabellenblätter mit nur einem Mausklick anzulegen, klicken Sie auf die Schaltfläche + rechts neben den Registerblättern oder drücken die Tastenkombination ⇧+F11.

Schnelles Verschieben oder Kopieren

Mit einem Rechtsklick auf ein Tabellenblatt stehen Ihnen noch weitere Möglichkeiten wie EINFÜGEN, LÖSCHEN, VERSCHIEBEN oder KOPIEREN zur Verfügung (siehe Abbildung 5.1).

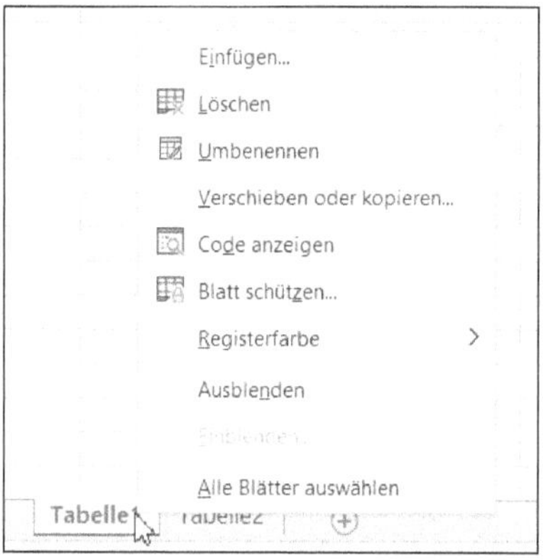

Abbildung 5.1: Rechter Mausklick und Befehle auswählen

Einfacher und vor allem schneller geht es so: Möchten Sie den Inhalt von einem Tabellenblatt zum nächsten verschieben, klicken Sie auf das Registerblatt und ziehen es mit gedrückter Maustaste auf das entsprechende Ziel-Registerblatt. Sie können ganze Tabellenblätter aus einer anderen Excel-Datei übernehmen. Dazu verwenden Sie einfach den Befehl IN ANDERE ARBEITSMAPPE VERSCHIEBEN/KOPIEREN.

Wollen Sie den Inhalt eines Tabellenblatts kopieren, drücken Sie zusätzlich die Strg-Taste. Es erscheint am Mauszeiger ein Plus.

Excel springt automatisch in das andere Arbeitsblatt und zeigt Ihnen dessen Inhalt an. Das neu angelegte Blattregister trägt hier den Namen »Tabelle1 (2)«.

Möchten Sie ein Tabellenblatt umbenennen, klicken Sie doppelt auf den Namen und überschreiben die Markierung einfach.

Sie können für den Namen von Tabellenblättern bis zu maximal 31 Zeichen (Buchstaben, Zahlen) verwenden – nicht erlaubt sind die sogenannten Sonderzeichen wie /, %, \, [.

Um den Überblick zu behalten, können Sie Tabellenblätter farblich markieren – klicken Sie dazu mit der rechten Maustaste auf das BLATTREGISTER, wählen Sie REGISTERFARBE und entscheiden Sie sich für eine Farbe. Das ist besonders praktisch, wenn Sie wichtige Blätter – etwa eine Jahresübersicht – optisch hervorheben möchten.

Rechnen über mehrere Tabellenblätter

Eine Arbeitsmappe umfasst mehrere Tabellenblätter. Möchten Sie über mehrere Tabellenblätter rechnen, verknüpfen Sie die Zellen einfach. Das ergibt zum Beispiel bei einem Kassen- oder Fahrtenbuch Sinn, das mehrere Monate beinhaltet.

Bei einem Fahrtenbuch werden die Fahrten auf den einzelnen Tabellenblättern monatlich erfasst. Auf einem extra Tabellenblatt stehen dann die Fahrten übersichtlich zusammengefasst für das ganze Jahr.

1. Aktivieren Sie die Zelle, in der das Ergebnis stehen soll, und geben Sie das Gleichheitszeichen für die Formeleingabe ein.

2. Wechseln Sie in das entsprechende Tabellenblatt.

3. Aktivieren Sie die Zelle, die verknüpft werden soll, und schließen Sie die Eingabe ab, indem Sie zum Beispiel über die [↵]-Taste bestätigen (siehe Abbildung 5.2).

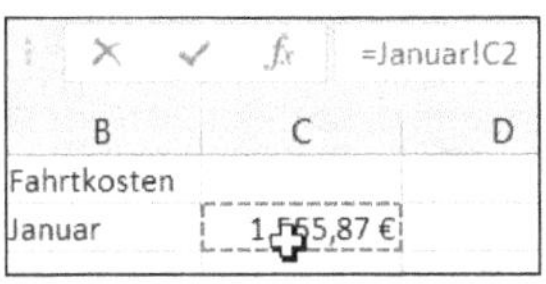

Abbildung 5.2: Tabellenblätter rechnerisch verknüpfen

Die Register von Tabellenblättern können zur besseren Orientierung farblich markiert werden.

1. Klicken Sie mit der rechten Maustaste auf ein Register.

2. Wählen Sie über REGISTERFARBE eine Farbe aus.

Möchten Sie Tabellenblätter neu anordnen, bewegen Sie den Mauszeiger auf das Register eines Tabellenblattes und drücken die rechte Maustaste. Geben Sie im Kontextmenü den Befehl VERSCHIEBEN ODER KOPIEREN an.

Noch schneller geht es – abhängig von der Excel-Version – mit gedrückter linker Maustaste. Bewegen Sie den Mauszeiger auf den Reiter und halten Sie die linke Maustaste gedrückt. Platzieren Sie nun das Tabellenblatt an der gewünschten Position. Lassen Sie die Maustaste los.

Daten einmal mehrfach eintragen

Die Eingabe von Daten in Excel-Tabellen ist oft reine Fleißarbeit: Mitunter muss man in mehrere Tabellenblätter immer wieder dieselben Zahlen, Formeln und Formatierungen eingeben. Diese und andere lästige Routine-Aufgaben lassen sich beschleunigen.

Oft ist es gar nicht nötig, immer wieder die gleichen Daten, Formeln und Funktionen einzeln in mehrere Tabellenblätter einzugeben.

Mit der **3D**-Markierung lassen sich mehrere Tabellenblätter zu einer Eingabegruppe zusammenfassen. Dazu markiert man mit gedrückter Strg-Taste und linkem Mausklick einzelne Tabellenblätter.

Drückt man dagegen die ⇧-Taste, lassen sich Tabellenblätter zu einer Einheit »von … bis« markieren. Ein Klick auf ein Tabellenblatt, das nicht zur ausgewählten Gruppe gehört, oder bei gedrückter ⇧-Taste auf das erste Blatt hebt die Gruppenbildung wieder auf.

Standardmäßig wird beim **Drucken** die gesamte Arbeitsmappe ausgedruckt. Möchten Sie jedoch nur bestimmte Tabellenblätter drucken, halten Sie die Strg-Taste gedrückt und klicken Sie die gewünschten Blätter an. Excel druckt dann nur die ausgewählten.

BEISPIEL

In einem Fahrtenbuch legt man die Fahrkosten für Januar bis Dezember auf 12 Tabellenblättern fest. Sie sind entsprechend den jeweiligen Monaten benannt. Auf dem ersten Tabellenblatt erfolgt die Gesamtübersicht des Jahres für die einzelnen Monate. Hier kommt der 3D-Bezug zum Einsatz. Nach Aktivieren der Zelle, in der die Formel mit 3D-Bezug stehen soll, gibt man die Formel `=SUMME('Januar:Dezember'!B4)` ein. Von jedem einzelnen Tabellenblatt wird hier der Betrag aus der Zelle B4 summiert.

Ein neues Tabellenblatt erstellt man mit der Tastenkombination ⇧+F11. Um dieses in der 3D-Berechnung automatisch zu berücksichtigen, müssen Sie es nur vor dem letzten Tabellenblatt einfügen. Die einzelnen Werte aktualisiert Excel in der Gesamtberechnung automatisch.

Wenn Sie bestimmte Tabellenblätter ganz oben in der Liste behalten möchten, etwa »Übersicht«, »Gesamt« oder »Budget«, können Sie diese ganz einfach vorsortieren. Geben Sie ihnen einen Namen mit einer Ziffer und einem Unterstrich am Anfang – zum Beispiel 1_ÜBERSICHT, 2_EINNAHMEN oder 3_AUSGABEN. So erscheinen diese Blätter automatisch ganz oben und bleiben leichter auffindbar.

Dabei können Sie die Tabellenblätter einfach neu anordnen, indem Sie den Mauszeiger auf einem Register unten gedrückt halten und es neu platzieren, damit zum Beispiel eine Übersicht auch ganz vorne steht.

KI-Tipp: Übersicht automatisch erstellen

Fragen Sie ChatGPT oder den Excel-Copilot:

»Erstelle mir eine Übersichtstabelle mit Links zu allen Monatsblättern und summiere dort die Werte aus B4.«

Die KI liefert eine passende Vorlage – samt 3D-SUMME oder Hyperlinks. Superpraktisch für Fahrtenbuch, Einnahmenübersicht usw.

Tabellenblätter schützen

Wenn Sie ein Tabellenblatt fertiggestellt haben und sicherstellen möchten, dass keine Änderungen mehr vorgenommen werden, können Sie es schützen.

Wechseln Sie dazu auf die Registerkarte ÜBERPRÜFEN und klicken Sie auf BLATT SCHÜTZEN.

Auf Wunsch können Sie zusätzlich ein Passwort vergeben – so bleibt alles genau so, wie Sie es eingerichtet haben.

Sollte ein Tabellenblatt gerade nicht gebraucht werden oder stören, lässt es sich ganz einfach ausblenden: Klicken Sie mit der rechten Maustaste auf das entsprechende Blattregister und wählen Sie AUSBLENDEN.

Um das Blatt später wieder einzublenden, klicken Sie mit der rechten Maustaste auf ein beliebiges Blatt und wählen Sie EINBLENDEN.

Schnellschutz-Tipp: Blatt ohne Passwort schützen

Wenn es nur darum geht, versehentliche Änderungen zu vermeiden:

1. Wählen Sie das Register ÜBERPRÜFEN.

2. Klicken Sie auf BLATT SCHÜTZEN.

3. Geben Sie kein Passwort ein und bestätigen Sie einfach mit OK.

Der Schutz ist leicht aufzuheben, aber trotzdem wirkungsvoll für die tägliche Arbeit.

IN DIESEM KAPITEL

rechnen Sie mit Texten.

verbinden Sie Zellen.

mischen Sie Texte und Zahlen.

Kapitel 6
Rechnen mit Texten

Mittlerweile gibt es einige Möglichkeiten, Zellen und Texte miteinander zu verketten. Mit einem Kniff lassen sich Formeln und Texte beliebig miteinander kombinieren. So rechnet Excel auf Wunsch auch innerhalb von Texten. Zum Beispiel können Sie bei Rechnungen den gängigen Satz schreiben: »In diesem Betrag sind xx Euro Mehrwertsteuer enthalten.«

Texte verbinden

Die einen nennen es das kaufmännische Und, die anderen das Ampersand-Zeichen »&«.

Gleichgültig, wie es genannt wird, damit lassen sich die Inhalte diverser Zellen gemeinsam verketten (siehe Abbildung 6.1).

	A	B
1		
2	**Rechnungsbetrag**	238
3		
4	**Bedienung**	Tom Weiß
5	**Datum**	25.11.2019
6		

Abbildung 6.1: Beispiel zum Verbinden von Zellen

Zum Rechnen in Texten geben Sie den Ausdruck in Anführungszeichen ein. Zwischen zwei &-Zeichen können Sie sich auf Zellen beziehen.

Den gesamten Ausdruck der Text-und-Formel-Kombination geben Sie in Anführungszeichen ein, zum Beispiel `"In dem Betrag "&(B2)&" Euro sind "&((B2/119*19)&" Euro Mehrwertsteuer enthalten."`.

Alles, was zwischen jeweils zwei &-Zeichen steht, interpretiert Excel als eine Formel, die berechnet wird, oder als einen Zellenbezug; der Rest wird als Text betrachtet (siehe Abbildung 6.2).

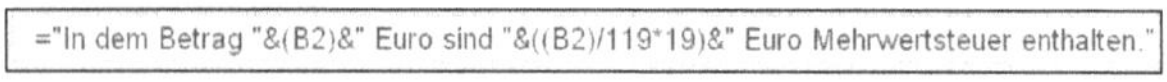

Abbildung 6.2: Aufbau der Beispiel-Funktion

Sie können die Angaben noch erweitern, indem Sie Daten berücksichtigen, die sich ständig aktualisieren.

Damit lassen sich zum Beispiel der Name des Verkäufers oder der Bedienung und das Ausstellungsdatum übernehmen. Steht etwa in der Zelle B4 der Name der Bedienung und in B5 das Datum, das sich durch die Funktion `=HEUTE()` täglich aktualisiert, könnte die Formel `Es bediente Sie "&B4&" am "&TEXT(B5; "TT.MM.JJJJ")` lauten.

Durch die Funktion `=TEXT()` stellt Excel die Datumszahl nicht als fortlaufende Zahl, sondern direkt in dem angegebenen Datumsformat dar. Nach Berechnung innerhalb der Textfunktion ist auch die Darstellung in anderen Formaten wie dem Währungsformat möglich: `"&TEXT(B2*0,98;"#.##0,00 €)`.

Texte verketten

Doch auf die Eingabe des Ampersand Zeichens kann auch ganz verzichtet werden. So steht Ihnen die VERKETTEN-Funktion zur Verfügung (siehe Abbildung 6.3).

`=VERKETTEN("Der Umsatz am für die Filiale ";A2;" beträgt "A3;" Euro.")`. Gleich ist die Funktion `=TEXTKETTE()`.

Achten Sie bei der Eingabe auf die Leerzeichen zwischen den einzelnen Zellen. Diese können Sie prima in der Vorschau erkennen.

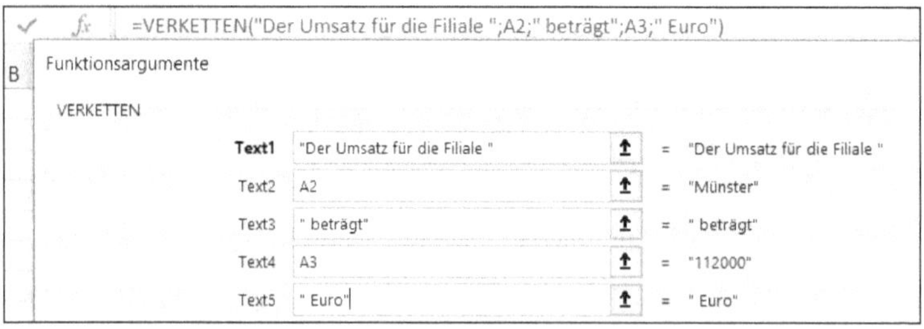

Abbildung 6.3: Gezielt Zellen verketten

Superleicht und empfehlenswert ist die Funktion `=TEXTVERKETTEN()`. Hier können Sie die einzelnen Angaben durch Trennzeichen trennen. Dabei können Sie den Inhalt von Hunderten von Zellen in einer berücksichtigen, indem Sie die Zellenbereiche einfach angeben. Sogar die Angabe von kompletten Spalten und Zeilen funktioniert!

Falls Sie Texte zigfach wiederholen möchten, geben Sie einfach an:

`=WIEDERHOLEN(Text;Multiplikator)`

KI nutzen: Textformeln

Ob direkt in Excel oder mit externer Hilfe – künstliche Intelligenz kann Sie effektiv beim Arbeiten mit Texten in Excel unterstützen. Sie sparen Zeit, vermeiden Fehler und erhalten sofort einsatzbereite Lösungen – selbst wenn Sie bei Excel-Funktionen noch nicht ganz so sicher sind.

Ob Sie Texte mit Zahlen kombinieren, Namen aufteilen oder ganze Sätze automatisch erzeugen möchten – mit moderner künstlicher Intelligenz geht das heute einfacher denn je.

Sowohl Excel Copilot (also die eingebaute KI in Microsoft 365) als auch ChatGPT können Ihnen dabei helfen, die passenden Excel-Formeln zu finden und verständlich zu formulieren.

Sie können zum Beispiel schreiben:

»Berechne die Mehrwertsteuer aus B2 und gib das Ergebnis in einem Satz aus.«

Excel erzeugt dann:

="In dem Betrag von "&B2&" € sind "&B2*0,19&" € Mehrwertsteuer enthalten."

Wenn Sie keinen Zugriff auf Excel Copilot haben, können Sie genauso gut ChatGPT nutzen. Beschreiben Sie einfach in normalen Worten, was Sie vorhaben, und ChatGPT liefert Ihnen die passende Excel-Formel – oft mit einer verständlichen Erklärung. Das funktioniert auch für Kombinationen aus mehreren Zellen, Datumsformaten oder eigenen Satzformulierungen.

IN DIESEM KAPITEL

formatieren Sie Zahlen.

lernen Sie Stellen kennen.

formatieren Sie auf den Punkt genau.

Kapitel 7

Zauberhafte Zahlen

Zahlen richten sich in Excel immer nach rechts aus, Text nach links. Das ist das A & O der Zelle. Vorsicht bei Mischformen: Zahlen, Buchstaben und Zeichen!

BEISPIEL

Ein Zahlenwert in der Schreibform `123,--` ist für Excel keine Zahl, sondern aufgrund der Zeichen `--` ein Text. Er wird also linksbündig ausgerichtet. Daher sind Zahlen wie `125 Tage`, `200 Stück` oder `10 Äpfel und Birnen` für Excel zunächst Texte. Aber mit Formaten können Sie das schnell ändern.

In Excel gibt es für die Zahlen bestimmte Formate – die Anwendung ist Ihnen ja bereits geläufig. Zahlenformate können in Excel wahre Wunder wirken – vorausgesetzt, man kennt die richtigen Codes.

Standardmäßig gibt es Formate wie Prozente, Währungen oder Datumsangaben. Entfernen Sie das Format aus einer Zelle, verändert sich die Formatierung nicht. Sie bleibt so lange bestehen, bis Sie ein anderes Format auswählen. Das kann auch *Standard* sein.

BEISPIEL

Man muss nur wissen, wie Excel was macht! Geben Sie zum Beispiel `10 %` über die Tastatur (mit dem %-Zeichen über der Taste [5]) ein, erscheint in der Zelle korrekt »10 %«.

Geben Sie dagegen die Zahl `10` in eine Zelle ein und verwenden dann die Prozent-Schaltfläche in der Registerkarte START, nimmt Excel den Wert automatisch mal 100 = 1000 %. Warum? Es erleichtert die Handhabung in der Praxis (Dreisatz!), um später zum Beispiel prozentuale Anteile zu errechnen.

Oft werden Formate lieblos behandelt, nicht beachtet und im Alltag unterschätzt! Dabei liegen häufig Schätze mit verschiedensten Formaten im Verborgenen. Die richtigen Typen zur richtigen Zeit und an die passende Stelle gesetzt, erleichtern die Routine und können sich schnell auszahlen.

Formate für Zellen können auf unterschiedliche Weise angegeben werden. Drücken Sie zum Beispiel Strg+%, geben Sie das *Prozentformat* vor. Über Strg+$ folgt das *Währungsformat*, Strg+! erzeugt Tausendertrennzeichen mit zwei Dezimalstellen. Um alles wieder zum *Standardformat* zurückzusetzen, drücken Sie einfach Strg+⇧+&.

Einer negativen Zahl muss ein Minuszeichen vorangestellt werden. Negative Zahlen können Sie sich auch schnell über die Tastatur anzeigen lassen. Die Tastenkombination Strg+⇧+! gibt das Zahlenformat mit zwei Dezimalstellen und Tausendertrennzeichen an. Das Minuszeichen »-« wird automatisch bei negativen Zahlen gesetzt. Drücken Sie bei der Tastenkombination anstatt des Ausrufezeichens ! das Dollarzeichen $, erfolgt das Währungsformat. Hier werden negative Werte in Klammern gesetzt.

Tasten	Formatierung
Strg+⇧+%	Prozentformat
Strg+⇧+&	Standardformat
Strg+⇧+!	Tausendertrennzeichen mit zwei Dezimalstellen
Strg+⇧+$	Währungsformat. Negative Zahlen werden in Klammern gesetzt.
Strg+⇧+!	Zahlenformat mit zwei Dezimalstellen und Tausendertrennzeichen. Bei negativen Zahlen wird das Minuszeichen automatisch gesetzt.

Wie beim Kochen gibt es die verschiedensten Zutaten, Formate in Excel anzugeben. Die Zeichen an die richtige Stelle gesetzt, führen zu einer gelungenen Zahl.

Zahlen können in Excel über die Tastenkombination Strg+1 sehr unterschiedlich dargestellt werden. Starten Sie das Dialogfeld ZELLEN FORMATIEREN.

In der Registerkarte ZAHLEN steht Ihnen unter BENUTZERDEFINIERT eine Vielzahl von Möglichkeiten zur Verfügung.

Hier finden Sie bereits vordefinierte Formate und können selbst welche anlegen. Hinzu kommen noch die Sonderformate wie Versicherungsnachweis-Nr. oder Postleitzahl.

Deuten Sie die Zeichen richtig! Dazu stehen Zeichen wie »#, 0, ?« zur Verfügung. Jedes mit seiner korrekten Platzierung im Format hat eine bestimmte Bedeutung. Der Punkt ».« kann als Dezimalpunkt, aber auch zur Minimierung des Werts auf dem Bildschirm dienen.

Die Eingabe zum Beispiel von `11/11/25` oder `11-11-25` liefert das Datum »11.11.2025«.

Möchten Sie diese automatische Umwandlung verhindern, ändern Sie die Zahleneingabe in einen Text um, indem Sie vor der Eingabe einen Apostroph setzen oder den entsprechenden Zellbereich als Text formatieren.

Die Umwandlung in einen Text ist jedoch mithilfe von benutzerdefinierten Formaten nicht nötig. Sie können auch mit Zahlen weiterarbeiten. Der Vorteil liegt auf der Hand. Sie können die Zahlen mit größer, kleiner und gleich ordnen oder selektieren. Hinzu kommen benutzerdefinierte Formate. Hier können Sie im Dialogfeld Zellen formatieren (Strg+1) Werten in Anführungszeichen individuelle Beschriftungen zuweisen.

Dazu legen Sie ein benutzerdefiniertes Format für den entsprechenden Zellbereich fest. Für dieses Beispiel geben Sie als Typ `00/00/00` beziehungsweise `00-0-00` an.

Möchten Sie die Zeichenfolge als Zahl »+49-0208-6893899« anlegen, gehen Sie genauso vor. Als benutzerdefinierten Typ können Sie einfach das +-Zeichen hinzufügen beziehungsweise in diesem Beispiel zuvor eingeben.

Zahlen-Nerverei

Wenn Excel aus einer Zahleneingabe wie `123` die Darstellung »1,23« macht, haben Sie unter Erweitert|Bearbeitungsoption die Option Dezimalkomma automatisch einfügen aktiviert. Hier können Sie festlegen, wie viele Dezimalstellen von selbst angelegt werden sollen.

In den meisten Fällen erkennt Excel bei einer Eingabe automatisch, um welchen Datentyp es sich handelt. Doch besonders die Eingaben von Zahlenformaten können in Excel häufig falsch interpretiert werden. Geben Sie einen Aufzählungspunkt wie `1.5.1` ein, wird daraus das Datum »01.05.2001«. Die Eingabe zum Beispiel von `29/05/18` oder `29-5-18` liefert das Datum »29.05.2018«. Möchten Sie, dass hier ein Text steht, formatieren Sie den Zellbereich als »Text«.

Dabei kann die zuvor bereits erwähnte Fehlerprüfung mit der Meldung erscheinen: `Datumswert mit nur zweistelliger Jahreszahl`.

Sie schalten die dafür zuständige Regel für die Fehlerprüfung unter DATEI|OPTIONEN|FORMELN über die Option ZELLEN MIT ZWEISTELLIGEN JAHRESZAHLEN aus.

Wenn Sie die elfstellige Zahl `12345678901` in eine Zelle eintippen, funktioniert die Darstellung noch. Doch sobald Sie eine weitere Ziffer eingeben, erscheint: 123457E+11. Das »E« für Exponent bedeutet, dass die Kommastelle hier im Beispiel elf Stellen weiter rechts ist.

Sie können vor der Eingabe ein Hochkomma setzen, allerdings machen Sie daraus einen Text. Der einfachste Weg ist, das Format der Zelle von STANDARD auf ZAHL zu ändern. Dabei müssen Sie gegebenenfalls die Nachkommastellen berücksichtigen.

Drücken Sie die Tastenkombination [Strg]+[⇧]+[&], schalten Sie wieder zur Exponent-Anzeige zurück. Sie können umfangreiche Zahlenkolonnen auch in zwei Zellen aufteilen. Mit der Funktion `"=VERKETTEN(A2;A3)"` verbinden Sie beides wieder in eine Zelle, oder Sie verwenden schneller die Formel `"=A2&A3"` mit dem Kaufmanns-Und, dem sogenannten Et-Zeichen.

Aus Ein- wird Mehrzahl

Möchten Sie eine Zahl wie `1.234 Stück` eingeben, wandelt Excel diese Eingabe automatisch in einen nicht berechenbaren Text um.

Sie können Werte beziehungsweise individuelle Beschriftungen in Anführungszeichen hinzufügen. Tippen Sie einfach den Text in Anführungszeichen ein: `#.### "Stück"`.

Bei Stück, Liter oder Meter existiert keine Mehrzahl. Ein Format zur Unterscheidung zwischen Singular und Plural bei Tagen und Kilos ist da wesentlich eleganter!

BEISPIEL

Wenn Sie wie bei »1 Tag«/»2 Tage« zwischen Ein- und Mehrzahl unterscheiden müssen, erstellen Sie ebenfalls ein benutzerdefiniertes Format.

Möchten Sie, dass der Singular oder Plural einfach direkt bei der Eingabe wie bei »1 Tag und 2 Tage« eindeutig angezeigt wird, geben Sie als Format an: `[=1] 0 "Tag"; 0 "Tage"` (siehe Abbildung 7.1).

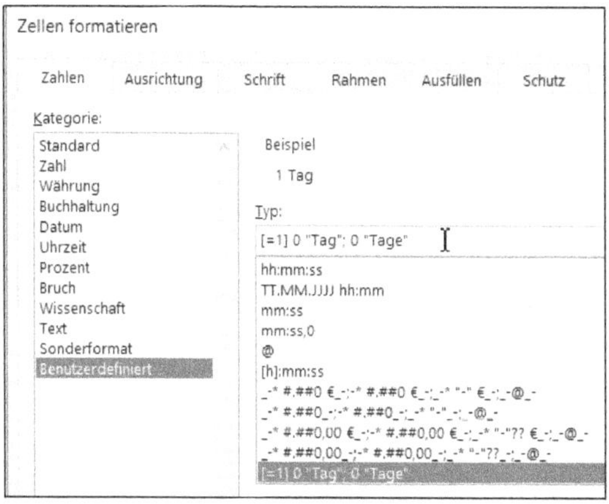

Abbildung 7.1: Singular oder Plural?

Das können Sie mit anderen Mengen-, Maß- oder Zeitangaben so weiterführen.

Wählen Sie hier die Kategorie BENUTZERDEFINIERT. Im Feld TYP geben Sie zum Beispiel `[=1] 0 "Tag"; 0 "Tage"` ein. Dadurch unterscheidet Excel, ob es sich bei Tagen um eine Einzahl oder Mehrzahl handelt. Texte werden nun entsprechend angepasst, wenn sich die Werte in den so formatierten Zellen ändern.

Zahlenformate mit KI

Mit Excel Copilot oder ChatGPT beschreiben Sie einfach in Ihren eigenen Worten, wie die Zahl angezeigt werden soll – die passende Formatierung kommt automatisch. Ein typisches Beispiel:

Ihre Eingabe:

»Ich möchte, dass in Zelle A1 bei 1 "Tag" und bei allen anderen Zahlen "Tage" steht.«

Die Antwort der KI:

[=1] 0 "TAG";0 "TAGE"

Mit Punkt und Komma

Sie geben Platzhalter für Ihre eigenen Zahlenformate ein. Dazu gibt es hier die folgenden Erklärungen. Verwenden Sie »#« für Tausenderstellen und »0« für Zahlen und Nachkommastellen.

Weist eine Zahl mehr Ziffern nach dem Komma auf, wird sie auf die entsprechende Stellenzahl gerundet!

= zeigt nur wichtige Ziffern an; unwichtige werden ignoriert.

0 = zeigt Nullen an, wenn eine Zahl weniger Stellen aufweist, als Nullen im Format vorhanden sind.

? = fügt an beide Seiten der Dezimalstelle Leerzeichen für unwichtige Nullen ein.

Zahlenformat	Code
1234,59 als 1234,6	####,#
8,9 als 8,900	#,000
,632 als 0,6	0,#
12 als 12,0 und 1234,568 als 1234,57	#,0#
44,398, 102,65 und 2,8 mit ausgerichteten Dezimalstellen	???,???
5,25 als 5 1/4 und 5,3 als 5 3/10 mit ausgerichteten Divisionszeichen	# ???/???

Für die Angabe von *Bruchzahlen* verwenden Sie das Format: `?/?`. Setzen Sie entsprechend eine `0` davor, wandelt Excel in Ganzzahl und restliche Bruchzahl um.

Arbeiten Sie häufig mit Bruchzahlen, können Sie diese auch sofort eingeben. Tippen Sie eine Null mit anschließender Leertaste und geben Sie dann die Bruchzahl, zum Beispiel `1/2`, ein.

Um Nullwerte zu unterdrücken, geben Sie lediglich die Anführungszeichen `""` an oder blenden diese direkt unter den erweiterten Optionen bei IN ZELLEN MIT NULLWERT EINE NULL ANZEIGEN aus.

Größere Zahlen formatieren Sie mit dem Dezimalpunkt. Für Tausenderstellen ist das #-Zeichen zuständig. Um die Nullen zu unterdrücken, setzen Sie einen Punkt hinter dem Platzhalter: #.##0.

Zellinhalte mit benutzerdefiniertem Zahlenformat ausblenden

Sie möchten den Zellinhalt unsichtbar machen – ohne den Zellschutz zu verwenden? Dann nutzen Sie einfach ein benutzerdefiniertes Zahlenformat:

1. Markieren Sie die Zelle oder den Zellbereich.
2. Geben Sie unter ZAHLENFORMAT BENUTZERDEFINIERT an.
3. Im Formatfeld geben Sie dreimal das Semikolon ein: »;;;«

Das zeigt in der Zelle nichts mehr an – egal, ob Text, Zahl oder Formel. Der Inhalt bleibt aber vorhanden, und Sie können z. B. mit der Zelle weiterrechnen.

Aber Vorsicht: Bei der Auswahl sieht man den Inhalt noch in der Bearbeitungsleiste!

Mehr als eine Million

Werte über 1 Million können ganz schön groß sein und richtig Platz in Anspruch nehmen.

Tippen Sie als benutzerdefiniertes Format zwei Punkte hintereinander ein, verringern Sie die Zahl um 6 Nullen.

So wird aus 1.000.000 die Zahl 1. Der zusätzliche Punkt weist die Zahl an, dass die Zahl durch Tausend reduziert wird.

Aber nur als Anzeige! Eine rechnerische Division durch Tausend erfolgt nicht! In der Bearbeitungsleiste erkennen Sie weiterhin den eingegebenen Wert (hier `"1.000.000"`), mit dem Sie rechnen.

Jeder weitere Punkt reduziert optisch in der Zelle um weitere Tausend.

Möchten Sie auf ein paar Nullen verzichten und Werte über eine Million verkürzt mit »Mio« darstellen, geben Sie das benutzerdefinierte Format an (siehe Abbildung 7.2): `[>=1000000]#.##0.. "Mio"`

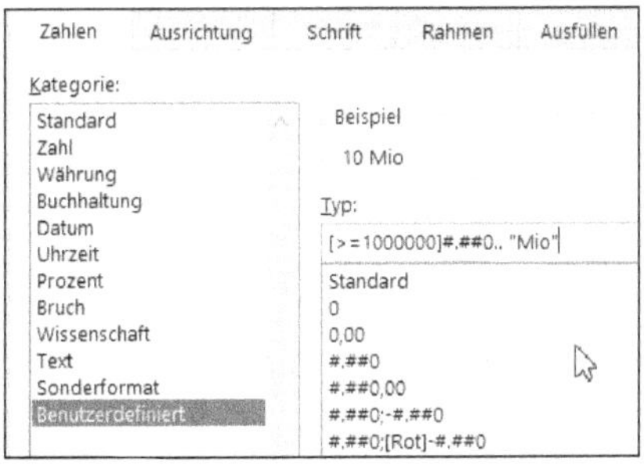

Abbildung 7.2: Sich Millionen anzeigen lassen

Soll Excel zwischen einer Million und mehr als zwei Millionen unterscheiden, geben Sie als Format ein: `[=1] 0 "Million"; 0 "Millionen"`

Negative Zahlen dagegen können Sie mit `#.##0;;0` vom Bildschirm verschwinden lassen. Möchten Sie ebenfalls die Null verschwinden lassen, geben Sie ein: `#.##0;;`

Im Tabellenblatt sind die verschwundenen Nullen nicht zu sehen, doch kann mit ihnen gerechnet werden!

Neben den klassischen Zahlenformaten bietet Excel auch viele kleine Helferlein, die im Alltag oft übersehen werden, aber umso praktischer sind. So können Sie zum Beispiel Zahlen zwar in einer Zelle behalten, aber unsichtbar machen – ohne sie zu löschen. Geben Sie dafür einfach das benutzerdefinierte Format `;;;` ein. Die Zelle bleibt leer, die Zahl ist aber weiterhin vorhanden und kann in Formeln verwendet werden.

Für die Zahlen-Optik!

Für die Darstellung größerer Zahlen lassen sich auch optische Vereinfachungen nutzen. Möchten Sie beispielsweise Werte in Tausendern oder Millionen darstellen, ohne die eigentliche Zahl zu verändern, geben Sie einfach doppelte Kommata im Format an:

`# ##0,00,` zeigt eine Zahl in Tausendern an (aus 10.000 wird 10,00).

`# ##0,00,, "Mio"` zeigt Millionen an (aus 1.000.000 wird 1,00 Mio).

Wichtig dabei: Excel kürzt dabei nur die Anzeige, nicht den Zellwert – gerechnet wird weiterhin mit der vollständigen Zahl.

Sie können Zahlen auch mit Symbolen oder Texten kombinieren – zum Beispiel, um visuell hervorzuheben, wenn ein Ziel erreicht wurde. Ein Format wie `[>=100] 0 "✔";0` zeigt ein Häkchen bei Zahlen ab 100 an. Werte unter 100 bleiben davon unberührt.

Übrigens: Wenn Sie international arbeiten, denken Sie auch an unterschiedliche Schreibweisen. In der **Schweiz** zum Beispiel wird »1.000,00« häufig als »1'000.00« geschrieben – Excel erlaubt auch solche Formate mit Apostroph als Tausendertrennzeichen. Das benutzerdefinierte Format dafür lautet `#'##0.00`.

Auf- und abrunden

Auf die richtige Zahl kommt es häufig an. Nervig ist, dass Sie Excel genau mitteilen müssen, wie Sie runden möchten.

Verwenden Sie den Befehl DEZIMALSTELLE ENTFERNEN im Menüband START, rechnet Excel mit den unterdrückten Nachkommastellen weiter.

Sie können ihre Anzahl auch als benutzerdefiniertes Zahlenformat (Strg+1) festlegen. So wird zum Beispiel die Zahl »77,777« mit dem Zahlenformat »0,00« als »77,78« dargestellt, doch gerechnet wird weiter mit den drei Nachkommastellen. Rundungsdifferenzen sind die Folge. Diese schließen Sie durch entsprechende Rundungsfunktionen aus.

Mit der Funktion `=RUNDEN(Zahl;Anzahl_Stellen)` runden Sie Zahlen sowohl vor als auch nach dem Komma auf und ab.

Mit einer positiven Zahl als zweites Argument runden Sie Nachkommastellen. Mit einer Zahl und einem Minuszeichen geben Sie dagegen an, wie viele Stellen vor der Dezimalstelle gerundet werden soll. Mit `-1` runden Sie auf glatte Zehner, mit `-2` auf Hunderte, und so geht es mit `-3` auf Tausender weiter.

Kaufmännisch müssen Sie unter Umständen präzise Auf- und Abrunden. Denn »richtig runden« kann sich auszahlen. Bei einem Steuerformular zum Beispiel müssen Sie für das Finanzamt bei bestimmten Positionen haargenau sein, auf zwei Dezimalstellen runden oder sogar Nachkommastellen abschneiden. Sonst wird die Eingabe nicht angenommen.

BEISPIEL

Sofern ganze Eurobeträge bei Ihrer Steuererklärung gefragt sind, können Sie stets zu Ihren Gunsten auf volle Euro runden: Einnahmen werden abgerundet, das heißt, die Cent-Beträge fallen weg. Bei Werbungskosten, Betriebsausgaben, Sonderausgaben und so weiter wird auf den nächsten Euro aufgerundet.

Verwenden Sie dazu die Funktionen `=AUFRUNDEN(Zahl;Anzahl_Stellen)` oder `=ABRUNDEN(Zahl;Anzahl_Stellen)`, um entsprechend auf die Nachkommastellen zu runden.

Lücken schließen

In der Praxis müssen gelegentlich Lücken beziehungsweise Freiräume geschlossen und mit Zeichen gefüllt werden.

BEISPIEL

Im Rechnungswesen müssen Angaben beim Abschluss von Konten so geschützt sein, dass kein Freiraum für Manipulationen vorhanden ist. Keiner soll etwas nachträglich eintragen können.

Sollen die Zellen komplett ausgefüllt sein, verwenden Sie einen *Platzhalter* für die Leerstellen. Geben Sie bei BENUTZERDEFINIERT das Zeichen »*« an, werden die Zellen mit diesem spaltenbreit ausgefüllt.

Da sich Zahlen in Excel standardmäßig nach rechts ausrichten, können Sie den Leerraum links davor ausfüllen. So sorgt der Typ `**#.##0,00` zum Beispiel für die Darstellung »*****789,87«.

Arbeiten Sie nur mit dem Platzhalter »0«, reicht die Angabe eines *-Zeichens aus.

Bei Texten ist es genau anders herum. So führt der benutzerdefinierte Typ `;;;@ **` zum Beispiel zur Darstellung: Ausgaben**********.

Sie können Texte und Zahlen in Zellen mit dem Format ausrichten: `"Einnahmen"* #.##0,00;"Ausgaben"* -#.##0,00`.

In diesem Beispiel werden die Wörter »Einnahmen« und »Ausgaben« linksbündig und Zahlen rechtsbündig ausgerichtet.

Zeiten mit Format

Besondere Formate in der Anwendung sind sicherlich die für die Zeit. Hier gibt es für Stunden, Minuten und Sekunden die Platzhalter: h, hh; m, mm; s, ss.

Ein Tag hat Stunden, Minuten und Sekunden. Entsprechend dazu gibt es die Formate (siehe Tabelle 7.1).

Zahlenformat	Zeit
T	Tag
h	Stunde
m	Minute
s	Sekunde

Tabelle 7.1: Platzhalter für Zeitwerte

Wenn Sie die Differenz zwischen zwei Zeitwerten errechnen, lässt sich das Ergebnis in Tagen, Stunden und Minuten entsprechend anzeigen. Allerdings wird das Ergebnis nicht korrekt angezeigt, wenn Sie 24 Stunden überschreiten. Mit Platzhaltern in Klammern lässt sich die Zeit korrekt ausrechnen: `[hh]mm`.

Standardmäßig rechnet Excel nicht mit Minusstunden. Sie können mit ihnen weiterrechnen, wenn Sie unter OPTIONEN|ERWEITERT (Tasten: Alt+D-O) die

Option 1904-DATUMSWERTE VERWENDEN aktivieren. Doch Vorsicht: Alle in der Arbeitsmappe bereits vorhandenen Datumswerte verschieben sich um vier Jahre und einen Tag (1900 war ein Schaltjahr), ohne dass Excel darauf hinweist. Am besten stellen Sie die Datumswerte sofort beim Anlegen einer neuen Tabelle um.

Datum und Wochentag

Möchten Sie beispielsweise wissen, auf welche Wochentage der 24.12. fällt, um die nächsten Jahre Ihre Einkäufe besser zu planen? Dann gehen Sie so vor:

1. Geben Sie den »24.12.2025« ein.
2. Füllen Sie die nächsten Zellen aus.
3. Aktivieren Sie über die Optionsschaltfläche JAHRE AUSFÜLLEN.
4. Wandeln Sie das Datum in der Registerkarte START in der Gruppe ZAHL auf DATUM, LANG um (siehe Abbildung 7.3).

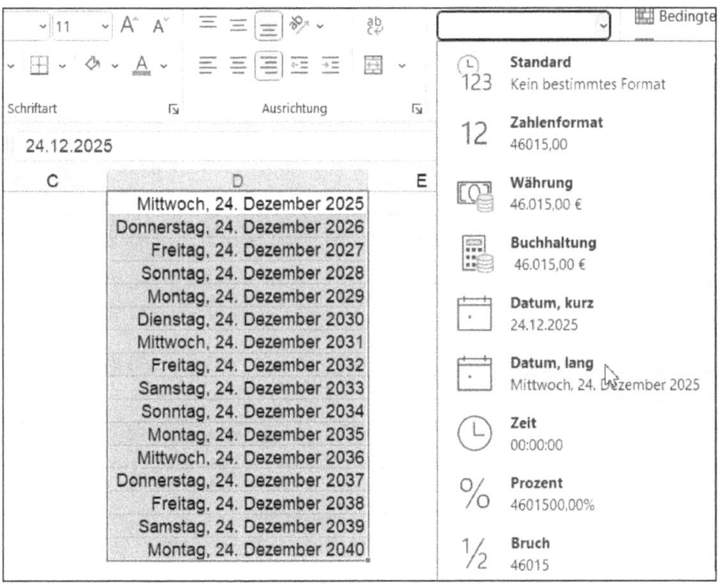

Abbildung 7.3: Umwandlung des Datumformats

So wissen Sie genau, ob Ihr Geburtstag auf einen Werktag oder auf ein Wochenende fällt. Viel Spaß beim Feiern!

Im Dialogfeld ZELLEN FORMATIEREN (Strg+1) können Sie in der Kategorie DATUM die Datumsdarstellung für andere Länder anpassen. Wählen Sie unter GEBIETSSCHEMA das entsprechende Land aus.

Bedingungen für Formate

Sie können auch Bedingungen an Formate stellen. Diese werden in eckigen Klammern angeben: `[>0] #.##0,00 "Guthaben";[<0] #.##0,00 "Verbindlichkeit";"Das Konto ist ausgeglichen"`

Um einen Leerschritt zum Beispiel zwischen Minuszeichen (oder Pluszeichen) und der Zahl zu erzeugen, drücken Sie einfach die Leertaste.

In der Praxis können zum Beispiel Lagerbestände oder einige Bestandskonten des Rechnungswesens wie Fuhrpark und Kasse nicht negativ sein. Sind sie dies aber doch, kann es sich nur um Fehlbuchungen handeln.

Sie können dazu die Warnmeldung als Format `[>=0] #.##0,00;"Nur positive Zahlen einschließlich Null möglich!"` anlegen oder die negativen Zahlen mit `#.##0,;;0.` komplett unterdrücken. Die Werte selbst erkennen Sie in der Bearbeitungsleiste.

Ändern Sie dieses Format nur ein wenig, werden nicht nur die negativen Zahlen; sondern auch die Nullen ebenfalls ausgeblendet: `#.##0,;;`

Farbcodes lassen sich leicht einbinden und werden ebenfalls in eckige Klammern geschrieben:`[Grün][>0] #.##0,00;[Farbe 5][<0] #.##0,00;"Das Konto ist ausgeglichen"`

Es stehen Ihnen die Farbcodes wie [Schwarz], [Weiß], [Blau], [Gelb], [Cyan], [Magenta] zur Verfügung. Dabei können Sie auch verschiedene Farbcodes wie [Farbe 5] angeben. So gibt es zum Beispiel die Farben Blau, Grün und Gelb in unterschiedlichen Stärken. Hier können Sie bis zu 56 Variationen der Excel-Farbpalette entnehmen.

Diese Farbcodes lassen sich leider in diesem Buch in Schwarz-Weiß nur schlecht darstellen.

IN DIESEM KAPITEL

listen Sie richtig auf.

vergeben Sie Namen für Listen.

sortieren Sie ein.

Kapitel 8
Automatische Listen

Was ist überhaupt eine Liste? Eine Liste ist in Excel ein in sich geschlossener Bereich, der über eine Überschrift verfügt. In jeder Zeile werden möglichst einheitliche Datentypen (Zahlen, Texte, Datum) erfasst.

Umfangreiche Listen passen meistens nicht auf das gedruckte Papier im Hochformat. Das können Sie bereits am Bildschirm ändern. In der Registerkarte SEITENLAYOUT wechseln Sie über die Schaltfläche AUSRICHTUNG vom Hoch- zum Querformat.

Fürs Filtern und Sortieren von Daten reicht es aus, eine Zelle innerhalb einer Liste zu aktivieren. Leere Zeilen oder Spalten gibt es in Listen nicht, denn für Excel ist hier das Ende »der Fahnenstange«, also der Liste, erreicht.

Schnell prüfen: Ist es wirklich eine Liste?

Klicken Sie irgendwo hinein und drücken Sie Strg+↓ – springt Excel bis zum Ende durch? Super! Dann erkennt Excel die Liste als zusammenhängenden Bereich.

Daten können von Zelle zu Zelle eingegeben werden. Das ist ja nichts Excel-Neues!

Wenn Sie Ihre Liste aktivieren und anschließend die Tastenkombination Strg+T drücken, verwandelt Excel den Bereich automatisch in eine sogenannte intelligente Tabelle. Diese bietet mehrere Vorteile: Überschriften werden automatisch erkannt, Sortieren und Filtern ist sofort möglich und neue Zeilen oder Spalten werden beim Eingeben automatisch in die Tabelle übernommen.

Manchmal reicht der Platz in einer Spalte jedoch nicht ganz aus. Zur besseren Optik können Sie die Spaltenbreite anpassen. Sie bewegen einfach den Mauszeiger auf die Trennlinie der Spaltenköpfe.

Mit gedrückter linker Maustaste können Sie nun die Breite der Spalten anpassen. Noch schneller geht es per Doppelklick. Dabei passt Excel die Breite einer Spalte automatisch dem längsten Eintrag an (siehe Abbildung 8.1.)

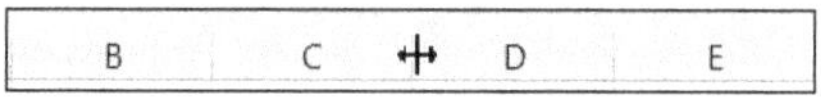

Abbildung 8.1: Per Doppelklick die Spalte anpassen

Reicht der Platz innerhalb von Zellen nicht aus? Möchten Sie diese einfach vergrößern. In der Registerkarte START finden Sie die Schaltfläche FORMAT. Die Zellengröße – Breite und Höhe – ist standardmäßig eingestellt. Das können Sie hier ändern. Möchten Sie die Höhe und Breite von Zellen für ein ganzes Tabellenblatt ändern, markieren Sie dieses (Tasten Strg+A).

Liste mit Namen

Bereichsnamen sind wie Straßenschilder für Excel – je klarer, desto besser findet Excel den Weg zur richtigen Zelle. Für das Rechnen mit Funktionen ist es einfacher, mit Bereichsnamen zu arbeiten. Ihre komplette Liste kann einen Namen erhalten (siehe Abbildung 8.2).

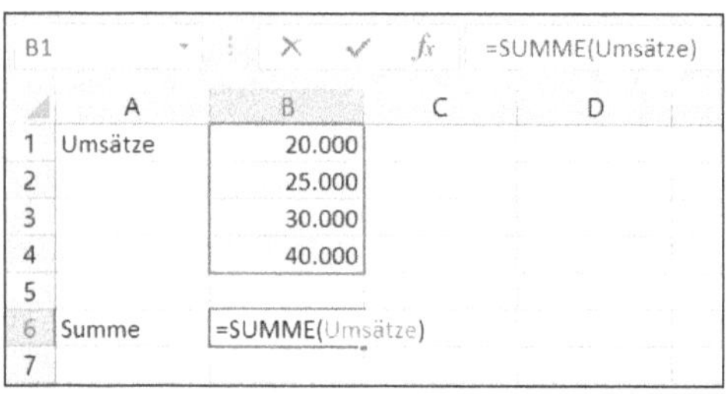

Abbildung 8.2: Der Zellbereich ist in der Funktion sofort zu erkennen.

Markieren Sie die komplette Liste zum Beispiel über die Tasten Strg+⇧+*. Klicken Sie nun oben links in das Namenfeld und vergeben Sie einen Namen (siehe Abbildung 8.3).

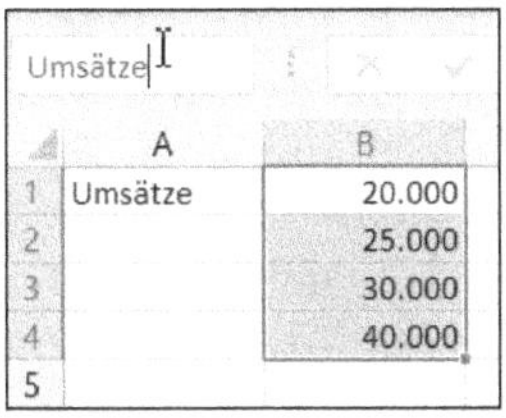

Abbildung 8.3: Zellbereich benennen

Beachten Sie jedoch Folgendes bei der Namensvergabe:

- ✔ Der Name muss mit einem Buchstaben oder Unterstrich beginnen.
- ✔ Zwischen Groß- und Kleinschrift wird nicht unterschieden.
- ✔ Der Name kann nur einmal vergeben werden und darf auch nicht den Namen eines Zellbezugs haben (wie »A1«).
- ✔ Der Name darf weder Leer- noch Sonderzeichen enthalten.
- ✔ Maximal 255 Zeichen sind erlaubt.

Nach der Vergabe des Namens im Namenfeld bestätigen Sie einfach mit der [↵]-Taste.

Nun ist für Excel der Name einem bestimmten Bereich zugeordnet. Er kann in Funktionen anstelle von Zellbereichsangaben verwendet werden.

Mit dem Namensmanager können Sie Bereichsnamen verwalten. Sie finden diesen in der Registerkarte FORMELN. Sie starten ihn auch über die Tasten [Strg]+[F3].

3, 2, 1 … Sortieren

Listen können nach unterschiedlichen Kriterien sortiert werden. Hauptsächlich können das Texte und/oder Zahlen sein.

Damit Excel weiß, was es sortieren soll, wird eine beliebige Zelle innerhalb der Liste angeklickt. In der Registerkarte START öffnen Sie die Auswahl über die Schaltfläche AZ SORTIEREN UND FILTERN. Bereits hier können Sie mit einem Mausklick sortieren.

Ist eine Zelle mit einem Text aktiviert, finden Sie die Einträge VON A BIS Z SORTIEREN oder anders herum VON Z BIS A SORTIEREN.

Beinhaltet die aktivierte Zelle eine Zahl, finden Sie hier die Einträge AZ NACH GRÖSSE SORTIEREN (AUFSTEIGEND) beziehungsweise ZA NACH GRÖSSE SORTIEREN (ABSTEIGEND).

Excel sortiert jedoch nur die Spalte, in der der Zellzeiger sich innerhalb der Liste befindet. Die dazugehörigen Informationen der entsprechenden Zeilen werden dabei berücksichtigt und »mit einsortiert«.

Sie sortieren innerhalb einer Liste üblicherweise Zeilen. Möchten Sie dagegen Spalten sortieren, wählen Sie unter BENUTZERDEFINIERTES SORTIEREN die Schaltfläche OPTIONEN.

Allerdings lässt sich hier nur ein Suchkriterium berücksichtigen. Ein einfaches Beispiel dazu: Sie möchten zuerst nach Nachnamen und dann nach Vornamen sortieren. Hier benötigen Sie zwei Suchkriterien.

Geben Sie dazu über die Schaltfläche AZ SORTIEREN UND FILTERN das BENUTZERDEFINIERTE SORTIEREN an.

Dabei ist es wichtig, zu beachten, ob Ihre Liste über eine Überschrift verfügt und die entsprechende Option hier bereits aktiviert ist. Dann werden die Spaltennamen beim Sortieren bereits berücksichtigt.

Weitere Sortiervorgänge geben Sie jeweils über die Schaltfläche EBENE HINZUFÜGEN an (siehe Abbildung 8.4).

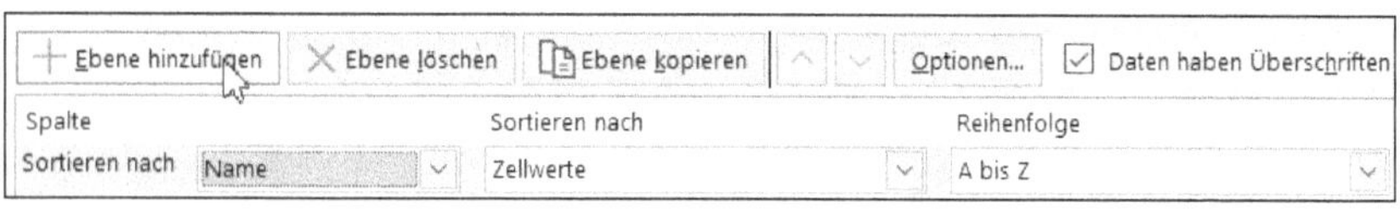

Abbildung 8.4: Die Überschrift muss beim Sortieren berücksichtigt werden.

Möchten Sie eine Liste nach Zahlen sortieren, ändern Sie das Sortierkriterium um. Soll die größte Zahl oben stehen, wählen Sie NACH GRÖSSE (ABSTEIGEND) (siehe Tabelle). Möchten Sie mit dem kleinsten Wert beginnen, geben Sie dagegen NACH GRÖSSE (AUFSTEIGEND) an (siehe Tabelle 8.1).

Teilnehmer	Punkte
Müller	98
Schulze	92
Merling	87
Adam	75
Bach	74

Tabelle 8.1: Sortierbeispiel bei Zahlen: »Nach Größe (Absteigend)«

KI für Listen

Wenn Sie mit größeren Listen arbeiten, können KI-gestützte Funktionen in Excel Sie zusätzlich unterstützen. Besonders bei sich wiederholenden Aufgaben oder unübersichtlichen Datenbereichen bietet sich der Einsatz von Copilot (Microsoft 365) an – also dem integrierten KI-Assistenten in Excel.

Beispiele gefällig?

- ✔ **KI erkennt Listen automatisch.**

  Wenn Sie unstrukturierte Daten haben (zum Beispiel Adressen oder Produkte in einem Fließtext), kann Copilot Vorschläge machen, wie daraus eine strukturierte Liste erstellt wird – inklusive passender Überschriften.

- ✔ **Sortieren und Filtern mit Textbefehlen**

  Sie können Copilot einfach schreiben: »Sortiere die Liste nach Punkten, absteigend.« – und Excel führt die Sortierung direkt aus.

- ✔ **KI hilft bei Spaltennamen.**

  Falls Sie beim Aufbau einer Liste unsicher sind, wie Sie Spalten sinnvoll benennen, können Sie Copilot fragen: »Welche Spalten brauche ich für eine Teilnehmerliste mit Punkten und Platzierung?« Und Sie erhalten passende Vorschläge.

- ✔ **Unregelmäßigkeiten automatisch aufspüren**

  Copilot kann Ihnen helfen, doppelte Werte, leere Zellen oder ungewöhnliche Werte in einer Liste zu finden – das spart Zeit beim Aufräumen.

IN DIESEM KAPITEL

drucken Sie richtig.

layouten Sie noch mehr.

erstellen Sie eine PDF.

Kapitel 9
Das gute Drucken

Wenn Sie Ihre Zahlen schwarz auf weiß auf Papier haben möchten, können Sie Ihre Excel-Tabellen natürlich auch ausdrucken. Um zu sehen, wie das Tabellenblatt ausgedruckt aussieht beziehungsweise ausgedruckt aussehen würde, wechseln Sie unter ANSICHT von NORMAL zu SEITENLAYOUT.

Sie können eine Tabelle durch Verkleinern an die Druckseite angleichen. Dadurch wird die Tabelle automatisch bei jedem Ausdruck angepasst: Registerkarte SEITENLAYOUT|SKALIERUNG.

Die Seitenränder anpassen

Bevor Sie eine Kalkulation ausdrucken, sollten Sie den Ausdruck auf seine Korrektheit hin zuerst am Bildschirm prüfen!

Durch den Befehl UMBRUCHVORSCHAU wird eine Kalkulation auf Druckseiten verkleinert. Hier können Sie auch Änderungen vornehmen.

1. Holen Sie die Registerkarte ANSICHT in den Vordergrund.
2. Aktivieren Sie die Schaltfläche UMBRUCHVORSCHAU.
3. Die Umbruchvorschau passt die Druckseite entsprechend der Größe der Kalkulation an.

Bewegen Sie den Mauszeiger auf den rechten unteren Eckpunkt der blauen Markierung, können Sie mit gedrückter linker Maustaste die Druckseite anpassen.

Über die Schaltfläche NORMAL beenden Sie die Umbruchvorschau.

Klicken Sie in der Registerkarte ANSICHT auf die Schaltfläche SEITENLAYOUT, können Sie die Kopfzeile bearbeiten. Klicken Sie in diese, erscheint die Registerkarte KOPF- UND FUSSZEILE auf dem Bildschirm. Über diese können Sie unter anderem auch zur Fußzeile wechseln.

Passt Ihre breite Kalkulation nicht auf eine Seite, da diese auf das Hochformat eingestellt ist, wechseln Sie zum Querformat. Aktivieren Sie dazu die Registerkarte SEITENLAYOUT und klicken Sie dort auf die Schaltfläche AUSRICHTUNG.

Vielleicht möchten Sie die Seitenränder vor dem Drucken noch ändern?

Sie können die Seitenränder einer Arbeitsmappe in NORMAL, BREIT oder SCHMAL ändern. Wählen Sie dazu die Registerkarte SEITENLAYOUT (Alt+S) und die Schaltfläche SEITENRÄNDER.

Das Dialogfeld SEITE EINRICHTEN erscheint auf dem Bildschirm. Sie können die Angaben selbst festlegen.

Noch schneller geht es so: Die Seitenansicht (Strg+F2) zeigt den Druck so, wie das Papier aus dem Drucker kommen würde. Das spart Zeit und vor allem Papier und schont vielleicht sogar Ihre Nerven, bevor Sie immer wieder und wieder drucken.

Die Schaltfläche SEITENANSICHT UND DRUCKEN können Sie in der Symbolleiste für den Schnellzugriff anlegen. Öffnen Sie dazu bei dieser die Auswahl (siehe Abbildung 9.1).

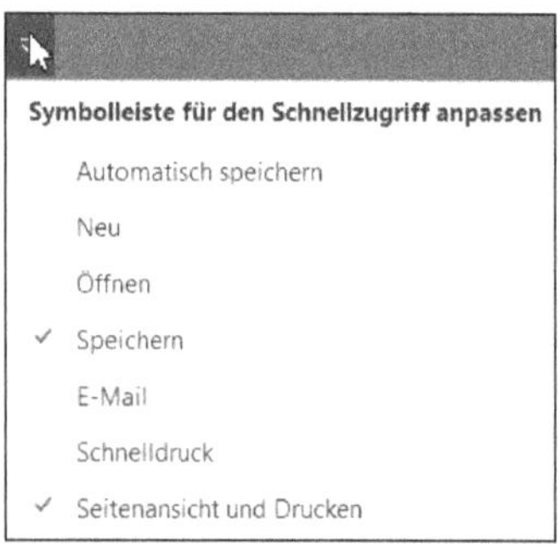

Abbildung 9.1: Schaltfläche für die Symbolleiste für den Schnellzugriff

Schalten Sie in der Seitenansicht rechts unten die Randsymbole ein, können Sie Spaltenbreiten, Seitenränder und/oder Kopf- und Fußzeilenbereiche direkt mit Ziehen der Maus ändern.

Der Schnelldruck

Um nur das jeweilige Arbeitsblatt auszudrucken, auf dem Sie sich gerade befinden, nutzen Sie am einfachsten den Schnelldruck. Dafür legen Sie die Schaltfläche DRUCKEN (für den Schnelldruck) in der Symbolleiste für den Schnellzugriff an. Es ist ebenso empfehlenswert, die Schaltfläche SEITENANSICHT UND DRUCKEN, also die Vorschau eines Drucks, einzubinden.

1. Öffnen Sie die Auswahl bei der SYMBOLLEISTE FÜR DEN SCHNELLZUGRIFF.
2. Aktivieren Sie den SCHNELLDRUCK.

Der präzise Druck

Für den Ausdruck steht Ihnen zusätzlich auf der Registerkarte DATEI der Menübefehl DRUCKEN (Strg+P) zur Verfügung.

Hier können Sie Ihre Angaben noch weiter detaillieren. So geben Sie hier zum Beispiel an, wie viele Exemplare Sie von Ihrer Kalkulation wünschen oder welche Seiten gedruckt werden sollen. Wichtig dabei ist die Auswahl unter EINSTELLUNGEN. Hier geben Sie an, was gedruckt werden soll (siehe Abbildung 9.2).

Abbildung 9.2: Angeben, was gedruckt wird

Möchten Sie nur einen bestimmten (Zell-)Bereich innerhalb eines Arbeitsblatts ausdrucken, können Sie einen bestimmten *Druckbereich* festlegen.

1. Markieren Sie den Zellbereich, den Sie ausdrucken möchten. Eine Liste beziehungsweise einen Druckbereich können Sie über die Tasten Strg+A markieren.

2. Klicken Sie in der Registerkarte SEITENLAYOUT (Alt+S) auf die Schaltflächen DRUCKBEREICH|DRUCKBEREICH FESTLEGEN.

   Der Druckbereich wird festgelegt.

3. Um verschiedene Zellbereiche zu markieren, wählen Sie diese mithilfe der Strg-Taste aus. Halten Sie dazu die Taste gedrückt, während Sie die gewünschten Zellen markieren.

Sind mehrere Bereiche markiert, wird jeder markierte Block einzeln ausgedruckt.

Beim nächsten Ausdruck wird nur dieser Bereich gedruckt. Soll später die gesamte Tabelle ausgedruckt werden, wählen Sie wieder die Registerkarte SEITENLAYOUT. Aktivieren Sie dann DRUCKBEREICH|DRUCKBEREICH AUFHEBEN.

Excel merkt sich den Druckbereich über einen *Bereichsnamen*. Diesen können Sie im Namenmanager leicht bearbeiten (Registerkarte FORMELN oder Strg+F3).

Legen Sie einen Druckbereich mit der Funktion `=BEREICH.VERSCHIEBEN()` an, werden immer alle Zeilen und Spalten ab der Zelle A1 gedruckt. Geben Sie die Funktion im Namenmanager über die Schaltfläche BEARBEITEN bei BEZIEHT SICH AUF: an.

Gitterlinien mitdrucken

Standardmäßig druckt Excel die Gitterlinien eines Tabellenblatts nicht mit – auf dem Ausdruck erscheinen also keine Zellbegrenzungen, obwohl sie am Bildschirm sichtbar sind. Wenn Sie möchten, dass die Gitterlinien auch auf dem Papier erscheinen, müssen Sie diese Funktion explizit aktivieren.

So gehen Sie vor:

1. Klicken Sie auf die Registerkarte SEITENLAYOUT.

2. Suchen Sie den Bereich BLATTOPTIONEN.

3. Aktivieren Sie unter DRUCKEN das Kontrollkästchen GITTERLINIEN.

Anschließend werden die Gitterlinien beim Ausdruck berücksichtigt – hilfreich, wenn Sie eine Übersicht mit vielen Zahlen oder Daten ausgeben und dabei die visuelle Struktur der Tabelle beibehalten möchten.

PDF-Dateien erstellen

Im Zusammenhang mit dem Thema »Drucken« möchte ich hier noch kurz auf das Erstellen von PDF-Dateien eingehen!

Sie haben die Möglichkeit, PDF-Dateien zu erstellen. Dazu geben Sie einfach im Dialogfeld SPEICHERN UNTER (Taste F12) als Dateityp PDF an.

Seit Excel 2013 können Sie nicht nur PDF-Dateien erstellen, sondern auch öffnen und sogar verändern.

Mit Excel 2007 und 2010 dagegen können Sie diese nur erstellen. Zum Lesen benötigen Sie ein Programm, das Sie sicherlich bereits kennen: zum Beispiel den Adobe Reader (Freeware).

Ich empfehle das Programm PDF-XChange Viewer (Freeware). Mit dieser Software können Sie nicht nur PDF-Dateien lesen, sondern auch verändern.

Sie können mit einem Mausklick schnell eine Arbeitsmappe in eine PDF-Datei umwandeln. Dazu nutzen Sie das Symbol ALS PDF ODER XPS VERÖFFENTLICHEN in der Symbolleiste für den Schnellzugriff. Dieses Symbol muss erst angelegt werden.

1. Klicken Sie auf die Registerkarte DATEI und wählen Sie die OPTIONEN.
2. Aktivieren Sie den Eintrag SYMBOLLEISTE FÜR DEN SCHNELLZUGRIFF.
3. Wählen Sie bei BEFEHLE AUSWÄHLEN die Angabe ALLE BEFEHLE aus.
4. Binden Sie den Befehl ALS PDF ODER XPS VERÖFFENTLICHEN über HINZUFÜGEN >> in die Symbolleiste für den Schnellzugriff ein.
5. Bestätigen Sie mit der Schaltfläche OK.

Das Symbol befindet sich nun in der Symbolleiste für den Schnellzugriff. Per Mausklick gelangen Sie in das Dialogfeld SPEICHERN UNTER. Als Dateityp wird automatisch »PDF« aktiviert.

Überschriften wiederholen

Bei langen Tabellen, die sich über mehrere Seiten erstrecken, ist es besonders hilfreich, die Überschriftenzeile auf jeder gedruckten Seite automatisch zu wiederholen.

So behalten Sie beim Durchblättern des Ausdrucks stets den Überblick, welche Spalte welche Bedeutung hat.

Um dies einzurichten, wechseln Sie zur Registerkarte SEITENLAYOUT und klicken dort auf DRUCKTITEL. Im Dialogfeld SEITE EINRICHTEN, das sich daraufhin öffnet, tragen Sie im Feld WIEDERHOLUNGSZEILEN OBEN beispielsweise »$1:$1« ein, um die erste Zeile Ihres Arbeitsblatts als Überschriftenzeile auf jeder Druckseite auszugeben.

Drucken mit künstlicher Intelligenz

Auch beim Thema Drucken kann Künstliche Intelligenz (KI) in Excel den Alltag deutlich erleichtern. Mit Tools wie Excel Copilot oder einem KI-gestützten Assistenten (etwa ChatGPT mit Excel-Anbindung) lassen sich viele Druckaufgaben schneller und komfortabler erledigen.

Statt einen Druckbereich manuell festzulegen, reicht eine einfache Eingabe wie »Drucke nur die ersten 100 Zeilen mit den Spalten A bis F.« – die KI schlägt automatisch den passenden Bereich vor oder führt Sie direkt zu den nötigen Einstellungen.

Auch Kopf- und Fußzeilen lassen sich effizient gestalten: Geben Sie zum Beispiel ein: »Füge das aktuelle Datum, den Dateinamen und die Seitenzahl in die Fußzeile ein.« – die KI zeigt die passenden Optionen in Excel oder gibt Ihnen eine konkrete Anleitung zur Umsetzung.

Selbst bei typischen Druckproblemen wie abgeschnittenen Tabellen oder fehlerhaften Seitenumbrüchen kann die KI helfen. Fragen wie »Warum passt meine Tabelle nicht auf eine Seite?« oder »Wie kann ich Hoch- in Querformat ändern?« beantworten smarte Assistenten heute oft schneller als jede Suche im Hilfemenü.

Teil II
Mal so ein »Excelperte« sein!

IN DIESEM TEIL ...

- lernen Sie, wie Sie Funktionen kombinieren und so noch mehr aus Excel rausholen.
- erkennen Sie, wie Sie Fehler vermeiden, und falls Sie doch welche machen, wie Sie mit ihnen umgehen.
- lernen Sie, dass die bedingte Formatierung noch viel mehr kann, als Farbe ins Spiel zu bringen.

IN DIESEM KAPITEL

fixieren Sie Tabellen.

klicken Sie schnell.

markieren Sie besser.

Kapitel 10
Schneller, als die Polizei erlaubt!

Bei umfangreichen und vielleicht dadurch unübersichtlichen Listen ist es nicht besonders komfortabel, sich auf dem Bildschirm von Zelle zu Zelle durchzublättern.

Besser wäre es auch, dass Sie immer die Überschrift Ihrer Tabelle sehen, also auf jeder Seite wiederholt, egal in welcher Zeile Sie sich gerade befinden.

KI in Aktion

Fragen Sie Copilot: »Wie kann ich die Überschrift beim Scrollen sichtbar lassen?« – Die KI zeigt Ihnen sofort, wie Sie Fenster fixieren und sogar Tastenkombis dafür nutzen.

Scrollen im Sauseschritt

Nutzen Sie die Fixierung von Zeilen oder Spalten, je nachdem, was Sie gerade benötigen. In der Registerkarte ANSICHT finden Sie die Schaltfläche FENSTER FIXIEREN (siehe Abbildung 10.1).

Sobald Sie gewählt haben, wie Sie fixieren möchten, erscheinen die Fixierungslinien.

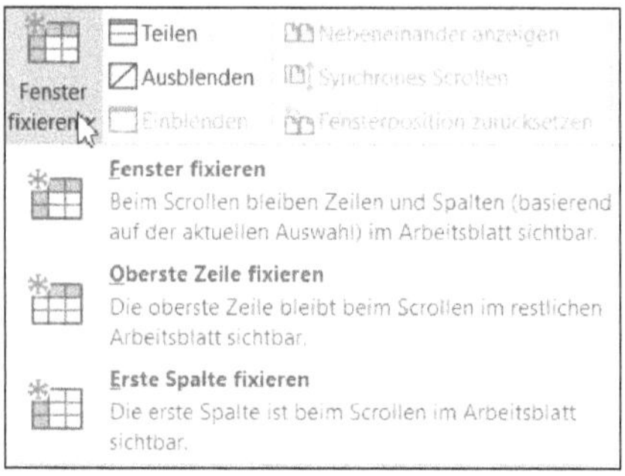

Abbildung 10.1: Mit der Fixierung blättern Sie durch umfangreiche Listen.

Fenster fixieren per Tastenkombination

Wenn Sie regelmäßig Fenster fixieren, können Sie auch die Tastenkombination nutzen:

Alt+W+F+F

Sie gelangen damit direkt zur Schaltfläche FENSTER FIXIEREN, ohne die Maus zu bemühen.

Nun können Sie sich mit den Bildlaufleisten rechts und unten fix durch umfangreiche Listen blättern, und die Überschrift bleibt fest stehen.

Eine Fixierung heben Sie im Übrigen auch wieder fix auf. Wiederum klicken Sie auf die Schaltfläche FENSTER FIXIEREN und wählen den Eintrag FIXIERUNG AUFHEBEN.

Hier gab es bei den Excel-Versionen 2007 und 2010 ein Dilemma! Holt man die Registerkarte ANSICHT in den Vordergrund, gibt es zwei Schaltflächen mit demselben Namen: FENSTER FIXIEREN. Die eine – richtig – dient zum Fixieren von Zeilen oder Spalten. Die andere jedoch zoomte einen Bildschirmausschnitt. Mittlerweile ist es Microsoft wohl aufgefallen, und diese Schaltfläche wurde in AUSWAHL VERGRÖSSERN umbenannt.

Ruck, zuck Zellzeiger

Der Eingabekasten in Excel wird auch »Zellzeiger« genannt. Gehopst wie gesprungen! Wie er genannt wird, ist dem Zellzeiger selbst wohl egal.

In großen Tabellen beziehungsweise Listen erleichtert das schnelle Springen des Zellzeigers die Arbeit sehr.

Wie heißt es doch: Übung macht den Meister. Probieren Sie es einfach rasch am Monitor aus!

Ein Doppelklick auf einen Rand des Zellzeigers, und er rast im Turbogang in die entsprechende Richtung der Liste.

Dabei gibt es noch ein paar weitere erlaubte Geschwindigkeitsüberschreitungen.

- ✔ Drücken Sie die Strg-Taste und eine entsprechende Pfeiltaste (Cursortaste), rast der Zellzeiger in die Richtung zum letzten Zelleintrag innerhalb der Liste.
- ✔ Drücken Sie die Tasten Strg+Ende gleichzeitig, gelangen Sie eine Zelle unter der letzten Zelle Ihrer Liste. Hört sich kompliziert an, ist aber in der Praxis ganz einfach zu erkennen.

Schnelles Markieren

In Excel können Sie außerdem ruck, zuck markieren. Dadurch weiß Excel sofort, mit welchen Zellen oder Zellbereichen Sie arbeiten möchten.

Dabei helfen Ihnen die Tasten sehr, denn richtiges Markieren spart Zeit und vielleicht sogar Nerven.

Mit Strg+Leertaste markieren Sie schnell die ganze Spalte, und mit ⇧+Leertaste markieren Sie genauso schnell die ganze Zeile eines Tabellenblatts. Und mit den Tasten Strg+A markieren Sie das gesamte Tabellenblatt (siehe auch Tabelle 10.1).

Tastenkombination	Erklärung
Strg+⇧+* oder Strg+⇧+Ende oder Strg+⇧+Leertaste	Alles in der Tabelle markieren
Strg+← → ↑ ↓	Den Bereich in Pfeilrichtung markieren
Strg+ Mausklick	Einzelne oder mehrere Bereiche markieren

Tabelle 10.1: Schnelles Markieren in Tabellen

Innerhalb einer Liste ist es ein wenig anders! Mit Strg+A markieren Sie die Liste. Noch einmal diese Tastenkombination gedrückt, wird dann erst das gesamte Tabellenblatt markiert. Da finde ich es schon einfach, das gesamte Tabellenblatt per Mausklick zu markieren (siehe Abbildung 10.2).

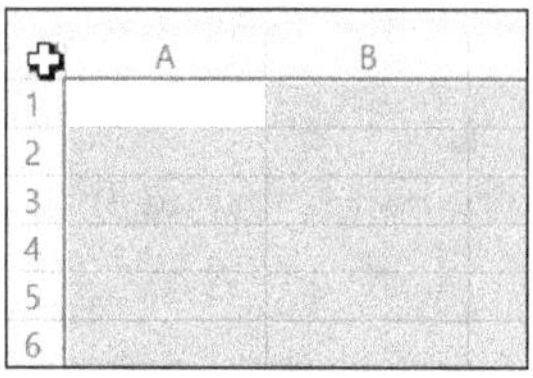

Abbildung 10.2: Ein Klick markiert alles.

Mit der [Tab]-Taste bewegen Sie sich – damit ist natürlich der Zellzeiger gemeint – innerhalb eines markierten Zellenbereichs (siehe Abbildung 10.3).

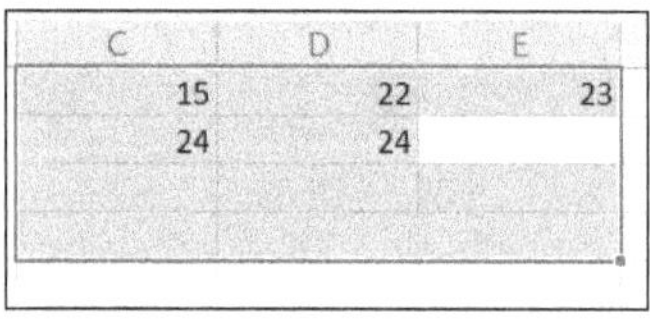

Abbildung 10.3: Schnelle Dateneingabe innerhalb einer Markierung

Wenn Sie einen ganzen Zellbereich markieren, zum Beispiel eine Spalte oder einen rechteckigen Bereich, springt der Zellzeiger nach jeder Eingabe automatisch zur nächsten Zelle innerhalb dieser Markierung, sobald Sie die [Enter]-Taste drücken. Das erleichtert die Dateneingabe erheblich, da Sie nicht jede Zelle einzeln anklicken müssen

Besonders praktisch ist das bei Listen oder Tabellen, in denen Sie viele Werte untereinander eintragen. Excel merkt sich dabei die Richtung Ihrer Markierung – bei Spalten springt der Zellzeiger nach unten, bei Zeilen nach rechts.

Wenn Sie einen Zellenbereich (besonders mit Zahlen) markieren, können Sie Ergebnisse bereits in der Statuszeile am rechten, unteren Excel-Bildschirmrand erkennen. Falls nicht, klicken Sie mit der rechten Maustaste auf die Statuszeile und aktivieren die entsprechende gewünschte Angabe.

Möchten Sie neue Zeilen beziehungsweise Spalten einfügen, markieren Sie entsprechend der Einfügestelle den Spalten- beziehungsweise Zeilennamen per Mausklick. Mit [Strg]+[+] fügen sie ein, mit [Strg]+[-] löschen Sie. Markieren Sie zum Beispiel fünf Zeilen, können Sie auch fünf Zeilen einfügen.

IN DIESEM KAPITEL

erfahren Sie, was eine Tabelle ist.

lernen Sie ein Übersetzungs-Tohuwabohu kennen.

denken Sie dynamisch.

Kapitel 11
Als Tabelle formatieren

Sparen Sie sich Zeit und Mühen bei Übersichten in Excel! Quälen Sie sich nicht durch die dauernde Anpassung von Formeln und Funktionen.

Ständig dieses »sich verrückt machen«: Habe ich alles berücksichtigt? Sind alle Funktionen korrekt angepasst?

Die Dynamik von Tabellen automatisiert Veränderungen in einer schnelllebigen Zeit. Eine Liste ist in Excel ein in sich geschlossener Bereich, der »altbacken« über eine Überschrift verfügt. Keine leeren Spalten und Zeilen dürfen hier stören. Sie bleiben außen vor! Denn für Excel ist hier das Ende »der Fahnenstange«, also der Liste, erreicht. Früher Liste, heute nennt Microsoft es schlicht und einfach: Tabelle.

Von Version zur Version war für den deutschsprachigen Excel-Leidgeplagten eine Tabelle gleich einem Tabellenblatt. Das kommt durch das jahrelange Übersetzungs-Tohuwabohu, das bis in die Excel-Jetztzeit führt. Die Amerikaner sprechen es ganz »easy« aus: Sheet ist ein Tabellenblatt und Table eine dynamische Liste.

Gleichgültig, ob nun Listen oder Tabellen, auf »Altbewährtes« soll hier ebenfalls zurückgegriffen werden, denn »früher war ja nicht alles schlechter«. Listen können schnell wie ein Chamäleon die Farben wechseln. In der Registerkarte START können Sie über die Schaltfläche ALS TABELLE FORMATIEREN richtig Farbe ins Spiel bringen.

1. Klicken Sie in eine beliebige Zelle innerhalb der Tabelle/Liste.

2. Aktivieren Sie die Registerkarte START.

3. Wählen Sie über die Schaltfläche ALS TABELLE FORMATIEREN (siehe Abbildung 11.1) eine Darstellungsform aus.

Abbildung 11.1: Als Tabelle formatieren

Noch schneller geht es über die Tastenkombination Strg+T. Das Dialogfeld ALS TABELLE FORMATIEREN erscheint auf dem Bildschirm. Excel gibt hier den Listenbereich bereits vor. Sie müssen jedoch beachten, ob Ihre Liste über eine Überschrift verfügt.

4. Beachten Sie, ob die Tabelle eine Überschrift hat (siehe Abbildung 11.2).

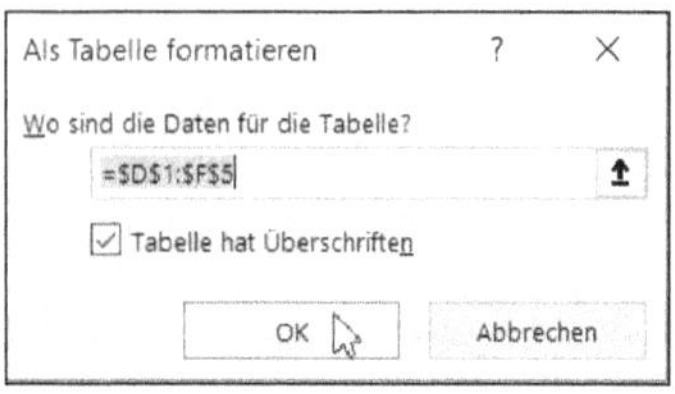

Abbildung 11.2: Die Angabe TABELLE HAT ÜBERSCHRIFTEN beachten!

5. Bestätigen Sie den Zellbereich mit der Schaltfläche OK.

Gleichgültig, ob Sie ein »Menügänger« oder Tastendrücker sind, die Spalten erhalten zusätzlich kleine Schaltflächen mit Dreiecken, mit denen Sie sich Datensätze anzeigen lassen können (siehe Abbildung 11.3).

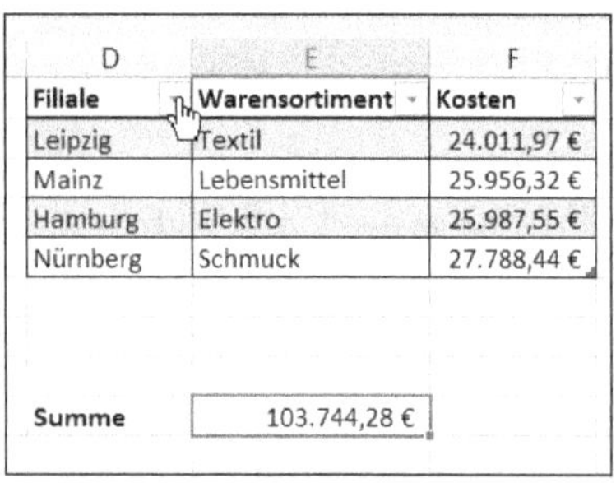

D	E	F
Filiale	Warensortiment	Kosten
Leipzig	Textil	24.011,97 €
Mainz	Lebensmittel	25.956,32 €
Hamburg	Elektro	25.987,55 €
Nürnberg	Schmuck	27.788,44 €
Summe	103.744,28 €	

Abbildung 11.3: Datensätze anzeigen

Der größte Vorteil der formatierten Tabellen ist, dass der Bereich dynamisch ist. Sobald Sie Informationen neben bzw. unterhalb der Tabelle angeben, erweitert Excel automatisch den Bereich (siehe Abbildung 11.4).

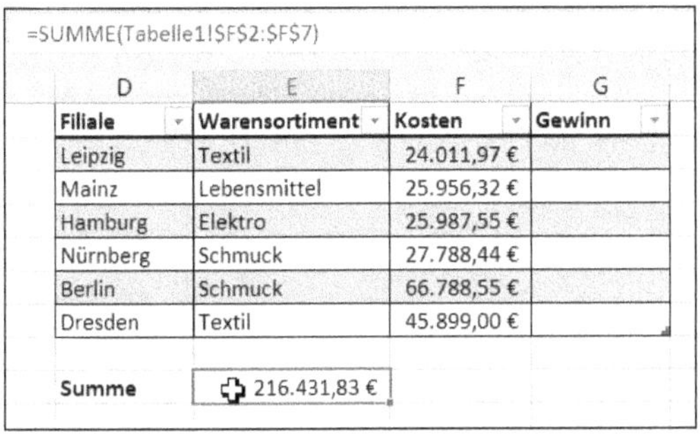
=SUMME(Tabelle1!$F$2:$F$7)

D	E	F	G
Filiale	Warensortiment	Kosten	Gewinn
Leipzig	Textil	24.011,97 €	
Mainz	Lebensmittel	25.956,32 €	
Hamburg	Elektro	25.987,55 €	
Nürnberg	Schmuck	27.788,44 €	
Berlin	Schmuck	66.788,55 €	
Dresden	Textil	45.899,00 €	
Summe	216.431,83 €		

Abbildung 11.4: Die formatierte Tabelle erweitert sich von selbst.

Ergänzen Sie die Tabelle mit neuen Zeilen oder Spalten, werden diese direkt in die Tabelle mit eingebunden.

Die formatierte Tabelle wird schnell erweitert, sobald Sie die Angaben in den Nachbarzellen ergänzen.

Auch Formeln und Funktionen, die sich auf diese Tabelle beziehen, werden automatisch aktualisiert.

Sie können auch den Mauszeiger auf der kleinen blauen Markierung am Rand der formatierten Tabelle platzieren. Mit gedrückter linker Maustaste erweitern Sie ebenfalls den Bereich.

Die Formatierung der Tabelle heben Sie wieder auf, indem Sie eine Zelle innerhalb der Tabelle aktivieren und in der Registerkarte TABELLENTOOLS|ENTWURF auf die Schaltfläche IN BEREICH KONVERTIEREN klicken.

Mit KI zur perfekten Tabelle

Mithilfe von Künstlicher Intelligenz können Sie sich die Arbeit mit Tabellen zusätzlich erleichtern. So lassen sich beispielsweise passende Spaltenüberschriften mit Tools wie Copilot in Excel oder ChatGPT generieren. Geben Sie einfach an, welche Art von Daten Ihre Tabelle enthalten soll, etwa Kundennamen, Adressen, Produktinformationen oder Preise – die KI liefert Ihnen geeignete Spaltenbezeichnungen.

Besonders praktisch ist die Funktion FRAGEN ZU DEN DATEN in Excel mit Copilot. Markieren Sie Ihre Tabelle, klicken Sie auf diese Funktion, und Excel schlägt Ihnen automatisch Analysen, Diagramme oder Zusammenfassungen vor – ideal, wenn es einmal schnell gehen soll.

Selbst beim Umwandeln älterer Excel-Listen in formatierte Tabellen kann KI helfen: Viele Tools erkennen automatisch die Struktur, beseitigen Leerzeilen oder doppelte Überschriften und schlagen sinnvolle Formatierungen vor.

IN DIESEM KAPITEL

listen Sie auf.

selektieren Sie.

setzen Sie Filter.

Kapitel 12
Clevere Datentabellen

Behalten Sie den Durchblick bei Übersichten! Mit Excel können Sie Daten leicht erfassen, verwalten und auswerten. Dazu gibt es viele Tipps, Tricks und Tastenkombinationen.

Fixe Filter

Damit das Richtige zum Schluss herauskommt: Mit einem Filter »sieben« Sie wie ein Goldgräber seine wertvollen Nuggets nur das heraus, was sie wirklich wollen.

So zeigen Sie in Excel nur die Listeneinträge beziehungsweise Datensätze an, die bestimmte Bedingungen erfüllen.

Das hat schon sehr viel mit dem Thema »Als Tabelle formatieren« aus dem vorherigen Kapitel gemeinsam.

Wiederum muss eine Zelle innerhalb der geschlossenen Liste angeklickt sein. Filter kommen über die Registerkarte DATEN (Alt+F) zum Einsatz.

Hier finden Sie eine Schaltfläche, die entsprechend ihrer Funktion auch so heißt: FILTER (siehe Abbildung 12.1).

Abbildung 12.1: Per Mausklick Filter ein- und ausschalten

Die Auswirkung: Die Spalten der Liste erhalten zusätzlich kleine Schaltflächen mit Dreiecken. Die Liste wird also nicht als Tabelle formatiert!

Klicken Sie die Schaltflächen an, öffnet sich ein Menü. Hier können Sie Befehle ausführen oder sich einzelne Datensätze anzeigen lassen.

Wer die Filterpfeile nicht braucht, lässt sie einfach mit drei Tasten ⇧+Strg+L verschwinden oder blendet sie wieder bei Filter-Bedarf ein.

In der Auswahl finden Sie verschiedene Filter. So gibt es hier einen Textfilter. Sie können sich zum Beispiel Datensätze anzeigen lassen, die mit einem »B« beginnen.

Neben dem Textfilter finden Sie auch einen Zahlenfilter (siehe Abbildung 12.2):

- Sie können hier zum Beispiel einen Zahlenbereich von … bis … angeben.
- Sie können sich Datensätze mit Zahlen anzeigen lassen, die entweder über beziehungsweise unter dem Durchschnitt liegen. Beachten Sie auch den Eintrag TOP 10.
- Für jedes Feld der Liste kann auch ein BENUTZERDEFINIERTER FILTER gewählt werden.

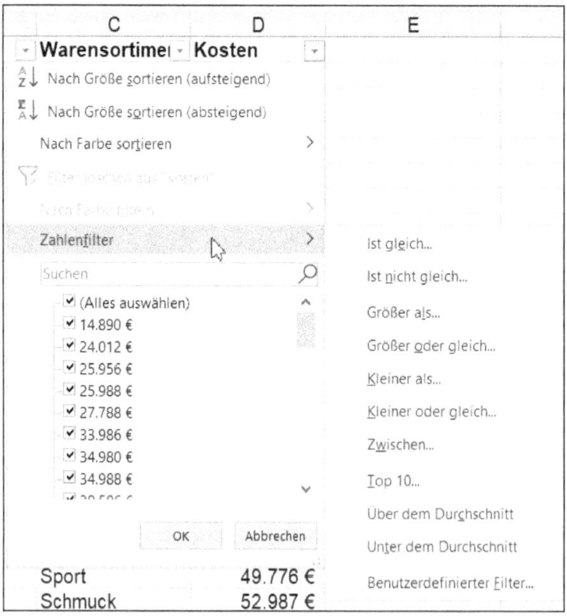

Abbildung 12.2: Ob Texte oder Zahlen, der Filter wird angepasst.

Falls Sie nicht mehr filtern möchten, deaktivieren Sie ihn wieder mit Mausklick auf die Schaltfläche FILTERN.

Alles im Plan: Teilergebnisse

Ergebnisse sind in Teilergebnissen schnell ermittelt. Sie sind die Summierung von Datengruppen. Als Erstes müssen die Daten sortiert sein, ohne Sortierung geht es nicht!

Sie brauchen nur die Liste zu aktivieren. Dann starten Sie die Teilergebnisse über die Registerkarte DATEN (Alt+V) und die Schaltfläche TEILERGEBNIS (siehe Abbildung 12.3).

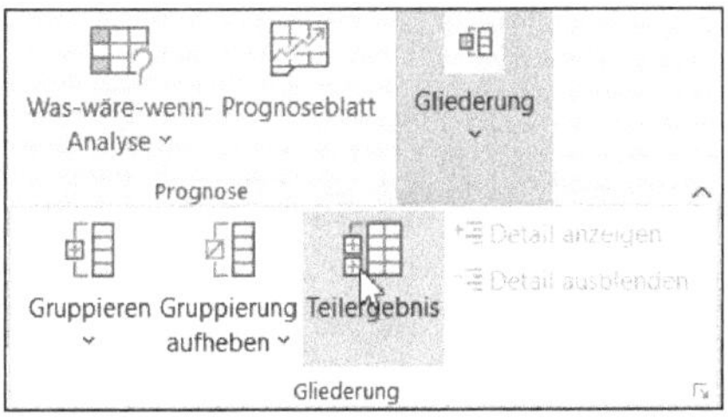

Abbildung 12.3: Teilergebnisse aktivieren

Geben Sie an, was Sie wie addieren möchten. Sie geben zunächst an, wonach gruppiert werden soll, also von welchen Gruppen das Ergebnis ermittelt werden soll (siehe Abbildung 12.4). Was möchten Sie denn ermitteln – Summe oder Produkt?

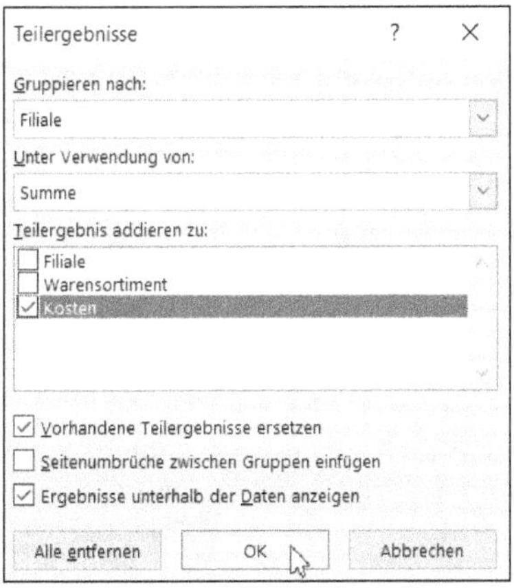

Abbildung 12.4: Schnelle Teilergebnisse

Die Ergebnisse werden angezeigt und können analysiert werden: Wo sind Schwachstellen? Wo liegt das beste Ergebnis vor?

Wenn Sie Teilergebnisse nutzen, wird die Liste häufig automatisch gegliedert. Sie haben aber auch die Möglichkeit, selbst manuell Gruppen zu erstellen – beispielsweise um bestimmte Zeilen per Mausklick ein- oder auszublenden. Das ist besonders hilfreich, wenn Sie Ihre Datenstruktur übersichtlicher gestalten möchten. Verwenden Sie dafür die Tastenkombination Alt+⇧+→, um markierte Zeilen zusammenzufassen und einzurücken. So behalten Sie auch bei längeren Listen stets den Überblick.

Und wenn Sie zurück von den Teilergebnissen zum Ganzen kommen möchten, aktivieren Sie wieder über die Schaltfläche DATEN diesmal den Befehl ALLE ENTFERNEN.

KI für Filter und Teilergebnisse

Auch künstliche Intelligenz kann Sie bei der Arbeit mit Datentabellen in Excel sinnvoll unterstützen. Wenn Sie zum Beispiel überlegen, nach welchen Kriterien Sie Ihre Daten filtern möchten, hilft ein KI-gestütztes Tool wie ChatGPT dabei, sinnvolle Vorschläge zu entwickeln. Sie können einfach beschreiben, welche Spalten Ihre Liste enthält und welches Ziel Sie verfolgen – die KI schlägt Ihnen passende Filterbedingungen vor. So erhalten Sie etwa die Empfehlung, nach bestimmten Zeiträumen, Regionen oder Umsatzgrenzen zu filtern.

Sie können ChatGPT vorher fragen:

»Ich möchte in Excel nur Kundinnen und Kunden aus Süddeutschland mit einem Umsatz über 2.000 € im 1. Quartal anzeigen lassen. Wie kann ich das am besten kombinieren?«

Die KI gibt Ihnen eine Schritt-für-Schritt-Anleitung – ideal, wenn Sie mit mehreren Kriterien arbeiten wollen.

Auch bei der Formulierung von benutzerdefinierten Filtern kann die KI hilfreich sein, besonders dann, wenn Sie komplexere Bedingungen benötigen – etwa das gleichzeitige Ausschließen und Eingrenzen von Werten. Geben Sie Ihre Anforderung in natürlicher Sprache ein, und Sie erhalten eine umsetzbare Beschreibung für den Excel-Filter.

Darüber hinaus unterstützt Sie die KI bei der Planung von Teilergebnissen. Wenn Sie sich nicht sicher sind, nach welchem Feld gruppiert werden soll oder welche Funktion – wie Summe, Mittelwert oder Anzahl – sinnvoll ist, analysiert ein KI-Tool die Liste auf Wunsch und gibt Ihnen konkrete Empfehlungen.

Das spart Zeit und erleichtert die Auswertung. Sollte einmal etwas nicht wie gewünscht funktionieren – etwa Filter oder Teilergebnisse –, können Sie mit einer kurzen Problembeschreibung gezielt nachfragen. Häufige Ursachen wie unsortierte Daten, leere Zellen oder falsch gesetzte Zellbereiche lassen sich damit schnell identifizieren und beheben.

Ein weiteres Beispiel: Sie haben eine Projektliste mit den Spalten »Projektname«, »Abteilung« und »Kosten« und möchten herausfinden, wie hoch die Gesamtausgaben je Abteilung sind?

Nach einer Sortierung nach Abteilung lassen sich mithilfe der Funktion TEILERGEBNIS gruppierte Summen erzeugen.

Falls Sie unsicher sind, ob eine Summe oder der Durchschnitt sinnvoller wäre, kann eine kurze Rückfrage bei der KI Entscheidungshilfe leisten – etwa mit der Frage, ob Sie Budgets vergleichen oder die Kosteneffizienz einzelner Teams prüfen möchten.

IN DIESEM KAPITEL

mischen Sie Formeln erfolgreich.

setzen Sie Wenn-Funktionen ein.

lernen Sie, mit Fehlern umzugehen.

Kapitel 13
Funktionen mit Kniff

Excel schickt sich ständig an, mit zahlreichen Funktionen seinen Anwendern das Leben zu erleichtern. Für Arbeit und Freizeit. Excel für alle Lebenslagen. Man muss nur wissen wie, wo und wann. Dazu braucht man nicht unbedingt Programmierkenntnisse. Profitieren Sie von Kombinationen aus Funktionen. Man kann Dinge anstellen, die auf den ersten Blick gar nicht so offensichtlich sind. Das kann gewollt oder zufällig sein. Excel – man lernt immer wieder dazu!

Formeln können sehr umfangreich sein. Für einen besseren Überblick können Sie sich die Ergebnisse in der *Bearbeitungsleiste* anzeigen lassen. Klicken Sie dazu einfach in die Bearbeitungsleiste und drücken Sie die F9-Taste. Sie schalten zwischen Formel und Ergebnis hin und her. Auch können Sie Bestandteile einer komplexen Formel markieren und sich so Teilergebnisse anzeigen lassen. Betätigen Sie zum Abschluss *auf keinen Fall* die ↵-Taste, um den Darstellungsmodus zu verlassen. Das könnte den **Formelaufbau, die Syntax, zerstören! Drücken Sie** die Esc-Taste.

Der Assistent bereitet vor

Funktionen gibt es eine Menge … Und auf alle einzugehen, würde sicherlich zu weit führen. Das erkennen Sie auch an der Vielzahl der Funktionen in der Registerkarte FORMELN. Eine Funktion ist eine vorgefertigte Formel, die Berechnungen für bestimmte Fälle in den entsprechenden Zellen durchführt.

Es gibt auch einen *Funktions-Assistenten*, der Ihnen bei der Erstellung der Funktion helfen soll. Sie starten ihn mit einem einfachen Mausklick auf die *fx*-Schaltfläche oder drücken die Tasten ⇧+F3. Den Funktions-Assistenten kennen Sie bestimmt schon, oder?

Wenn Sie hier eine Funktion suchen, kann ich Ihnen nur raten, in der Kategorie ALLE mit so präzisen Wörtern wie möglich nach Funktionen zu suchen.

Excel springt automatisch in die Kategorie EMPFOHLEN und schlägt Ihnen Funktionen zum zuvor eingebenden Suchwort vor. Eine Beschreibung der Funktion erhalten Sie, wenn Sie diese anklicken.

Um Funktionen schneller im Funktions-Assistenten zu finden, brauchen Sie lediglich den Anfangsbuchstaben einzutippen. Na ja, sie müssen dabei aber auch wissen, wie sie heißt.

Kennenlernen-Funktionen

Die Funktionen `=SUMME()`, `=MIN()`, `=MAX()` und `=MITTELWERT()` sind Ihnen bestimmt bekannt und gehören zum Einsteigerwissen. Sie finden sie in der Registerkarte START oder FORMELN. Dazu das Kurz-Kennenlernen.

Mithilfe einer kleinen Kalkulation werden die Funktionen `MITTELWERT`, `MAX` und `MIN` deutlich. In diesem Beispiel wird auch die Funktion `=ZÄHLENWENN()` genutzt (siehe Abbildung 13.1).

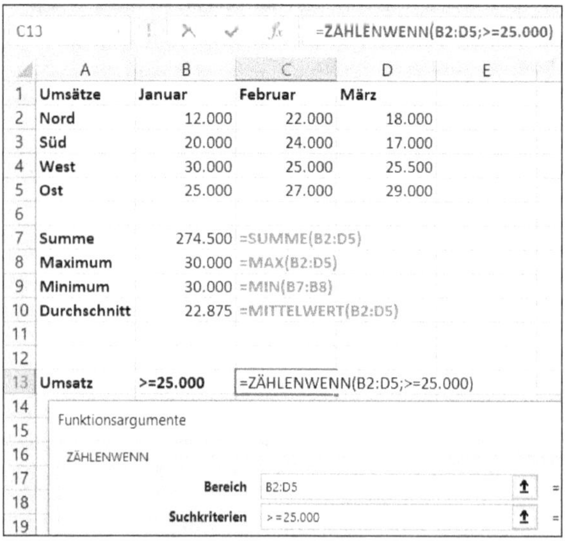

Abbildung 13.1: Die Formeln für die bekannten Funktionen

Die Funktion `=ZÄHLENWENN()` zählt (wie der Name es schon sagt) nur dann, wenn ein bestimmtes Kriterium zutrifft.

Bis zu der Version Excel 2007 können Sie sich mit den Tasten [Strg]+[#] die gesamten Formeln Ihrer Kalkulation anzeigen lassen. Ab der Version Excel 2010 funktioniert das in der deutschen Version nicht mehr! Sie können die Formelansicht aber in der Registerkarte FORMELN ein- und ausblenden.

In der Registerkarte EINFÜGEN finden Sie die Schaltfläche FORMELN. Das hat nichts mit den Formeln für die Berechnung in Excel gemein.

Klicken Sie eine Zelle doppelt an, in der eine Formel beziehungsweise Funktion enthalten ist, zeigt Ihnen Excel an, aus welchem Bereich die Auswertungen stammen.

Sie können sich in Excel genau anzeigen lassen, auf welche Zellen sich die Formelberechnungen beziehen, und zwar:

- ✔ Auf welche Zellen sich die Berechnung bezieht (Vorgänger)
- ✔ Welche Zellen darauf folgen (Nachfolger)

1. Holen Sie die Registerkarte FORMELN in den Vordergrund.
2. Aktivieren Sie die Zelle und klicken Sie auf die Schaltfläche SPUR ZUM VORGÄNGER.
3. Klicken Sie in die Zelle und aktivieren Sie die SCHALTFLÄCHE SPUR ZUM NACHFOLGER.

Mit einem Mausklick direkt auf die Schaltfläche PFEILE ENTFERNEN löschen Sie alle Pfeile (oder öffnen Sie die Auswahl und entfernen Sie sie entsprechend).

Wenn Sie eine Funktion bearbeiten möchten, ändern Sie die Angaben in der Bearbeitungsleiste oder starten den Funktions-Assistenten.

Manchmal geht es schneller, als man denkt. Kein Problem, wenn es immer dieselbe Funktion ist. So ermittelt Excel in Tabellen schnell die Ergebnisse: Sie brauchen nur die Tabelle einschließlich Ergebniszellen zu markieren und die Funktion zu aktivieren.

Nun, was können Sie von diesem Kapitel noch erwarten? In der Kürze liegt die Würze – damit Sie mit einem »Minimum« an Aufwand das »Maximum« an Wissen erwerben!

Mehrere Multiplikationen können Sie in einer Funktion zusammenfassen: `=SUMMENPRODUKT()`. Hier geben Sie an, welche Bereiche zusammengefasst beziehungsweise multipliziert werden, um daraus die Summe zu bilden.

Ich stelle Ihnen zwei häufig angewendete Funktionen kurz und bündig vor, mit denen Sie eine Vielzahl von Aufgabenstellungen im Griff haben:

- `=WENN()`
- `=SVERWEIS()`

Sie müssen nur verstehen, wie die Funktionen arbeiten. Anwenden müssen Sie sie selbst!

Sollten einige Funktionen bei Ihnen nicht funktionieren, liegt es vielleicht daran, dass sie in Ihrer Excel-Version nicht integriert sind. Dieses Buch wurde mit der Version Microsoft 365 geschrieben. Die Mehrzahl der hier beschriebenen Funktionen ist allerdings versionsübergreifend einsetzbar.

Wenn, dann mal richtig ...!

Eine Formel, die sehr häufig Anwendung findet, ist die WENN-Funktion.

- *Wenn* etwas zutrifft, ...
- *dann* macht Excel das, ...
- *sonst* macht es etwas anderes ...

Das hört sich ziemlich banal an. Wenn Sie die Formel beherrschen, ist es das auch!

Mit der Funktion `=SUMMEWENN()` ermitteln Sie die Summe eines Bereichs, wenn eine Bedingung erfüllt wird. Mit der Funktion `=SUMMEWENNS()` können Sie gleich mehrere Bedingungen festlegen.

Eine Formel hat einen bestimmten Aufbau, eine *Syntax*. Wenn Sie das in eine Syntax schreiben, ergibt sich daraus:

```
=WENN(DANN;SONST)
```

BEISPIEL

Vertreter haben einen Umsatz erzielt. Herzlichen Glückwunsch! Liegt der Umsatz über einer bestimmten Summe (hier im Beispiel »15.000 €«), erhalten die Vertreter einen Bonus (hier im Beispiel »10 %«) in Euro ausgezahlt.

1. Klicken Sie in die Zelle, in der der erste Bonus ermittelt werden soll.
2. Geben Sie die Funktion ein: `=WENN(`

   Sie können zur leichteren Handhabung den Funktions-Assistenten starten oder die Funktion direkt in die Bearbeitungsleiste eingeben.

3. Geben Sie im Funktions-Assistenten Ihre Anweisungen ein.
4. Soll Excel (wie beim Wert_wenn_falsch-Feld) nichts ausführen, geben Sie `""` ein (siehe Abbildung 13.2).

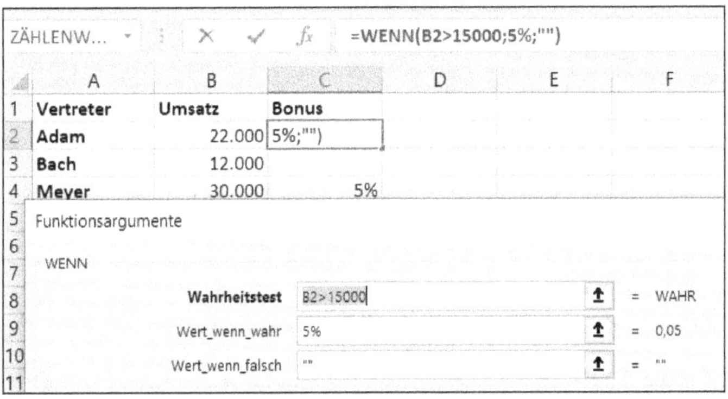

Abbildung 13.2: Trifft die Bedingung zu, gibt es 5 % Bonus, sonst nichts.

5. Bestätigen Sie über die Schaltfläche OK.

   Die Funktion wird eingefügt.

6. Kopieren Sie die Formel in die anderen Zellen.

Diese Wenn-Funktion kann nun mehrmals verschaltet werden, das heißt, mehrere Abfragen sind möglich.

BEISPIEL

Die Bedingungen für einen Bonus:

Umsätze über »15.000 €« erhalten »5 %« Bonus.

Umsätze über »10.000 €« erhalten »2 %« Bonus.

Liegt der Umsatz unter »10.000 €«, erhalten die Vertreter nichts.

Drei Fragen, zwei Antworten!

Die Funktion können Sie direkt in der Bearbeitungsleiste ändern. Sie müssen nur die Syntax anpassen. Achten Sie darauf, dass die Anzahl der geöffneten Klammen identisch ist mit der Anzahl der geschlossenen Klammern (siehe Abbildung 13.3).

```
=WENN(B2>15000;5%;WENN(B2>10000;2%;""))
```

Abbildung 13.3: Bedingung und Anweisungen sind durch ein Semikolon getrennt.

Gerne übersetze ich die Syntax der Funktion:

Wenn der Umsatz größer als »15.000 €« ist, …

… dann berechne den Bonus »5 %«, …

sonst …

Wenn der Umsatz größer als »10.000 €« ist, …

… dann berechne den Bonus »2 %«, …

sonst …

… wird nichts gerechnet.

WENN-längst fällig

Hier arbeiten Sie mit Texten, die Excel, wenn etwas zutrifft, einfügen soll. Vergleichen Sie das heutige Datum `=HEUTE()` mit einem Rechnungsdatum (siehe Abbildung 13.4).

- Wenn die Rechnung *älter als 30 Tage* ist, dann soll der Text »Mahnung« geschrieben werden.
- Ist die Rechnung *älter als 20 Tage*, dann soll der Text »Zahlungserinnerung« geschrieben werden.
- Ansonsten soll nichts geschrieben werden.

Beachten Sie bei diesem Beispiel, dass das aktuelle Datum in einer festen Zelle steht. Setzen Sie daher mit der Taste F4 einen absoluten Bezug, ansonsten gelingt das Kopieren der Funktion in die anderen Zellen nicht!

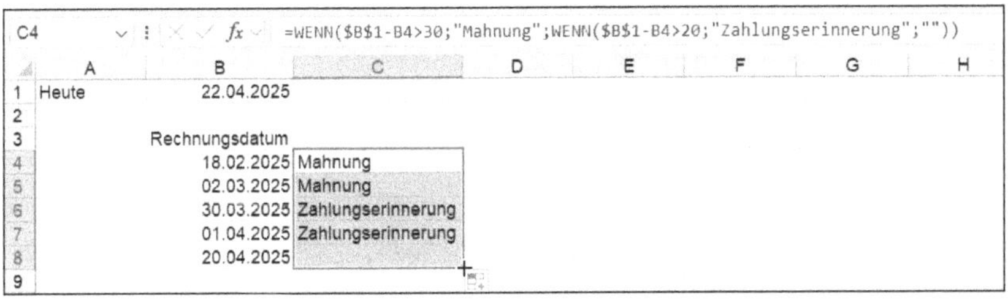

Abbildung 13.4: Auch Texte können zugewiesen werden.

Gerne übersetze ich Ihnen diese Syntax!

Wenn das aktuelle Datum – Rechnungsdatum größer als 30 Tage ist, …

… dann schreibe den Text »Mahnung«, …

sonst …

Wenn das aktuelle Datum – Rechnungsdatum größer als 20 Tage ist, …

… dann schreibe den Text »Zahlungserinnerung«, …

sonst …

… schreibe nichts.

Texte werden in der WENN-Funktion immer in Anführungszeichen geschrieben.

Sie können auch die Funktion `=HEUTE()` in die Formeln einbinden. In diesem Beispiel wird das Rechnungsdatum (`A1`) mit dem aktuellen Datum verglichen: `=WENN(HEUTE()-A1>30;"Mahnung";WENN(HEUTE()-A1>14;"Zahlungserinnerung";""))`.

Fällige Rechnungen können Sie leicht über die *Bedingte Formatierung* optisch hervorheben. Geben Sie die oben genannte Formel als neue Regel ein und legen Sie eine Farbe fest.

Ich hoffe, dass ich Ihnen die WENN-Funktion gut erklärt habe. Jetzt müssen Sie Ihre Aufgaben selbst lösen. »You can do it!« – Sie schaffen das schon!

Trotz Nullen rechnen

Sie können ein Rechnen mit Nullen ausschließen, wenn sie nicht zu einer repräsentativen Berechnung führen.

Sie haben eine Tabelle mit Vertriebszahlen (Menge, Preis und Umsatz), aus denen der Durchschnitt errechnet werden soll. Damit sich die Zahlen auch auszahlen, brauchen Sie in Excel die Nullen nicht zu berücksichtigen.

Mit der Funktion `=MITTELWERT(WENN(G3:G12<>0;G3:G12))` erhalten Sie den Durchschnitt, ohne dass eine Null die Werte verschlechtert (siehe Abbildung 13.5). Beenden Sie die Eingabe mit der Tastenkombination Strg+⇧+↵, da es sich um eine Matrixfunktion handelt.

Weitere Funktionen wie `=MAX()`, `=MIN()` oder `=SUMME()` lassen sich so mit dieser WENN-Funktion kombinieren.

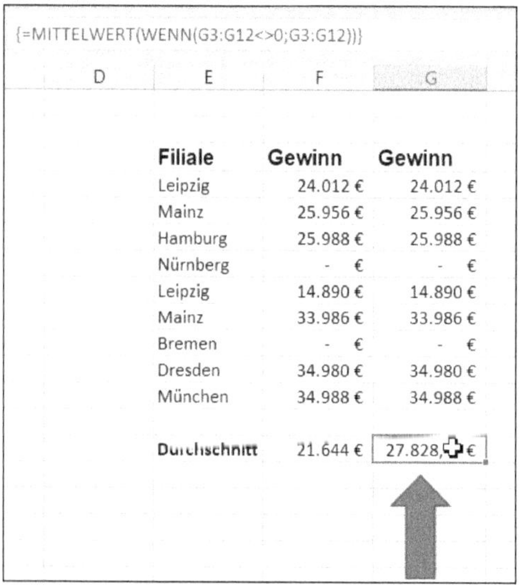

{=MITTELWERT(WENN(G3:G12<>0;G3:G12))}

Filiale	Gewinn	Gewinn
Leipzig	24.012 €	24.012 €
Mainz	25.956 €	25.956 €
Hamburg	25.988 €	25.988 €
Nürnberg	- €	- €
Leipzig	14.890 €	14.890 €
Mainz	33.986 €	33.986 €
Bremen	- €	- €
Dresden	34.980 €	34.980 €
München	34.988 €	34.988 €
Durchschnitt	21.644 €	27.828 €

Abbildung 13.5: Links mit, rechts ohne Nullen rechnen

Zwei Bedingungen prüfen – auch ohne WENN

Wenn Sie zwei Bedingungen gleichzeitig prüfen möchten, brauchen Sie nicht immer die WENN-Funktion. Excel stellt Ihnen mit den Funktionen `=UND()` und `=ODER()` zwei einfache Funktionen zur Verfügung, die direkt mit den Bedingungen arbeiten – ganz ohne Wenn und Aber.

Beispiel:

```
=UND(A1>100;B1="OK")
```

```
=ODER(A1>100;B1="OK")
```

Die Funktion `=UND()` liefert nur WAHR, wenn alle Bedingungen zutreffen.

Die Funktion `=ODER()` liefert bereits dann den Wert WAHR, wenn mindestens eine der angegebenen Bedingungen zutrifft.

Das Ergebnis ist jeweils WAHR oder FALSCH – ideal für bedingte Formatierungen, aber auch als Grundlage für weitere Berechnungen nutzbar.

Wenn Funktionen nicht rechnen!

Excel kann mit kryptischen Fehlermeldungen gehörig nerven. Bei einer Meldung wie »#WERT« können weitere Berechnungen nicht durchgeführt werden. Eine als Text formatierte Zelle kann bei dieser Fehlermeldung nicht mit einer Zahl berechnet werden.

Funktionen wie `MAX()`, `MITTELWERT()` oder `SUMME()` haben einen großen Nachteil: Sie verweigern Ergebnisse, wenn sich innerhalb der analysierten Daten ein Fehlerwert (zum Beispiel #NV, #WERT, #DIV/0 und so weiter) befindet.

Mit der Funktion `=AGGREGAT(Funktion;Option;Bezug)` umgehen Sie ab Excel 2010 dieses Problem ganz einfach, und ein Weiterrechnen ist trotzdem möglich. Sie führt auch dann zu einem Ergebnis, wenn Berechnungsprobleme wie Fehlerwerte vorhanden sind. Dabei brauchen Sie nur die Funktion, die zuvor »gepatzt« hat, als Argument anzugeben.

Die Funktion `=AGGREGAT()` ist allerdings nur für Spalten einsetzbar. Werden diese einfach ausgeblendet, hat das keinen Einfluss auf das Ergebnis.

Beim ersten Argument geben Sie die Nummer der jeweiligen Funktion an. Das zweite Argument führt auf, was berücksichtigt werden soll: Fehlerwerte, ausgeblendete Zelle oder Teilergebnisse. Mit der Ziffer »6« geben Sie zum Beispiel an, dass Fehlerwerte ignoriert werden sollen.

Zum Schluss folgt der auszuwertende Zellbereich. Diesen können Sie auch als *Matrix* über die Tasten Strg+⇧+Return anlegen (siehe Abbildung 13.6).

Die Funktion `=WENNFEHLER(A1;"Achtung  Fehler!")` lässt sich verwenden, um eine Excel-Fehlermeldung durch einen eigenen, verständlicheren Text zu ersetzen.

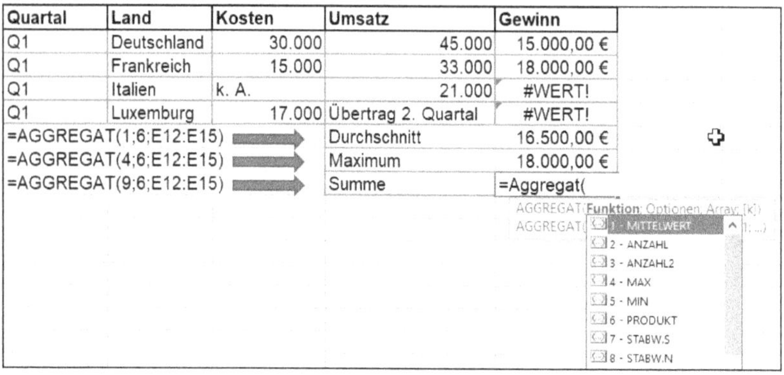

Quartal	Land	Kosten	Umsatz	Gewinn
Q1	Deutschland	30.000	45.000	15.000,00 €
Q1	Frankreich	15.000	33.000	18.000,00 €
Q1	Italien	k. A.	21.000	#WERT!
Q1	Luxemburg	17.000	Übertrag 2. Quartal	#WERT!
=AGGREGAT(1;6;E12:E15)			Durchschnitt	16.500,00 €
=AGGREGAT(4;6;E12:E15)			Maximum	18.000,00 €
=AGGREGAT(9;6;E12:E15)			Summe	=Aggregat(

Abbildung 13.6: Welche Funktion wird gerade benötigt?

Immer wieder gefordert: SVERWEIS

Wenn Funktionen verweisen, ist damit die »Verbindung« zwischen zwei Tabellen gemeint. Die Funktion `=SVERWEIS()` ist eine der meistverwendeten Funktionen!

Die Funktion `=SVERWEIS()` verweist auf Spalten, was in der Praxis häufiger vorkommt. Die Funktion `=WVERWEIS()` berücksichtigt dagegen den Verweis auf Zeilen.

Wie Sie im Beispiel erkennen (siehe Abbildung 13.7), sollen zwei Listen beziehungsweise Tabellen miteinander »verbunden« werden! Excel nennt eine Tabelle auch »Matrix«.

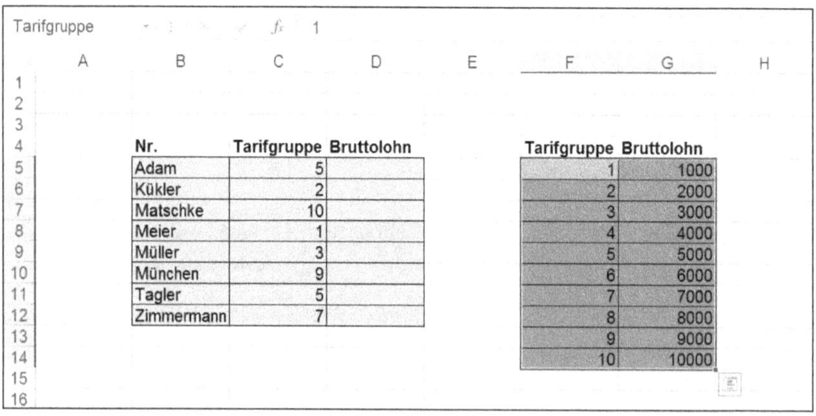

Nr.	Tarifgruppe	Bruttolohn
Adam	5	
Kükler	2	
Matschke	10	
Meier	1	
Müller	3	
München	9	
Tagler	5	
Zimmermann	7	

Tarifgruppe	Bruttolohn
1	1000
2	2000
3	3000
4	4000
5	5000
6	6000
7	7000
8	8000
9	9000
10	10000

Abbildung 13.7: Den Provisionssatz aus einer anderen Matrix übernehmen

1. Aktivieren Sie die Zelle, in der die Funktion stehen soll.

2. Geben Sie in der Bearbeitungsleiste `=SVERWEIS(` ein.

3. Starten Sie den Funktions-Assistenten oder geben Sie die Funktion direkt ein.

4. Geben Sie nun das SUCHKRITERIUM ein.

   Das wäre im Beispiel die Zelle C5, in der die Tarifgruppe steht (siehe Abbildung 13.8).

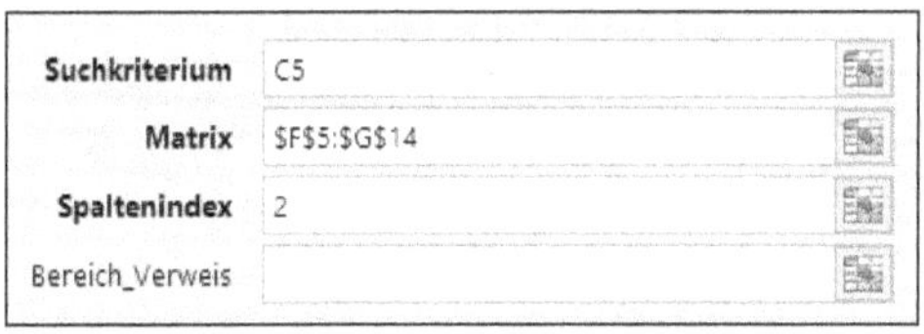

Abbildung 13.8: Suchkriterium = Tarifgruppe, Spaltenindex = Bruttolohn

Beachten Sie dabei, dass Sie einen festen Bezug mit der Taste F4 setzen. Sie können auch für den Zellenbereich im Namenfeld einen Namen vergeben. Dadurch wird die Matrix ebenfalls fixiert.

5. Geben Sie die MATRIX an, in der die Informationen stehen, die Sie einbinden möchten.

6. Geben Sie die Spalte (hier im Beispiel 2) an, in der die Informationen stehen, die übertragen werden sollen.

Der BEREICH_VERWEIS soll mit WAHR oder FALSCH ausgefüllt werden. Wenn Sie hier nichts eingeben, geht Excel von WAHR aus. Bei WAHR wird die nächstliegende Zahl, bei FALSCH der exakte Wert gesucht. Sie können statt `Wahr` oder `Falsch` auch eine `1` beziehungsweise eine `0` eingeben.

7. Bestätigen Sie die Funktion über OK.

8. Kopieren Sie die Funktion für die anderen Zellen (siehe Abbildung 13.9).

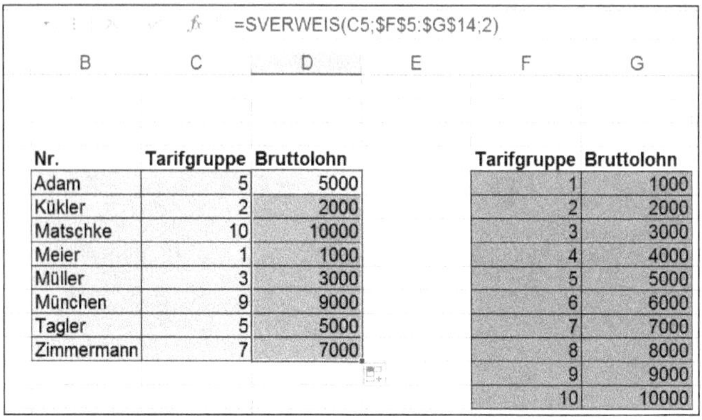
=SVERWEIS(C5;$F$5:$G$14;2)

Nr.	Tarifgruppe	Bruttolohn
Adam	5	5000
Kükler	2	2000
Matschke	10	10000
Meier	1	1000
Müller	3	3000
München	9	9000
Tagler	5	5000
Zimmermann	7	7000

Tarifgruppe	Bruttolohn
1	1000
2	2000
3	3000
4	4000
5	5000
6	6000
7	7000
8	8000
9	9000
10	10000

Abbildung 13.9: Mit festen Bezügen funktioniert das Kopieren der Formel.

Die Funktionen für beide Seiten

Wenn Sie mit =SVERWEIS() arbeiten, wissen Sie: Excel sucht nur nach rechts. Das heißt, der Suchbegriff (zum Beispiel die Tarifgruppe) muss links vom Ergebniswert (zum Beispiel Bruttolohn) stehen.

Doch was, wenn Ihre Tabelle andersherum aufgebaut ist? Wenn der Bruttolohn in der ersten Spalte steht und die Tarifgruppe in der zweiten? Dann kommt =SVERWEIS() deutlich an seine Grenzen.

Flexibler ans Ziel: Manche Tabellen sind einfach nicht nach Schema F aufgebaut – und das ist auch gut so. Damit Sie trotzdem gezielt Werte finden können, lohnt sich ein Blick auf eine leistungsfähige Formel-Kombination:

Mit =INDEX() und =VERGLEICH() umgehen Sie dieses Problem – und gewinnen zusätzlich an Flexibilität. Für das Beispiel gilt die Funktionskombination =INDEX(F5:F14;VERGLEICH(D5;G5:G14;0)).

Die Kombination aus der Funktion =INDEX() und der Funktion =VERGLEICH() sind das perfekte Duo für alle Richtungen: nach links, rechts, oben oder unten – ganz wie Sie es benötigen. Und wenn sich Ihre Tabelle mal ändert, bleiben die Formeln trotzdem korrekt. Mehr Flexibilität geht kaum!

Noch komfortabler geht es mit der neuen Funktion `=XVERWEIS()` (ab Excel 2021 und Microsoft 365):

```
=XVERWEIS(D5;G5:G14;F5:F14;"Keine Tarifgruppe gefunden")
```

Wird kein Treffer gefunden, zeigt Excel automatisch den Hinweistext »Keine Tarifgruppe gefunden« an. Bei der Wahl, welche Funktion Sie einsetzen können, hilft die nachfolgende Übersicht (siehe Tabelle 13.1)

Funktion	Nach links suchen?	Fehlerbehandlung	Spaltenindex nötig?
`=SVERWEIS()`	Nein	Nein	Ja
`=INDEX()+=VERGLEICH()`	Ja	Nein	Nein
`=XVERWEIS()`	Ja	Ja	Nein

Tabelle 13.1: Vor- und Nachteile der eingesetzten Funktionen

Die Funktion `=XVERWEIS()` funktioniert auch horizontal.

Funktionen mit dem »S« hinten

`=SUMME()`, `=MAX()`, `=MIN()` und `=MITTELWERT()` sind altbekannte Formeln für die schnelle Addition und Ermittlung des höchsten, niedrigsten und durchschnittlichen Werts eines Zellbereichs.

Mit der `=SUMMEWENN()`-Funktion ermitteln Sie die Summe eines Bereichs, wenn eine Bedingung (ein Suchkriterium) erfüllt ist.

An einem einfachen Beispiel ist das schnell erklärt: In einer Spalte haben Sie Bezirke wie Nord, Süd, Ost und West. In einer anderen Spalte stehen die Umsätze. Die Umsätze sollen pro Bezirk summiert werden. Das Suchkriterium ist also der Bezirk. Die Umsätze werden dann nur für einen Bezirk addiert.

Funktionen wie `=SUMME()`, `=MAX()`, `=MIN()` oder `=WENN()` gehören zum Alltag vieler Excel-Nutzer. In Excel können Sie mehrere Bedingungen gleichzeitig mit nur einer Funktion aufstellen. Mit `=SUMMEWENN()` ermitteln Sie die Summe eines Bereichs, wenn eine Bedingung erfüllt ist. Mit `=SUMMEWENNS()` dagegen können Sie gleich mehrere Bedingungen aufstellen.

Darüber hinaus bieten sich weitere Optionen an. Die Funktion `=MAXWENNS()` zeigt die größte Zahl aus einem bestimmten Bereich an, wenn mindestens eine Bedingung erfüllt ist. Analog dazu gibt `=MINWENNS()` die kleinste Zahl in einem Bereich zurück, die mindestens ein Kriterium erfüllt. Auf gleiche Art und Weise setzen Sie `=MITTELWERTWENNS()` ein, um mehrere Bedingungen für den Durchschnitt zu berücksichtigen.

Wenn Sie mehr als ein Suchkriterium aufstellen möchten, bietet sich die Funktion `=SUMMEWENNS()` an.

Dieses »S« am Ende einer Funktion ist aussagekräftig. Denn auch mit der Funktion `=MAXWENNS()` kann das Maximum und mit `=MINWENNS()` das Minimum gleich mit mehreren Bedingungen ermittelt werden.

Wer die WENN-Funktion gerne einsetzt, wird sich über die WENNS-Funktion freuen und kann auf die manchmal komplizierten Verschachtelungen verzichten.

Diese Funktionen gelten nur für das Office-365-Abonnement, Excel 2016, Excel Online, Excel Mobile, Excel für Android-Smartphones und -Tablets.

Neben diesen Funktionen gibt es unter anderem noch die Datenbankfunktionen wie `=DBMAX()` oder `=DBMIN()`. Excel stellt hier 12 Funktionen zur Verfügung. Sie finden diese eigenartigerweise nicht in der Registerkarte FORMELN in der Gruppe FUNKTIONSBIBLIOTHEK.

Starten Sie am besten dazu den Funktionsassistenten (Tastenkombination ⇧+F3) und wechseln Sie die Kategorie in »Datenbank« um.

Fehlermeldungen

Auf die Meldung kommt es an! Fehlermeldungen beginnen immer mit dem Zeichen #. Excel führt sie in der Zelle auf, deren Formel beziehungsweise Anweisung nicht ausgeführt werden konnte.

Meldung	Bedeutung	Korrekturvorschlag
#########	Die Spalte ist zu schmal, um den Ausdruck/Wert darzustellen.	Vergrößern Sie die Spaltenbreite.
#DIV/0!	Mathematisch nicht korrekt: Keine Zahl darf durch den Wert »0« dividiert werden.	Überprüfen Sie die Zelleninhalte. Alle Werte müssen größer »0« sein.

Meldung	Bedeutung	Korrekturvorschlag
#Name?	Excel kennt den Text in einer Formel nicht.	Sie haben einen falschen Namen (für Zellen/Zellbereiche) angegeben. Korrigieren Sie ihn in der Bearbeitungsleiste.
#Null!	Die einzelnen Zellen beziehungsweise Zellbereiche stimmen nicht überein.	Überprüfen Sie die Zeichen in der Formel beziehungsweise Funktion (; :) oder die Zellenangaben (A1, B2, C3 und so weiter).
#NV	Ein Wert in einer Funktion oder in einer Formel ist nicht verfügbar.	Kontrollieren Sie die Inhalte der Funktion, Formel oder Zellen.
#WERT!	Die Formel beziehungsweise Funktion kann aufgrund einer falschen Angabe nicht ausgeführt werden.	Möglicherweise haben Sie einen Text statt einer Zahl angegeben.
#ZAHL!	Problem mit einer Zahl	Kontrollieren Sie die Zahlenwerte in der Formel, Funktion oder in den Zellen.

WENN FEHLER ... kein Problem

Die Funktion `=WENNNV()` schließt Fehlermeldungen beim `=SVERWEIS()` und auch `=WVERWEIS()` aus.

Die Funktion `=WENNFEHLER(Wert;Wert_falls_Fehler)` löst die Aufgabenstellung elegant: `=WENNFEHLER(A1;"Fehler")`.

Hier erscheint nur das Wort Fehler, wenn ein Fehler angezeigt wird. Falls Sie die Fehlermeldung komplett ausblenden möchten, geben Sie `=WENNFEHLER(A1;"")` ein.

Bei zwei voneinander unabhängigen Listen kommt die Funktion SVERWEIS zum Einsatz. Ist hier ein Wert nicht vorhanden, wird die Fehlermeldung `"#NV"` ausgegeben (siehe Abbildung 13.10).

Kunden	Kundennummer	Umsatz	Bonus
Adam	A9898999	10.356,00 €	
Bach	B7878999	20.787,00 €	
Christen	C7877777	15.455,00 €	
Dachs	D8788888	k. A.	
Esser	E7999999	4.788,00 €	
Franzen	F0878787	12.899,00 €	
Langen	L8787999	k. A.	
Müller	M7875553	30.555,00 €	
Schmitz	S9999878	17.879,00 €	
Zimmermann	Z3456788	16.876,00 €	

Abbildung 13.10: Keine Zahlen liegen vor!

Das können Sie zum Beispiel über die Formeleingabe unterdrücken (siehe Abbildung 13.11): `=WENNNV(SVERWEIS(Liste2;2;Falsch);"Momentan liegen uns keine Umsatzzahlen vor!")`.

=WENNNV(SVERWEIS(C4;Bonusliste;2);"Keine Umsatzzahlen!")

Umsatz	Bonus
10.356,00 €	5%
20.787,00 €	10%
15.455,00 €	5%
k. A.	Keine Umsatzzahlen!
4.788,00 €	2%
12.899,00 €	5%
k. A.	Keine Umsatzzahlen!

	Umsatz	Bonus
von	0	2%
bis	10.000	5%
bis	20.000	10%
bis	30.000	15%
bis	40.000	20%

Abbildung 13.11: Das Problem ist gelöst!

Sie können sich Ihre Fehler schnell und übersichtlich anzeigen lassen. Starten Sie dazu das Dialogfeld SUCHEN über die Tasten F5 oder Strg+G. Klicken Sie auf die Schaltfläche INHALTE, aktivieren Sie unter FORMELN die Auswahl FEHLER und deaktivieren Sie ZAHLEN, TEXT UND WAHRHEITSWERTE. Sobald Sie über OK bestätigen, werden alle Zellen angezeigt, die einen Fehlerwert beinhalten.

Möchten Sie wissen, wie viele Fehler in einer Matrix vorhanden sind? Dann ermitteln Sie einfach die Summe und kombinieren mit der Funktion `=ISTFEHLER()`.

Geben Sie in der auszuwertenden Zelle `=SUMME(ISTEHLER(LISTE)*1)` ein.

Drücken Sie zur Beendigung der Eingabe die Tastenkombination Strg+⇧+↵, da es sich hier um eine Matrixfunktion handelt.

Soll dagegen nur ein bestimmter Fehlerwert wie »#DIV/0« summiert werden, verwenden Sie am besten die Funktion `=ZÄHLENWENN()`.

Geben Sie die Formel `=ZÄHLENWENN(Liste;#DIV/0)` ein und drücken sie wiederum die Tastenkombination Strg+⇧+↵, da es sich auch hier um eine *Matrixformel* handelt.

WENN UND oder ODER

Sie können Bedingungen auch gleichzeitig mit Anweisungen verknüpfen. Trifft das eine und das andere zu, wird die Anweisung ausgeführt. Viele ineinander verschachtelte WENN-Anweisungen sind schwer verständlich. Als Alternative bietet sich die WENN-Funktion an, die Bedingungen übersichtlich mit `=UND()` oder `=ODER()` verkettet.

Es wird ein Bonus in Höhe von 2 % nur dann ausgezahlt, wenn der Umsatz über dem Durchschnitt liegt und die Betriebszugehörigkeit seit über fünf Jahren besteht.

1. Stellen Sie die Syntax der WENN-Funktion auf.
2. Kopieren Sie die Funktion in die Zellen.
3. Nur derjenige, der die gestellten Bedingungen erfüllt, erhält die Bonuszahlung. Durch das UND geben Sie an, dass alle Bedingungen erfüllt sein müssen (siehe Abbildung 13.12).

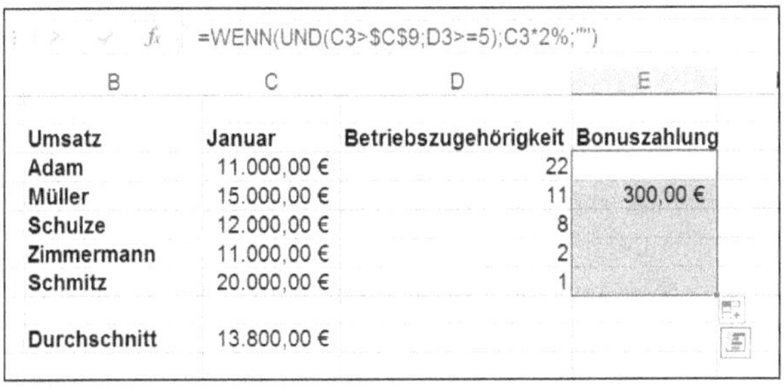
=WENN(UND(C3>$C$9;D3>=5);C3*2%;"")

B	C	D	E
Umsatz	Januar	Betriebszugehörigkeit	Bonuszahlung
Adam	11.000,00 €	22	
Müller	15.000,00 €	11	300,00 €
Schulze	12.000,00 €	8	
Zimmermann	11.000,00 €	2	
Schmitz	20.000,00 €	1	
Durchschnitt	13.800,00 €		

Abbildung 13.12: Sämtliche Bedingungen müssen zutreffen.

Klicken Sie in das UND der Funktion, können Sie leicht den Funktions-Assistenten starten. Klicken Sie in das letzte Eingabefeld für den WAHRHEITSWERT2, erscheint automatisch das nächste Eingabefeld. So können Sie immer weitere Bedingungen angeben.

Es wird eine Bonuszahlung gewährt, wenn der Umsatz über dem durchschnittlichen Umsatz liegt *oder* die Dauer der Betriebszugehörigkeit mehr als fünf Jahre beträgt.

1. Tippen Sie die Syntax der WENN-Funktion ein.
2. Kopieren Sie die Formel in die entsprechenden Zellen.

Wer die eine oder andere Bedingung erfüllt, erhält die Bonuszahlung (siehe Abbildung 13.13). Bei der ODER-Funktion muss entweder die eine oder die andere Bedingung erfüllt sein.

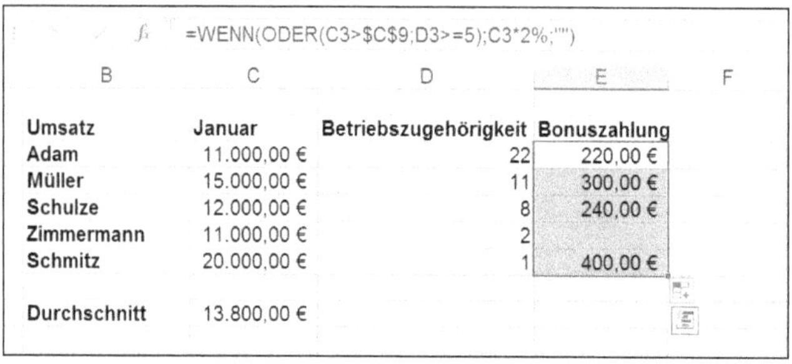

=WENN(ODER(C3>$C$9;D3>=5);C3*2%;"")

B	C	D	E	F
Umsatz	Januar	Betriebszugehörigkeit	Bonuszahlung	
Adam	11.000,00 €	22	220,00 €	
Müller	15.000,00 €	11	300,00 €	
Schulze	12.000,00 €	8	240,00 €	
Zimmermann	11.000,00 €	2		
Schmitz	20.000,00 €	1	400,00 €	
Durchschnitt	13.800,00 €			

Abbildung 13.13: Nur eine Bedingung muss erfüllt werden.

Sie können `=ODER()` und `=UND()` innerhalb der Funktion miteinander kombinieren.

Klicken Sie auf `ODER` in der Funktionssyntax, können Sie den Funktions-Assistenten starten.

WENN mit Notiz!

Excel kann ganz schön penibel sein! Die zuvor erwähnte WENN-Funktion ist häufig ein Phänomen im Firmenalltag. Sie funktioniert zwar meistens, aber man weiß nicht, warum. »Diese ganzen Verschachtelungen hatte mal ein gewiefter Praktikant erstellt, und der ist nicht mehr da!«, lautet ein häufiges Argument.

Vergessen Sie bei einfachen Formeln wie `=SUMME(A1:A10` die abschließende Klammer, moniert die Software das noch nicht einmal an. Es wird korrekt »ohne Meckern« weitergerechnet. Aber beim mehrmals verzweigten Aufbau der WENN-Funktion wird penibel darauf geachtet, ob jede Klammer korrekt gesetzt ist. Die Funktion kann bis zu siebenmal verschachtelt werden. Dabei beziehen sich die sieben Verschachtelungen jeweils auf den »Dann«- beziehungsweise den »Sonst«-Wert. Ein Überblick fällt da schwer!

»UND« und »ODER« dagegen können nicht zur Trennung eingegeben werden, da sie Funktionen sind. Und diese müssen immer vor den Argumenten angegeben werden: `=WENN(ODER(A1>B1;A3);A1+A2;A4+A5)`

Sie können sich selbst zur besseren Orientierung eine Hilfestellung geben, indem Sie die Funktion `=N("Text")` in eine Formel einbinden beziehungsweise dazu addieren (»N« wie Notiz!).

Die persönliche Erklärung wie `=WENN(A1>A2;A3;A4) +N("Gewinnermittlung")` erscheint nur in der Bearbeitungsleiste als Gedächtnisstütze. Die Funktion `=N()` hat keine Auswirkung auf das Ergebnis, da sie den Wert »0« liefert.

WENN mal anders!

Die WENN-Funktion ist eine Funktion mit vielen Verschachtelungsmöglichkeiten. Doch bei zahlreichen Verschachtelungen verliert man schon mal den Überblick.

Wenn Sie mehrere WENN-Bedingungen einsetzen möchten, addieren Sie die Funktionen einfach: `=WENN(...)+WENN() ... +WENN()`.

Hier ist der Rückgabewert eine Zahl. Setzen Sie dagegen »&« statt des Pluszeichens ein, formatiert Excel das Ergebnis als Text, auch bei Zahlen.

In dieser Kategorie gibt es seit Excel 2016 weitere Funktionen, die allerdings nur im Office-365-Abonnement bereitstehen. Dabei müssen diese Funktionen wie immer vor den Argumenten angegeben werden.

Mit der `=WENNS()`-Funktion können Sie mehrere Bedingungen angeben, ohne vor lauter Verschachtelungen den Überblick zu verlieren (siehe Abbildung 13.14).

Name	Jahresumsatz	Bonusauszahlung
Adam	27.000 €	B4*$C$21;B4<$B$21;0)
Bach	29.500 €	1.475 €
Bode	27.000 €	1.350 €
Bolten	21.000 €	- €
Christen	25.000 €	- €
Dachs	19.000 €	- €
Fürt	22.000 €	- €
Hagen	30.000 €	1.500 €
Hase	20.000 €	- €
Ingen	22.000 €	- €
Klammer	24.000 €	- €
Schwabe	34.000 €	3.400 €
Xanten	32.000 €	1.600 €
Yven	33.000 €	1.650 €
Auswertung	**Betrag**	**Bonus**
Höhster Umsatz	34.000 €	10%
Durchschnitt	26.107 €	5%

Der maximale Umsatz erhält 10 % Bonus.
Umsätze über den Durchschnitt erhalten 5 % Bonus.

Abbildung 13.14: Mehrere Abfragen können gestellt werden.

Mit dieser Funktion können Sie bis zu 127 verschiedene Bedingungen hintereinander aufstellen, die weitaus verständlicher als ebenso viele verschachtelte WENN-Funktionen wären.

Die Funktion arbeitet die Bedingungen in der angegebenen Reihenfolge ab und gibt den Wert zurück, der der ersten WAHR-Bedingung entspricht (siehe Abbildung 13.15).

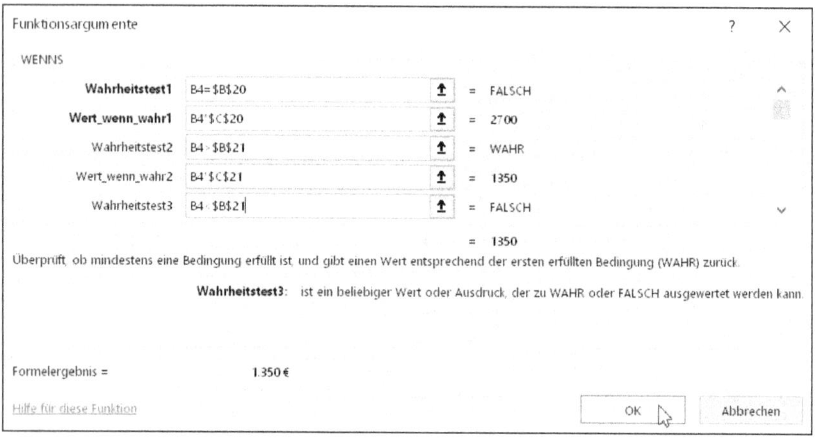

Abbildung 13.15: Präzise Eingaben über den Assistenten

Die Beispielfunktion lautet:

```
=WENNS(B4=$B$20;B4*$C$20;B4>$B$21;B4*$C$21;B4<$B$21;0)
```

Als letzte Bedingung können Sie auch `WAHR` und einen Wert angeben, den die Funktion als Standard zurückgibt, wenn alle vorherigen Bedingungen `FALSCH` ergeben.

Mit dem Datum rechnen

Möchten Sie das aktuelle Datum und die aktuelle Uhrzeit erhalten, tippen Sie entweder `=JETZT()` ein oder drücken die Tasten [Strg]+[.].

Für das Datum geben Sie `=HEUTE()` ein oder drücken [Strg]+[⇧]+[.].

Mit der Funktion `=HEUTE()` erscheint das heutige Datum. Über die Funktion `=JETZT()` fügen Sie das aktuelle Datum und die Uhrzeit ein. Dabei aktualisieren Sie über die Taste [F9]. Sie können Zeitwerte und Texte mithilfe der Funktion `=TEXT()` verknüpfen: `=TEXT(JETZT();"hh:mm")& " Uhr"`

Wichtig sind die Klammern `()` bei der Eingabe der Funktion. Sie gehören dazu wie die Schale zur Banane.

Beachten Sie, dass sich das Datum und auch die Uhrzeit bei jedem Öffnen stets aktualisieren. Möchten Sie ein Datum festhalten, zum Beispiel um zu wissen, wann Sie eine Kalkulation erstellt haben, sollten Sie auf die Funktion verzichten.

Möchten Sie in einer Rechnung angeben, dass diese beispielsweise in 30 Tagen gezahlt werden soll, geben Sie `=HEUTE()+30` ein.

Korrekte Kalenderwochen

Sie möchten eine bestimmte Kalenderwoche wissen? Dazu steht Ihnen die gleichnamige Funktion `=KALENDERWOCHEN(A1;21)` zur Verfügung.

Beim zweiten Argument tragen Sie den Beginn der Kalenderwoche ein. Aber wann beginnt im neuen Jahr die erste KW? Tippen Sie die `11` ein, startet die Kalenderwoche an einem Montag. Mit den Zahlen `12` bis `17` an den jeweiligen Tagen zwischen Dienstag und Sonntag.

Eine Kalenderwoche hat sieben Tage und beginnt an einem Montag. In den USA beginnt die erste KW in der Woche, in die der 1. Januar fällt. In Europa dagegen besteht dazu die ISO 8601. Als erste Kalenderwoche zählt hier die Woche, die den ersten Donnerstag des Jahrs enthält.

Da sich die Kalenderwochen in den USA und in Europa in manchen Jahren unterscheiden, musste man sich bis Excel 2007 mit komplexeren Formeln oder einer VBA-Funktion behelfen, um das Problem zu beseitigen. Dies entfällt seit Excel 2007. In der Funktion geben Sie dazu den Parameter `21` an, dann klappt es auch mit dem Jahresanfang.

Endlich Urlaub – freie Tage

Ab in dem Urlaub. Excel meint, Sie haben sich das sehr wohl verdient. Aber wie viele Urlaubstage haben Sie noch oder wann ist Ihr Urlaub denn schon wieder zu Ende? Dazu gibt es einige erwähnenswerte Funktionen.

Die Funktion `=ARBEITSTAGE(Ausgangsdatum;Tage;[Freie_Tage])` berechnet von einem Startdatum plus Tage das Enddatum. Das Wochenende mit Samstag und Sonntag wird nicht hinzugerechnet.

Mit dem Argument `Freie Tage` geben Sie an, welche Datumswerte wie Feiertage, Betriebsferien und so weiter nicht beachtet werden sollen.

Dazu können Sie auch eine Liste mit den Feiertagen oder anderen freien Tagen erstellen und den Bereichsnamen in der Funktion angeben.

Dann gibt es noch die Funktion `=ARBEITSTAGE.INTL()`. Hier berücksichtigen Sie mit einem weiteren Argument, welche und wie viele Tage als Wochenendtage gelten. Ein Wochenende kann in anderen Ländern auch anders interpretiert werden. Geben Sie hier nichts oder eine »1« an, gilt das für uns bekannte Wochenende Samstag, Sonntag. Mit einer »2« geben Sie den Sonntag und Montag an. Das könnte für den Einzelhandel gelten. Es geht so bis zur Zahl »7« weiter, um das Wochenende mit Freitag und Samstag anzugeben. Mit der Eingabe der Zahlen »11« bis »17« geben Sie wiederum einzelne Tage als Wochenende an. So steht die »11« für den Sonntag, die »12« für den Montag und die »17« für den Sonntag.

Die Zeiten zwischen zwei Datumsangaben lassen sich leicht mit der Funktion `=NETTOARBEITSTAGE()` berechnen. Sie geben das Enddatum und das Anfangsdatum jeweils in eine Zelle ein und bilden die Differenz daraus. Das Ergebnis ist die Angabe der Dauer in Tagen.

Samstag und Sonntag gelten auch hier als Tage, die nicht berechnet werden. Die Angabe der freien Tage ist nicht notwendig.

Die Funktion `=NETTOARBEITSTAGE.INTL()` verfügt über einen weiteren Parameter, mit dem sich die freien Tage genau festlegen lassen. Die Angabe »11« steht für eine Arbeitswoche von Montag bis Samstag, also mit 6 Werktagen.

Keine Arbeit an Wochenenden und Feiertagen!

Wenn nur Wochentage zählen und Sie vermeiden möchten, dass Daten für Wochenenden eingetragen werden, geben Sie bei der Datenprüfung diese Funktion ein: `=UND(WOCHENTAG(A1;2)<>7;WOCHENTAG(A1;2)<>6)`.

Noch einfacher geht es mit der Formel: `=WOCHENTAG(A1;2)<6`.

Da hierzulande die Woche mit dem Montag beginnt, muss bei der Funktion `=WOCHENTAG()` als Parameter der Wert `2` angegeben werden.

Sie können hier sogar bewegliche Feiertage berücksichtigen. Das Ausgangsdatum zur Ermittlung der beweglichen Feiertage ist für jedes Jahr der Ostersonntag. Er wird unter anderem durch die folgende Formel `=RUNDEN((TAG(MINUTE(A1/38)/2+55)&".4."&A1)7;)*7-6` ermittelt.

Keine Probleme bei Minus-Zeiten

Das Thema »Zeit« ist ein großes Thema und wäre sicherlich ein eigenes Kapitel wert. Geben Sie in Excel zum Beispiel den `29.02.2021` ein, wird diese Eingabe als Text interpretiert. Der 29. Februar ist nur in einem Schaltjahr vorhanden.

Der Excel-Kalender beginnt am 1.1.1900 und endet am 31.12.9999. Auch wenn die Zeit wie im Fluge vergeht, bis zu diesem Enddatum »fließt noch viel Wasser den Rhein runter«!

So gesehen ist das Datum nur eine fortlaufende Zahl zwischen 1 und 2.958.465. Eine Zahl wandeln Sie seit Excel 2010 schnell über die Tastenkombination Strg+# in ein *Datumsformat* um. Diese Tastenkombination war früher für die Formelanzeige bestimmt.

Sie können in Excel bequem mit Zeitwerten rechnen, allerdings nicht mit Minusstunden, und das nervt.

Doch mithilfe einer einfachen WENN-Funktion können Sie, wie in diesem Beispiel, die Nachtschichtzeiten berechnen: `=WENN(B3<C3;C3-B3;C3-B3+1)`.

Die erste WENN-Anweisung rechnet die Zeitdifferenz innerhalb eines Tages; die zweite (plus 1) von »heute auf morgen« (siehe Abbildung 13.16). Die Stundensumme formatieren Sie mit dem Format `[hh]:mm`.

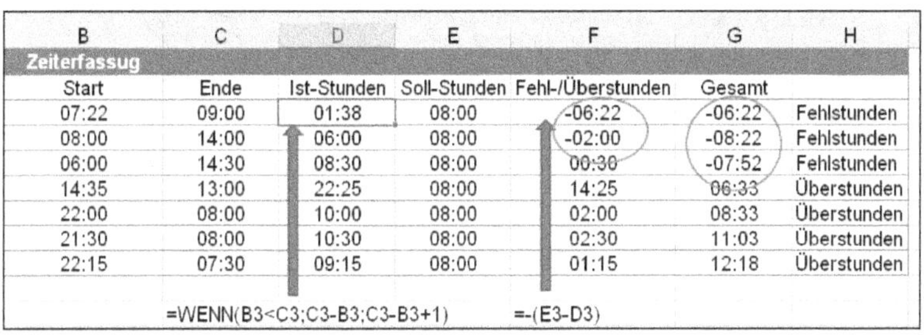

B	C	D	E	F	G	H
Zeiterfassug						
Start	Ende	Ist-Stunden	Soll-Stunden	Fehl-/Überstunden	Gesamt	
07:22	09:00	01:38	08:00	-06:22	-06:22	Fehlstunden
08:00	14:00	06:00	08:00	-02:00	-08:22	Fehlstunden
06:00	14:30	08:30	08:00	00:30	-07:52	Fehlstunden
14:35	13:00	22:25	08:00	14:25	06:33	Überstunden
22:00	08:00	10:00	08:00	02:00	08:33	Überstunden
21:30	08:00	10:30	08:00	02:30	11:03	Überstunden
22:15	07:30	09:15	08:00	01:15	12:18	Überstunden

=WENN(B3<C3;C3-B3;C3-B3+1) =-(E3-D3)

Abbildung 13.16: Soll-Stunden < Ist-Stunden = negative Stundenzahl

Sie können mit Minus-Stunden rechnen, wenn Sie unter OPTIONEN/ERWEITERT die Option 1904-DATUMSWERTE VERWENDEN aktivieren. Dieser Kalender dient zum Austausch von Kalkulationen mit der Microsoft-Office-Suite für Apple Macintosh. So beginnt hier der erste Kalendertag mit dem 1. Januar 1904.

Undercover-Funktion

Wahrscheinlich stellen Sie sich häufiger die Frage, wie lange Sie noch bis zur Rente beziehungsweise Pension arbeiten müssen?

Es gibt Funktionen, die sind noch nicht einmal im Funktions-Assistenten vermerkt! Dabei kann sie doch so nützlich sein: Die Funktion `=DATEDIF()` ermittelt die Anzahl der vollständigen Jahre, Monate und Tage.

In der Funktion geben Sie jeweils die Zellen an, in denen das End- und Anfangsdatum aufgeführt ist. Als Drittes geben Sie in Anführungszeichen das Argument für den Zeitwert ein. Dabei steht »Y« für die Anzahl der Jahre, »M« für Monate und »D« für Tage.

Wenn Sie das Alter einer Person in Excel berechnen möchten, können Sie dies ganz einfach auch mit der Funktion `=DATEDIF()` erledigen. Tragen Sie das Geburtsdatum in Zelle A1 ein und verwenden Sie folgende Formel:

```
=DATEDIF(A1;HEUTE();"Y")&"Jahre"
```

Excel ermittelt so die genaue Anzahl der vollen Jahre, die zwischen dem Geburtsdatum und dem aktuellen Datum liegen. Eine schnelle und unkomplizierte Möglichkeit zur Altersberechnung – ganz ohne Kopfzerbrechen!

Wenn Sie wissen möchten, wie alt Sie genau in Tagen sind, können Sie diese Formel einsetzen: `=HEUTE()-DATUM(Jahr;Monat;Tag)`

Dabei werden Sie jeden Tag automatisch einen Tag älter. Das kann auch Excel nicht ändern!

Mit KI zu Formeln und Funktionen

Mit Künstlicher Intelligenz lassen sich viele Aufgaben in Excel deutlich schneller und intuitiver lösen – vor allem dann, wenn Sie sich Unterstützung bei komplexen Funktionen oder ungewohnten Aufgabenstellungen wünschen. So können Sie sich beispielsweise eine Formel von der KI erklären lassen, anstatt sie mühsam selbst zu analysieren.

Geben Sie einfach eine Formel wie

```
=INDEX(F5:F14;VERGLEICH(D5;G5:G14;0))
```

in ein KI-Tool wie ChatGPT ein und formulieren Sie Ihre Anweisung in etwa so:

»Erklär mir diese Formel verständlich.«

Die KI liefert in Sekundenschnelle eine verständliche Beschreibung – oft sogar mit Beispielen.

Sie können Formeln auch über Sprache entwickeln lassen. Anstatt sich selbst mit Klammern und Semikola herumzuschlagen, formulieren Sie einfach Ihr Ziel, zum Beispiel:

»Ich möchte in Excel berechnen, wie viele Tage jemand gearbeitet hat – ohne Wochenenden.« Die KI schlägt dann die passende Formel wie

```
=NETTOARBEITSTAGE(Startdatum;Enddatum)
```

direkt vor.

Darüber hinaus hilft die KI auch dabei, neue Excel-Funktionen zu entdecken. Fragen Sie etwa:

»Welche Funktionen sind für das Projektmanagement nützlich?« oder

»Wie kann ich Umsätze nach mehreren Kriterien auswerten?«,

Dann erhalten Sie nicht nur Vorschläge für passende Funktionen, sondern auch direkt Anwendungstipps dazu.

Auch bei Fehlermeldungen oder nicht funktionierenden Formeln ist KI eine wertvolle Hilfe.

Wenn beispielsweise eine Formel nicht das gewünschte Ergebnis liefert oder eine Fehlermeldung erzeugt, kopieren Sie sie einfach in das KI-Tool mit dem Hinweis: »Was stimmt mit dieser Formel nicht?«

Die KI findet häufige Fehler wie vergessene Klammern, falsche Bezüge oder unpassende Argumente oft sofort.

IN DIESEM KAPITEL

erfahren Sie, wie bunt Diagramme sind.

lernen Sie, in Diagrammen Werte anzuzeigen.

werden Linien nicht unterbrochen.

Kapitel 14
Flotte Diagramme

Fakten prägen sich besser ein, wenn sie ein wenig »aufgepäppelt« sind. Wo »nackte« Zahlen nichts aussagen, kommen bei Excel die Diagramme ins Spiel. Darüber hinaus lassen sie sich leicht ändern und aktualisieren. Diagramme dienen als Blickfang für den Leser und unterstützen die Auswertungen. So werden nüchterne Zahlen repräsentativ dargestellt und benötigen kaum noch weitere Erklärungen.

Sie können schnell ein Diagramm einfügen. Das geht über die Registerkarte EINFÜGEN und die Gruppe DIAGRAMME. Aber superschnell geht es über die Tasten!

Klicken Sie in den Zellenbereich, der grafisch ausgewertet werden soll. Drücken Sie die Tasten Alt+F1, fügen Sie ein Säulendiagramm ins aktuelle Tabellenblatt ein. Tippen Sie dagegen auf die Taste F11, wird das Diagramm in ein neues Tabellenblatt eingefügt.

In der Registerkarte EINFÜGEN haben Sie die Diagrammauswahl zwischen Säulen, Linien, Kreisen, Punkten und so weiter. Für diese sind wiederum Diagrammuntertypen vorhanden.

Klicken Sie auf den kleinen Pfeil neben der Gruppenbeschriftung DIAGRAMME, gelangen Sie in das Dialogfeld DIAGRAMM EINFÜGEN. Hier erhalten Sie einen Überblick über die Diagramme, die Ihnen Excel anbietet.

Bei einem *Sparkline* (Registerkarte EINFÜGEN) handelt es sich um ein sehr kleines Diagramm. Damit können Sie innerhalb einer Zelle Trends anzeigen. Hier wählen Sie einen der drei Typen aus. Eine zusätzliche Registerkarte zur weiteren Bearbeitung blendet sich ein.

Hier im Beispiel verwenden Sie eine kleine Umsatzpräsentation für das Diagramm.

Bewegen Sie den Mauszeiger auf die gepunkteten Stellen am Rand eines Diagramms, können Sie es entsprechend der Pfeilrichtung vergrößern oder verkleinern.

Um ein Diagramm zu ändern, müssen Sie es anklicken beziehungsweise aktivieren. Sobald Sie ein Diagramm eingefügt haben, stehen Ihnen Registerkarten zur Verfügung. Seit Excel 2013 (und auch in Excel 2016/2019/365) erscheinen beim Markieren eines Diagramms nur noch zwei kontextbezogene Registerkarten:

- ✔ DIAGRAMMENTWURF (englisch: Chart Design)
- ✔ FORMAT (englisch: Format)

Sie arbeiten in Excel immer mit den Registerkarten, die Sie gerade brauchen. Hier finden Sie sämtliche Werkzeuge zum Bearbeiten von Diagrammen.

1. Klicken Sie doppelt auf einen Bereich innerhalb des Diagramms, können Sie diesen entsprechend bearbeiten und formatieren.
2. Wenn Sie die Tabelle ändern, passt Excel das Diagramm von selbst an.
3. Erweitern Sie Daten für eine Tabelle.
4. Aktivieren Sie per Mausklick das Diagramm. Der Zellbereich, auf den sich das Diagramm bezieht, wird angezeigt (siehe Abbildung 14.1).

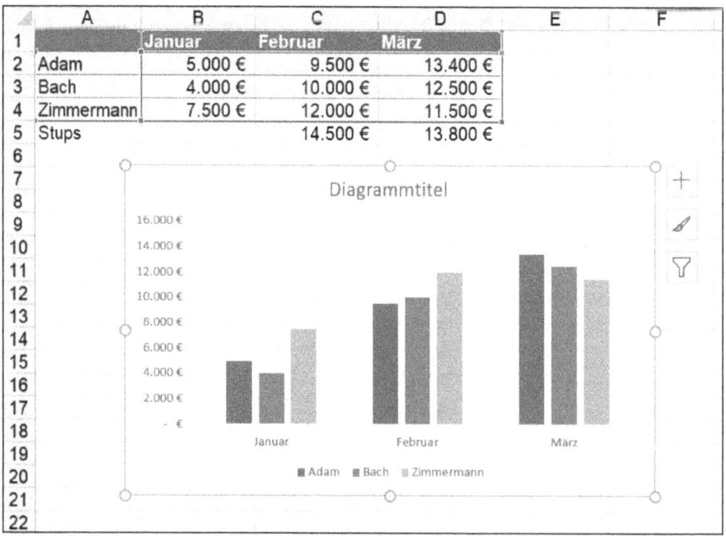

Abbildung 14.1: Der Datenbereich kann schnell erweitert werden.

5. Bewegen Sie den Mauszeiger auf den Eckpunkt – hier im Beispiel ist das der untere, rechte – des markierten Datenbereichs.
6. Mit gedrückter, linker Maustaste erweitern Sie den Datenbereich. Sobald Sie den Datenbereich erweitert haben, passt Excel das Diagramm an.

Aktivieren Sie ein Diagramm per Mausklick und klicken Sie auf die Schaltfläche SCHNELLDRUCK, wird das Diagramm separat und auf Seitengröße ausgedruckt.

Diagramme können in Word nicht nur kopiert, sondern auch dynamisch verknüpft werden. Ändern Sie die Diagrammdaten in Excel, passen sich die Daten dazu automatisch an. Beachten Sie dazu Kapitel 16, »Feste Verbindungen eingehen«. Dort wird genau erklärt, wie Sie eine dynamische Verknüpfung zwischen Word und Excel erstellen.

Zwei Achsen, doppelte Aussagekraft

Wenn Sie zwei völlig unterschiedliche Werte in einem Diagramm vergleichen möchten – beispielsweise den Umsatz in Euro und die Anzahl der Kunden – bietet sich eine sogenannte **Sekundärachse** an.

Damit lassen sich zwei verschieden skalierte Größen in einem einzigen Diagramm übersichtlich darstellen. Dazu klicken Sie das Diagramm an, wählen die betreffende Datenreihe aus, führen einen Rechtsklick darauf aus und wählen den Befehl DATENREIHEN FORMATIEREN.

Im daraufhin eingeblendeten Dialogfeld aktivieren Sie die Option SEKUNDÄRACHSE – und die beiden Werte auf separaten Achsen. So behalten Sie beide Größen im Blick, ohne auf ein zweites Diagramm ausweichen zu müssen.

Einzelne Werte anzeigen

Möchten Sie Anteile in Prozent darstellen, eignet sich dafür sehr gut ein sogenanntes Tortendiagramm. In Excel wird dieser Diagrammtyp einfach als »Kreis« bezeichnet.

Um Prozente anzuzeigen, brauchen Sie nur eine Formatvorlage für Diagramme zu verwenden. Die Anteile werden automatisch prozentual angezeigt.

1. Wechseln Sie gegebenenfalls zur Registerkarte EINFÜGEN.
2. Wählen Sie über die Schaltfläche KREIS den 3D-Kreis.

3. Wechseln Sie zur Registerkarte DIAGRAMMTOOLS|LAYOUT.

4. Aktivieren Sie die FORMATVORLAGE 3 unter den Diagrammformatvorlagen.

Sie können die Daten aus dem Diagramm mehr nach außen »ziehen«. So sind auch kleinere Werte auf einen Blick besser zu erkennen. Dazu bewegen Sie die Maus auf eine Diagrammfläche (hier ist es ein Kreisausschnitt). Mit gedrückter linker Maustaste ziehen Sie die Anteile einfach nach außen (siehe Abbildung 14.2).

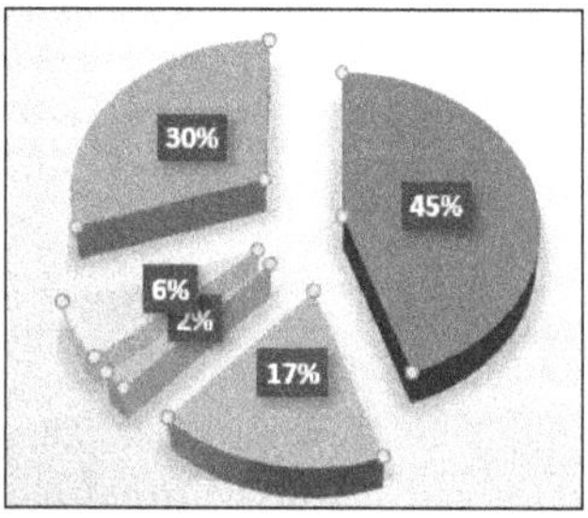

Abbildung 14.2: Anteile deutlich in Prozent dargestellt

Bunte Diagramme

Sie können für die einzelnen Elemente Farbvorlagen vergeben. »Bunt« lässt sich in diesem Buch natürlich schlecht darstellen!

1. Öffnen Sie in der Registerkarte FORMAT die Auswahl der DIAGRAMMFORMATVORLAGEN.
2. Wählen Sie eine Vorlage aus.
3. Aktivieren Sie die Zeichnungsfläche innerhalb eines Diagramms.
4. Wechseln Sie zur Registerkarte DIAGRAMMTOOLS/FORMAT.
5. Öffnen Sie die Auswahl bei FORMENARTEN.
6. Wählen Sie eine Formenart aus.
7. Aktivieren Sie das gesamte Diagramm.
8. Öffnen Sie über die Schaltfläche FÜLLEFFEKT die Auswahl.
9. Zeigen Sie mit dem Mauszeiger auf den Eintrag STRUKTUR.
10. Aktivieren Sie eine Struktur.

Selbst im Diagramm sein!

Sie können eigene Bilder in Ihr Diagramm einfügen. Was macht ein Diagramm persönlicher als ein eigenes, individuelles Bild?

1. Aktivieren Sie das entsprechende Diagrammelement.
2. In der Registerkarte FORMAT müssen Sie bei der Schaltfläche FÜLLEFFEKT die Auswahl öffnen.
3. Wählen Sie den Eintrag BILD.
4. Sie gelangen in das Dialogfeld GRAFIK EINFÜGEN.
5. Geben Sie bei SUCHEN IN den Ordner an, in dem Ihr Bild gespeichert ist.
6. Fügen Sie das Bild ein. Persönlicher geht es nimmer!

Stopp! Keine Unterbrechungen

Fehlt zum Beispiel in einem Liniendiagramm ein Wert in der Datenreihe, stürzt die Linie auf den Nullpunkt oder wird häufig sogar unterbrochen (siehe Abbildung 14.3).

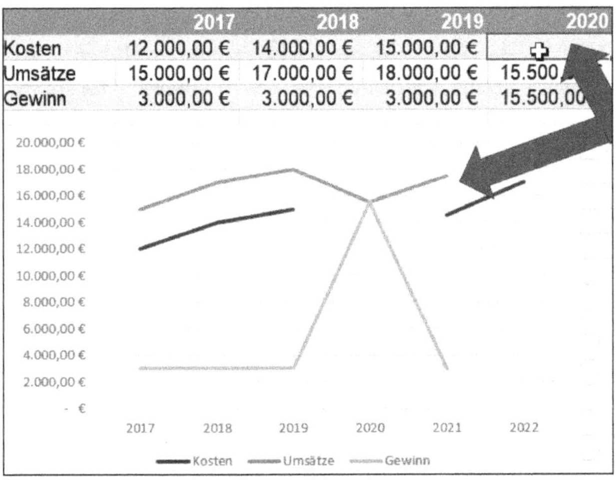

Abbildung 14.3: Kein Wert, keine Linie

1. Um das zu vermeiden, aktivieren Sie das Diagramm per Mausklick.
2. Holen Sie nun die Registerkarte DIAGRAMMTOOLS/ENTWURF in den Vordergrund.
3. Klicken Sie hier auf die Schaltfläche DATEN AUSWÄHLEN.
4. Im Dialog DATENQUELLE AUSWÄHLEN klicken Sie dann auf die Schaltfläche AUSGEBLENDETE UND LEERE ZELLEN (siehe Abbildung 14.4).

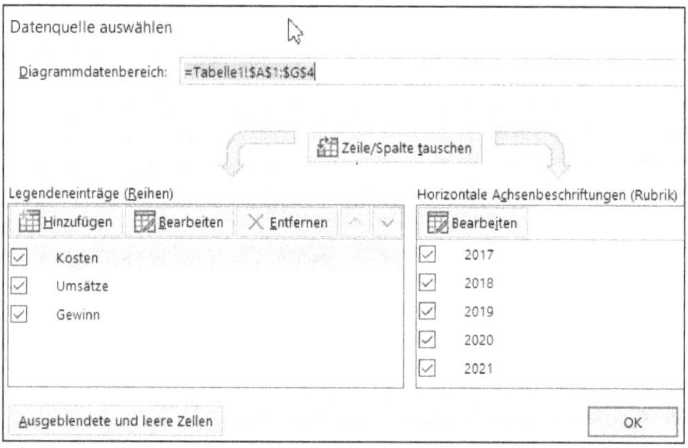

Abbildung 14.4: Die Daten schnell bearbeiten

Hier haben Sie die Wahl, die leeren Zellen als Lücken oder mit Nullen anzuzeigen und sogar störende Fehlermeldungen wie »#NV« zu unterdrücken (siehe Abbildung 14.5).

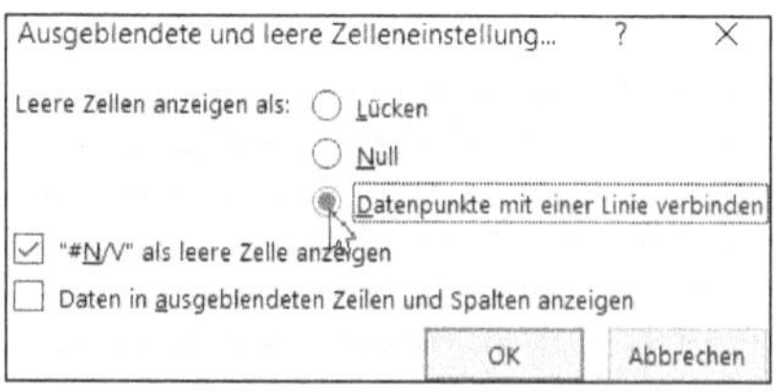

Abbildung 14.5: Datenlücken schließen

Ebenso lassen sich Daten aus ausgeblendeten Zeilen und Spalten einbinden. Wählen Sie hier den Befehl DATENPUNKTE MIT EINER LINIE VERBINDEN, erscheint die Linie ohne Unterbrechung (siehe Abbildung 14.6).

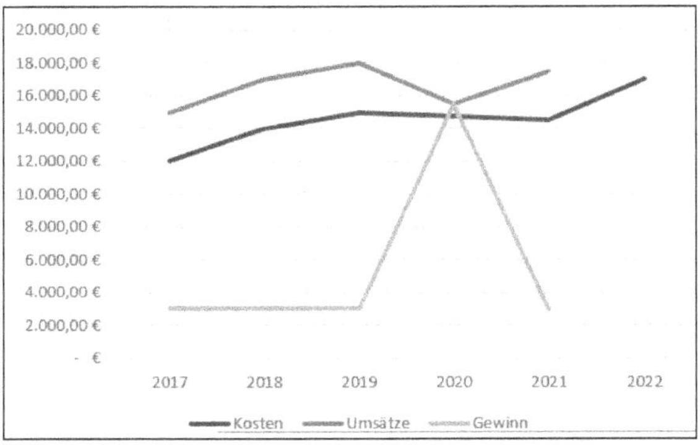

Abbildung 14.6: Die Lücke ist weg!

The Trend is your Friend

Mit nur wenigen Klicks fügen Sie in Excel eine Trendlinie zu Ihrem Diagramm hinzu – ideal, um Entwicklungen besser sichtbar zu machen. Ob linear, exponentiell oder als gleitender Durchschnitt: Trendlinien helfen dabei, Muster zu erkennen und Prognosen abzuleiten. Die Trendlinie ergänzt Ihre Daten optisch und inhaltlich.

Die Trendlinie in einem Diagramm ist eine grafische Darstellung eines allgemeinen Verlaufs, den Ihre Daten nehmen – also ein Trend. Sie hilft dabei, Entwicklungen, Muster oder Tendenzen in Zahlenreihen besser zu erkennen.

Ein paar Bedeutungen im Detail:

- ✔ **Linear**: Zeigt eine konstante Steigung – ideal, wenn sich Werte gleichmäßig erhöhen oder verringern. Beispiel: Ein Unternehmen steigert den Umsatz jeden Monat um 1.000 €.
- ✔ **Exponentiell**: Nutzt man, wenn Daten sich beschleunigend verändern – etwa bei schnellem Wachstum. Beispiel: Social-Media-Follower oder Zinseszins.
- ✔ **Gleitender Durchschnitt**: Glättet Kurven, um Schwankungen zu reduzieren – hilfreich bei zackigen Linien. Beispiel: Wöchentliche Verkaufszahlen mit Ausreißern (z. B. Feiertagen) wirken ruhiger.

Kurz gesagt: Trendlinien machen Daten leichter interpretierbar – und helfen Ihnen, frühzeitig Entwicklungen zu erkennen oder Vorhersagen zu treffen.

1. Klicken Sie ein Diagramm an, das eine Datenreihe mit zeitlichem Verlauf enthält.
2. Wählen Sie die Datenreihe durch Klick auf eine Linie oder Säule aus.
3. Klicken Sie rechts auf die Datenreihe.
4. Wählen Sie Trendlinie hinzufügen aus.
5. Wählen Sie den Trendtyp aus: Linear, Exponentiell oder Gleitender Durchschnitt.
6. Optional können Sie Formel im Diagramm anzeigen oder R^2-Wert anzeigen aktivieren.

Das steckt hinter den Optionen Formel im Diagramm anzeigen und R^2-Wert anzeigen:

Formel im Diagramm anzeigen:

Zeigt die mathematische Gleichung der Trendlinie direkt im Diagramm an – etwa $y = 2x + 5$. Damit können Sie Vorhersagen treffen oder die Logik des Trends nachvollziehen.

R^2-Wert anzeigen:

Der Bestimmtheitsmaß-Wert (R^2) zeigt, wie gut Ihre Trendlinie zu den Daten passt:

$R^2 = 1{,}00$: perfekte Übereinstimmung

$R^2 > 0{,}9$: sehr gute Näherung

$R^2 < 0{,}5$: eher ungeeignet

Je näher an 1, desto zuverlässiger ist die Linie für Prognosen.

KPI – Tempo für den Fortschritt

Ein KPI-Tacho ist eine visuelle Darstellung solcher Kennzahlen – ähnlich wie ein Geschwindigkeitsmesser im Auto. Man sieht auf einen Blick, wo man steht und wie viel noch »Luft nach oben« ist.

Ein KPI-Tacho lässt sich ganz einfach mit Zellwerten verknüpfen, sodass er sich automatisch aktualisiert, sobald sich die zugrunde liegenden Daten ändern.

1. Tragen Sie dazu einen aktuellen Wert, etwa »75«, in eine Zelle wie A1 ein.
2. In einer zweiten Zelle – zum Beispiel B1 – berechnen Sie den Restwert, also »=100-A1«.

Damit haben Sie zwei Werte, die zusammen genau 100 % ergeben. Diese beiden Zellen bilden die Grundlage für das Kreisdiagramm.

1. Markieren Sie die Zellen A1 und B1.
2. Fügen Sie über die Registerkarte Einfügen ein Ringdiagramm ein.
3. Nach dem Einfügen passen Sie das Diagramm visuell an:
4. Weisen Sie dem ersten Segment (etwa »75 %«) eine auffällige Farbe zu, zum Beispiel Grün.
5. Versehen Sie das zweite Segment (»25 %«) mit einer neutralen Farbe wie Grau oder stellen Sie es transparent dar.
6. Klicken Sie das Diagramm an und wählen Sie Datenreihen formatieren.
7. Drehen Sie den Startwinkel des Rings auf »180« oder »270« Grad.

Nun zeigt das Diagramm auf einen Blick den aktuellen Fortschritt.

Da die Werte im Diagramm direkt mit den Zellen A1 und B1 verknüpft sind, wird der Tacho bei jeder Änderung des Werts in A1 automatisch aktualisiert. So entsteht ein dynamisches Element, das sich perfekt für Dashboards eignet und wichtige Kennzahlen anschaulich darstellt – ohne dass Sie das Diagramm jedes Mal neu gestalten müssen.

Bunter Farbwechsel

Mit Farben lassen sich Dringlichkeit und Wichtigkeit einzelner Werte darstellen.

BEISPIEL

In diesem Beispiel geht es um die statistische Auswertung der Belastung der Luft in Großstädten mit Stickstoffdioxiden (siehe Abbildung 14.7).

B	C
Städte mit sicherer Überschreitung	Jahresmittelwert
Essen	41
Regensburg	41
Gießen	42
Halle (Saale)	43
Leonberg	43
Nürnberg	43
Augsburg	44
Hannover	44
Ludwigshafen am Rhein	44
Osnabrück	44
Limburg a.d. Lahn	45
Mannheim	45
Aachen	46
Gelsenkirchen	46
Leverkusen	46
Frankfurt am Main	47
Solingen	47
Hagen	48
Mainz	48
Tübingen	48
Berlin	49
Freiburg im Breisgau	49
Oberhausen	49
Oldenburg (Oldb)	49
Wuppertal	49
Dortmund	50
Wiesbaden	50
Ludwigsburg	51
Darmstadt	52
Heilbronn	55
Düsseldorf	56
Kiel	56
Hamburg	58
Reutlingen	60
Köln	62
Stuttgart	73
München	78

Abbildung 14.7: Beispieldaten für den Farbwechsel

1. Markieren Sie die Liste. Excel muss immer wissen, was formatiert werden soll.

Drücken Sie innerhalb einer Liste die Tasten Strg+A, ist der gesamte Zellbereich markiert. Ein weiteres Drücken der Taste A (also Strg+A A) markiert das gesamte Tabellenblatt.

2. Starten Sie über die BEDINGTE FORMATIERUNG den Befehl NEUE REGEL.

3. Geben Sie die 3-FARBEN-SKALA an.

4. Sie aktivieren in der Auswahl gegebenenfalls für das Minimum NIEDRIGSTER WERT und für das Maximum HÖCHSTER WERT.

5. Beim Mittelwert passen Sie noch das Quantil (50 oder 0.5 = Median) an und wählen für alle drei Auswertungen das passende Farbschema wie Grün, Gelb und Rot aus.

6. Mit Bestätigung durch die Schaltfläche OK erscheint ein Farbverlauf, der die Bedeutsamkeit der einzelnen Werte optisch darstellt (siehe Abbildung 14.8). Der Farbenwechsel zeigt die Bedeutung vom grünen bis zum roten Bereich der Werte an. Leider ist dieser im Buch schlecht darzustellen, aber am Monitor sieht es bunt aus!

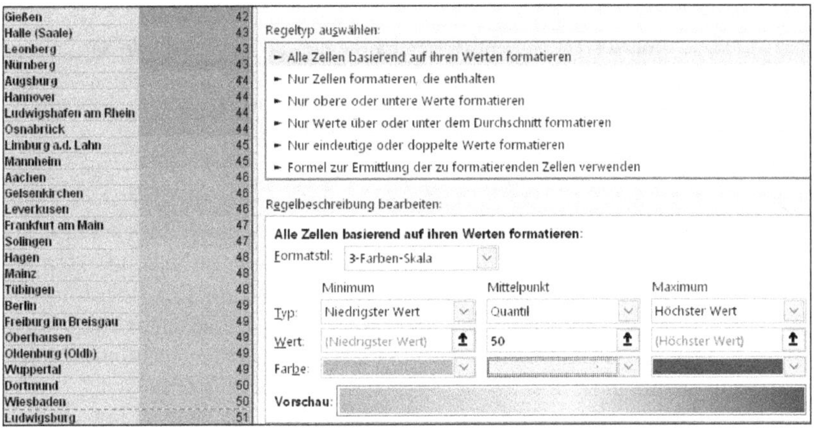

Abbildung 14.8: Der Farbwechsel – farbiger sieht es am Bildschirm aus!

KI als Diagrammgestalter

Die KI wird auch im Bereich Diagramme zu Ihrem persönlichen Design-Assistenten – für bessere Entscheidungen, klarere Visualisierungen und mehr Aha-Momente in Ihren Auswertungen.

Beim Erstellen und Gestalten von Diagrammen kann Künstliche Intelligenz eine enorme Hilfe sein. Wenn Sie sich unsicher sind, welcher Diagrammtyp sich am besten für Ihre Daten eignet, geben Sie einfach Ihre Fragestellung in ein KI-Tool wie ChatGPT ein.

Formulieren Sie zum Beispiel:

»Ich möchte Umsätze pro Monat und pro Produkt visualisieren – welches Diagramm ist dafür am besten geeignet?«

Die KI liefert Ihnen nicht nur passende Vorschläge (etwa gruppierte Säulen-, Liniendiagramme oder kombinierte Diagramme), sondern erklärt meist auch gleich, warum.

Auch bei der Formatierung ist KI hilfreich:

»Mein Kreisdiagramm ist unübersichtlich – wie kann ich die Werte besser darstellen?«

Sie erhalten konkrete Tipps wie das Herausziehen kleiner Segmente, das Umstellen der Reihenfolge oder das Verwenden von Farben mit hoher Kontrastwirkung.

Wenn Sie Dashboards erstellen, hilft die KI auch beim Feinschliff: Von der Tacho-Darstellung mit einem Ringdiagramm bis zur geschickten Platzierung und Kombination mehrerer Diagramme – alles lässt sich über eine kurze Frage an die KI schneller klären.

Ein **Dashboard** in Excel ist eine kompakte, visuelle Übersicht wichtiger Kennzahlen und Diagramme – alles auf einen Blick. Es hilft Ihnen, Entwicklungen zu erkennen, Vergleiche zu ziehen und Entscheidungen schneller zu treffen. Besonders praktisch: Dashboards lassen sich interaktiv gestalten und passen sich automatisch an, wenn sich die Daten ändern. Ideal für Projektstatus, Umsatzzahlen oder andere Auswertungen.

IN DIESEM KAPITEL

lernen Sie die Vielfältigkeit der bedingten Formatierung kennen.

markieren Sie bunt.

werden Fehler in Farbe angezeigt.

Kapitel 15
Beste Bedingungen

Das Auge »excelt« mit. Sie können sich bestimmte Werte innerhalb einer Liste anzeigen lassen. In der Registerkarte START können Sie bedingte Formatierungen angeben.

Neben einfachen Darstellungsformen wie Datenbalken und Symbolen können Sie eigene Formatierungsregeln angeben. Trifft also eine Bedingung zu, wird die Formatierung ausgeführt. Die Möglichkeiten sind vielfältig. Sie müssen die Zellen markieren, um bedingte Formatierungen durchzuführen.

Bereits beim Markieren erscheint eine Schaltfläche. Bewegen Sie den Mauszeiger darauf, öffnet sich ein Menü. Hier können Sie die bedingte Formatierung ausführen.

Allerdings können Sie dabei nur die Formatierungen ausführen und keine eigenen Regeln aufstellen.

Der längere Weg ist der über die Registerkarte START, indem Sie auf die Schaltfläche BEDINGTE FORMATIERUNG klicken.

Die Auswirkungen erkennen Sie bereits in der Vorschau. Sie brauchen also nichts zu aktivieren, sondern bewegen den Mauszeiger nur auf die jeweiligen Einträge. Die Vorschau zeigt Ihnen die Ergebnisse an.

Bedingte Formate gehören zu den besonders nützlichen Excel-Werkzeugen. Sie können verschiedene Symbole angeben, wenn bestimmte Bedingungen für Zellen zutreffen. Das sieht optisch richtig ansprechend aus! Wenn sich die Zahlen ändern, werden die Symbole sofort angepasst.

1. Markieren Sie die gesamte Liste.
2. Klicken Sie auf die Schaltfläche BEDINGTE FORMATIERUNG in der Registerkarte START.
3. Zeigen Sie anschließend mit dem Mauszeiger auf den Eintrag SYMBOLSÄTZE.

Auch hier ist die Vorschau ein großer Vorteil! Sie erkennen die Auswirkungen, bevor Sie sich entscheiden, etwas zu aktivieren.

Sie können hier Pfeile, Ampelzeichen oder Fähnchen in den entsprechenden Farben wählen.

Sie können auch selbst festlegen, wann welches Symbol zutreffen soll. Wählen Sie dazu den Eintrag WEITERE REGELN.

Die Möglichkeiten sind hier vielfältig. Wählen Sie einen Formatstil und eine Symbolart aus.

Die Kombinationen von Formeln lassen sich auch in der bedingten Formatierung nutzen. Eine Vielzahl von Kombinationen aus Formeln und Funktionen machen Auswertungen und Präsentationen wesentlich effektiver und vor allem mit einem Blick deutlicher.

Hier geben Sie an, wann welches Symbol zutreffen soll, indem Sie die Werte in Bereiche einteilen. Wichtig! Wählen Sie als Typ jeweils ZAHL. Sobald Sie mit OK bestätigen, werden die Symbole für Ihre Liste übernommen.

Sie können Balken zur optischen Auswertung verwenden, ohne dass bedingte Formatierungen, Sparklines oder sogar Diagramme zum direkten Einsatz kommen. Geben Sie hier zum Beispiel die folgende Formel mit einem großgeschriebenen »I« ein: `=WIEDERHOLEN("I";D7)`.

Fügen Sie einen Multiplikator hinzu, passen Sie die Ausdehnung der Balken an: `=WIEDERHOLEN("I";D7*0,5)`.

Wozu noch rechnen?

Die bedingte Formatierung können Sie natürlich variieren, so wie Sie es möchten. Anhand von zwei Beispielen soll das erklärt werden. Zunächst sollen die Zellen, die über den Durchschnitt liegen, farblich hervorgehoben werden.

Dazu brauchen Sie den Durchschnitt nicht zu ermitteln! Das macht Excel von selbst. Nach einem Mausklick auf die Schaltfläche BEDINGTE FORMATIERUNG zeigen Sie mit dem Mauszeiger auf den Eintrag Obere/untere Regeln. Geben Sie hier Über den Durchschnitt an.

Anschließend wählen Sie aus, wie und in welcher Farbe die entsprechenden Zellen hervorgehoben werden sollen.

Über die Angabe Benutzerdefiniertes Format können Sie die Darstellung Ihren Wünschen noch mehr anpassen.

Es gibt viele Möglichkeiten, Regeln für Zellen aufzustellen, und Excel hält sich auch immer an diese Regeln!

Im nächsten Beispiel soll der höchste Wert für einen Zellbereich angezeigt werden. Viele Wege führen nach Rom – genau wie die Wege zum Maximum.

Diesmal wählen Sie über den Eintrag Obere/untere Regeln die Angabe Obere 10 Elemente.

Die Anzahl der oberen Elemente können Sie per Hand selbst einstellen. Stellen Sie die »1« ein, wird das Maximum der markierten Zellen farblich hervorgehoben.

Aber »viele Wege führen bekanntlich nach Rom« – so auch hier zu einer bedingten Formatierung in Excel.

Geben Sie den Eintrag Neue Regel an und wählen Sie Nur obere oder untere Werte formatieren aus.

Hier legen Sie ebenfalls die Anzahl der oberen und unteren Werte jeweils fest, indem Sie für das Maximum oder Minimum wieder die »1« aktivieren. Dabei können Sie die Angaben ebenfalls in Prozent notieren. Vergeben Sie eine Formatierung und bestätigen Sie. Die bedingte Formatierung wird in den jeweiligen Zellen ausgeführt.

Möchten Sie mehr als eine Formatierung angeben, wiederholen Sie die Befehlsreihenfolge und wählen die Formatierung neu aus.

BEISPIEL

Die Funktionen der bedingten Formatierung lassen sich extrem vielseitig einsetzen. In der Praxis können Sie so bedeutende Abweichungen schnell analysieren. Besonders im Controlling ist es sehr nützlich, starke Abweichungen rasch zu erkennen und darauf zu reagieren. Ändern sich die Zellinhalte, wird die Formatierung entsprechend dynamisch angepasst.

Seit Excel 2013 steht Ihnen zusätzlich die Schaltfläche Schnellanalyse zur Verfügung, die rasch zu den bedingten Formaten führt. Sie erscheint, sobald Sie einen Zellbereich markiert haben.

Stört Sie in der Handhabung das permanente Einblenden dieser Schaltfläche, können Sie die Anzeige in den Einstellungen (Alt+D+O) unter ANZEIGEN|BENUTZEROBERFLÄCHENOPTIONEN dauerhaft ausblenden.

Eigene Regeln aufstellen

Sie können Regeln natürlich auch miteinander kombinieren. Bis jetzt wurden die Ergebnisse immer in einer Spalte angezeigt. Möchten Sie »alles in einem«, indem komplette Datensätze beziehungsweise ganze dazugehörige Zeilen hervorgehoben werden, markieren Sie die gesamte Liste (siehe Abbildung 15.1).

	A	B
1	Filialen	Umsätze
2	Aachen	24.000
3	Augsburg	25.000
4	Bamberg	22.500
5	Berlin	23.000
6	Bremen	24.000
7	Dresden	25.000
8	Duisburg	26.000
9	Essen	28.000
10	Frankfurt	19.000
11	Hamburg	25.000
12	Hannover	32.000
13	Kassel	22.000
14	Köln	12.000
15	Leipzig	23.000
16	München	29.000
17	Nürnberg	25.000
18	Regensburg	23.000
19	Schwerin	28.000
20	Siegen	15.000
21	Stuttgart	14.000
22	Wismar	22.000
23		

Abbildung 15.1: Beispielliste - hier wird der höchste Umsatz gesucht!

1. Aktivieren Sie unter NEUE REGEL den Eintrag FORMELN ZUR ERMITTLUNG DER ZU FORMATIERENDEN ZELLEN VERWENDEN.
2. Setzen Sie ein $-Zeichen vor die Zeile oder Spalte des Bezugs, wird die gesamte Zeile beziehungsweise Spalte berücksichtigt.
3. In diesem Beispiel stehen die kompletten Umsätze in der Spalte B. Der erste Eintrag der markierten Liste wird im Beispiel in der Zelle B1 aufgeführt.
4. In das Eingabefeld geben Sie die folgende Formel ein: `=MAX($B:$B)=$B1`.
5. Wählen Sie ein Format aus und bestätigen Sie.

Dadurch, dass Sie zuvor die gesamte Liste markiert haben, wird der komplette Datensatz hervorgehoben (siehe Abbildung 15.2).

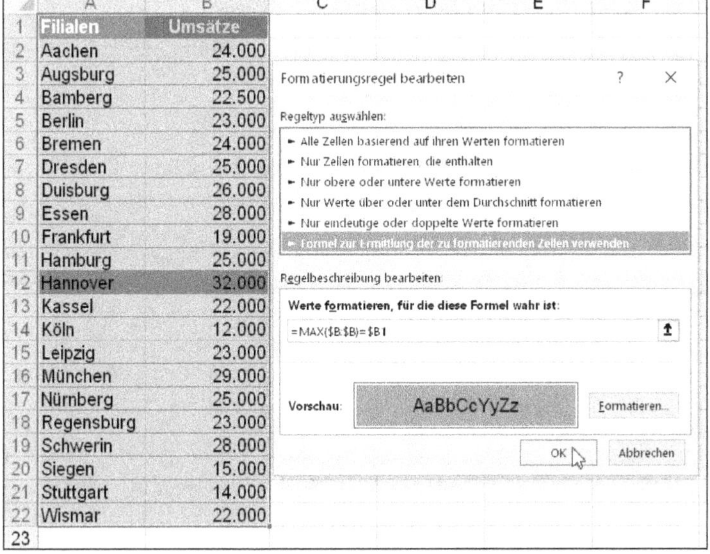

Abbildung 15.2: Die komplette Zeile innerhalb der Liste wird hervorgehoben.

Stellen Sie Ihre eigenen, weiteren Regeln auf. Legen Sie fest, wie und wann formatiert wird.

Sie möchten, dass eine bedingte Formatierung nur dann greift, wenn in einer bestimmten Zelle (zum Beispiel A1) ein bestimmter Text wie »JA« steht – und gleichzeitig z. B. ein Umsatz in Zelle B1 über 1.000 € liegt.

Formel für die bedingte Formatierung: `=UND(A1="JA";B1>1000)`

Sie können das ganze Spektrum sämtlicher Ihnen bekannter Formel- und Funktionstechniken nutzen.

So können Sie mit den Funktionen `=KGRÖSSTE($B:$B;1)=$B1` oder `=KKLEINSTE($B:$B;1)=$B"` arbeiten. Damit lassen sich nicht nur der beste und/oder schlechteste Wert (1) ermitteln, sondern auch Reihenfolgen. Für den zweitbesten Wert folgt die 2 und so weiter. Als zweites Argument können Sie auch eine Zelle angeben.

Die unterschiedlichsten Regeln führen zu den vielseitigsten Hervorhebungen. Mit dieser Formel markieren Sie den letzten Eintrag einer Liste in einer gesamten Zeile: `=ANZAHL2($A:$A)=ZEILE(A1)`.

Nix doppeln!

Das Suchen in Listen nach doppelten Einträgen kann manchmal sehr zeitaufreibend und nervend sein. Seien wir doch mal ehrlich, es ist manchmal schwer, Veränderungen auf den ersten Blick zu erkennen. Dabei übersieht man hier leicht etwas! Was hat sich hier, was hat sich jetzt dort verändert?

Möchten Sie auf einem Blick alles doppelt sehen? Dabei können Sie auch ein noch leeres Tabellenblatt mit der bedingten Formatierung versehen. Erst wenn Sie die entsprechenden Eingaben tätigen, kommt diese zum sofortigen Einsatz.

Die doppelten Werte einer Spalte können Sie sich unter den REGELN ZUM HERVORHEBEN VON ZELLEN mit der Angabe DOPPELTE WERTE anzeigen lassen. Das Gleiche gilt für DATUM.

Als Alternative dazu können Sie die folgende Regel verwenden (siehe Abbildung 15.3): `=ZÄHLENWENN($A$1:$D$10;A1)>1`.

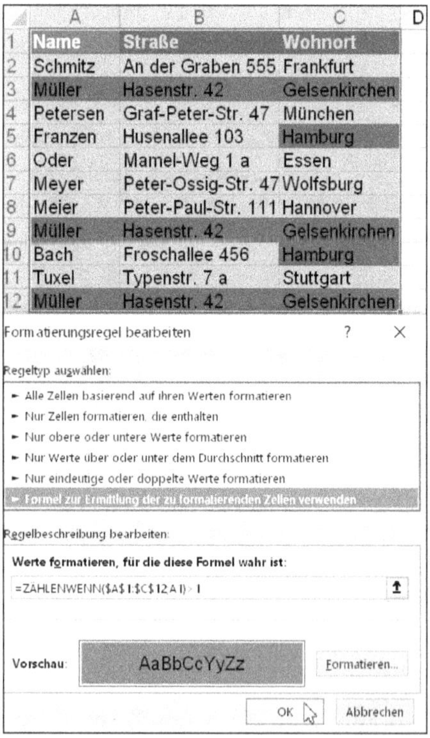

Abbildung 15.3: Alle doppelten Angaben werden angezeigt.

Dabei können Sie die Möglichkeiten der bunten Anzeige noch weiterführen. In einer oder zwei Spalten sollen zum Beispiel nur alle Duplikate markiert werden (siehe Abbildung 15.4). Die Originale sollen jedoch nicht formatiert werden. Das erzielen Sie mit der Formel: `=SUMMENPRODUKT(($E$1:$E1=$E1)*($F$1:$F1=$F1))>1`.

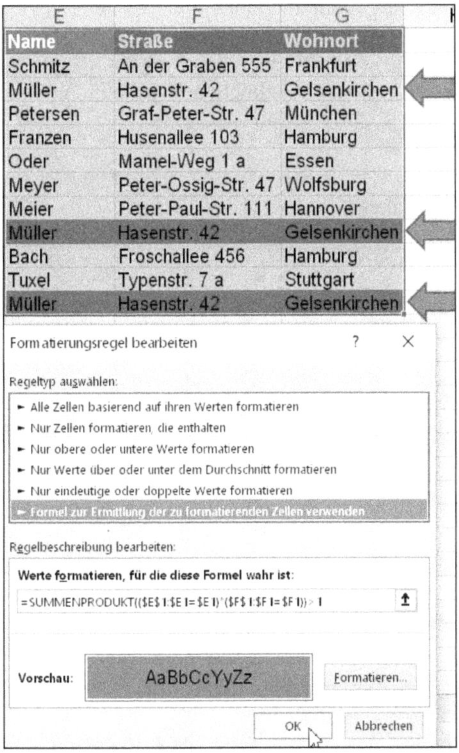

Abbildung 15.4: Duplikate werden markiert.

Die Angabe `>1` können Sie variieren. Bei `>2` wird zum Beispiel erst ab dem dritten, gleichen Datensatz markiert.

Möchten Sie die Duplikate nicht farblich hervorheben, sondern gleich durchstreichen, holen Sie über die Schaltfläche FORMATIEREN die Registerkarte SCHRIFT in den Vordergrund. Wählen Sie hier als Formatierung DURCHGESTRICHEN aus.

Möchten Sie dagegen auf die bedingte Formatierung verzichten und in den Zellen der Tabelle die Angaben einzeln durchstreichen, erledigen Sie das schnell über die Tasten [Strg]+[5]. Dabei können Sie die [Strg]-Taste auch für andere Formatierungen nutzen. Sie drücken die [2] für fett, die [3] für kursiv und die [4], wenn Sie unterstreichen möchten.

Von Blatt zu Blatt

Änderungen lassen sich tabellenblattübergreifend rasch erkennen. Seit der Excel-Version 2010 sind Listen auf unterschiedlichen Tabellenblättern mithilfe der bedingten Formatierung direkt vergleichbar.

In diesem Beispiel stehen zwei identische Listen auf jeweils einem separaten Tabellenblatt. Markieren Sie die erste zu vergleichende Tabelle. Sie starten die bedingte Formatierung und geben Neue Regel an.

Wählen Sie Formeln zur Ermittlung von formatierenden Zellen verwenden. Geben Sie die Formel `=A1<>Tabelle2!A1` ein.

Aktivieren Sie noch die Formatierung und bestätigen Sie über OK.

Jede nicht identische Zelle der Listen wird auf dem ersten Tabellenblatt farblich angezeigt!

Sie verwalten und löschen Regeln wieder über die Schaltfläche Bedingte Formatierung. Hier geben Sie den Befehl Regeln löschen an. Dabei haben Sie die Wahl zwischen dem gesamten Tabellenblatt oder dem markierten Zellbereich.

Bunte Zeiten

Bestimmte Datumswerte lassen sich in Listen leicht anzeigen. Dazu starten Sie unter Regel zum Hervorheben von Zellen den Eintrag Datum. Hier finden Sie eine Auswahl für Tage, Wochen und Monate.

Möchten Sie dazu eigene Regeln aufstellen, tippen Sie zum Beispiel: `=B2=HEUTE()`.

So können Sie Zeiten, die noch in der Zukunft liegen, in Grün mit der Formel `=B2>HEUTE()` markieren.

BEISPIEL

Fällige Rechnungen können Sie leicht über die bedingte Formatierung hervorheben.

Die folgende Formel vergleicht das Rechnungsdatum in der Spalte C mit dem aktuellen Datum. Sie zeigt für eine nicht bezahlte Rechnung mit einer Fälligkeit von über 30 Tagen eine Mahnung mit der Farbe Rot an: `=(HEUTE()-C1>30)`.

Möchten Sie bei Datumsangaben, dass Samstage und Sonntage farblich hervorgehoben werden (siehe Abbildung 15.5), stellen Sie die folgende Regel auf:

```
=WOCHENTAG($A2:$A26;2)>5
```

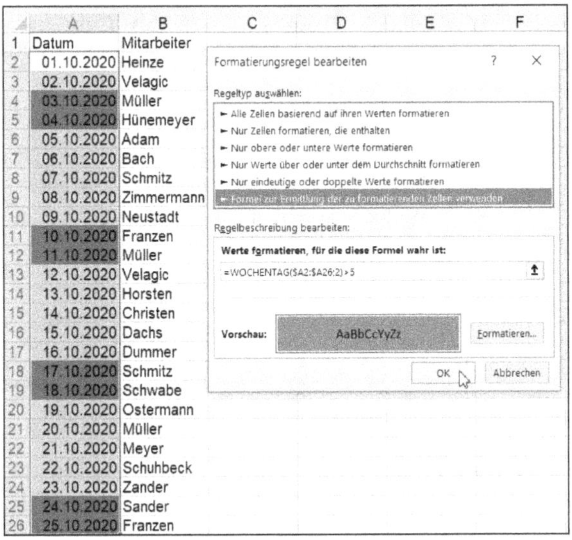

Abbildung 15.5: Schnelle Wochenendplanung

Möchten Sie sich die beiden Wochenendtage einzeln anzeigen lassen, geben Sie diese Formel als Beispiel für den Samstag ein: `=WOCHENTAG($A2:$A26;2)=6`.

Für die Sonntage ändern Sie einfach die Zahl im Argument zu einer 7 um.

Texte statt Farben

Sie können Zellen auch mit Texten füllen, die sich permanent wiederholen. Das spart Zeit!

Markieren Sie wiederum den entsprechenden Zellbereich. Erstellen Sie eine neue Regel mit der Angabe `Nur Zellen formatieren, die enthalten`.

BEISPIEL

Bei einem Lieferanten soll ein Produkt rechtzeitig nachbestellt werden, sobald ein bestimmter Lagerbestand (hier 10 Stück) erreicht ist.

1. Legen Sie fest: `Zellwert kleiner oder gleich 10`.
2. Klicken Sie auf die Schaltfläche FORMATIEREN.
3. Holen Sie die Registerkarte ZAHLEN in den Vordergrund.
4. Wählen Sie hier BENUTZERDEFINIERT.

5. Geben Sie im Textfeld zum Beispiel in Anführungszeichen ein: `"Achtung! Nachbestellen!"`.

6. Bestätigen Sie jeweils über die Schaltfläche OK.

BEISPIEL

Sobald der Mindestbestand-Lagerbestand von 10 Stück bei einem Produkt erreicht ist, erscheint der Text in den entsprechenden Zellen.

Entsprechend der Textlänge muss gegebenenfalls noch die Spaltenbreite ausgerichtet werden. Ein Doppelklick auf die Trennlinie der Spaltennamen passt diese automatisch an.

Keine Ausreißer mehr

Extremwerte fallen mithilfe der bedingten Formatierung sofort ins Auge.

BEISPIEL

Die Umsätze der Jahreshälften sollen schnell miteinander verglichen werden. In einer Extra-Spalte werden dazu die grafischen Auswertungen der bedingten Formatierung zusätzlich aufgeführt (siehe Abbildung 15.6).

Filialen	1. Jahreshälfte Umsätze	2. Jahreshälfte Umsätze	Abweichungen
Aachen	22.000	24.000	2.000
Augsburg	22.500	25.000	2.500
Bamberg	24.300	22.500	-1.800
Berlin	28.500	23.000	-5.500
Bremen	22.800	24.000	1.200
Dresden	34.000	25.000	-9.000
Duisburg	29.500	26.000	-3.500
Essen	17.200	28.000	10.800
Frankfurt	18.900	19.000	100
Hamburg	34.000	25.000	-9.000
Hannover	32.000	27.000	-5.000
Kassel	21.000	22.000	1.000
Köln	25.000	12.000	-13.000
Leipzig	27.500	23.000	-4.500
München	19.800	29.000	9.200
Nürnberg	17.500	25.000	7.500
Regensburg	23.800	23.000	-800
Schwerin	23.000	28.000	5.000
Siegen	14.000	15.000	1.000
Stuttgart	17.000	14.000	-3.000
Wismar	24.000	22.000	-2.000

Abbildung 15.6: Die Abweichungen sollen grafisch dargestellt werden.

1. Kopieren Sie die entsprechende Spalte. Belassen Sie den Zellbereich markiert.
2. Klicken Sie auf die Schaltfläche BEDINGTE FORMATIERUNG.
3. Wählen Sie über DATENBALKEN zum Beispiel die Formatierung GRÜNER DATENBALKEN.

   Hier werden positive Abweichungen in Grün und negative in Rot angezeigt.
4. Starten Sie noch unter Datenbalken den Eintrag WEITERE REGELN.
5. Aktivieren Sie im Bereich ALLE ZELLEN BASIEREND AUF IHREN WERTEN FORMATIEREN: die Angabe NUR BALKEN ANZEIGEN (siehe Abbildung 15.7).

   Dadurch blenden Sie die Werte im markierten Zellbereich aus, und nur die gewünschte Formatierung bleibt bestehen.

Abbildung 15.7: Die Regel aufstellen

6. Schalten Sie noch die Farbe beispielsweise auf Grün um und bestätigen Sie über die Schaltfläche OK.

Das Auge analysiert mit. Die Abweichungen sind deutlich auf einen Blick erkennbar. Nur die Farben in diesem Buch leider nicht (siehe Abbildung 15.8)!

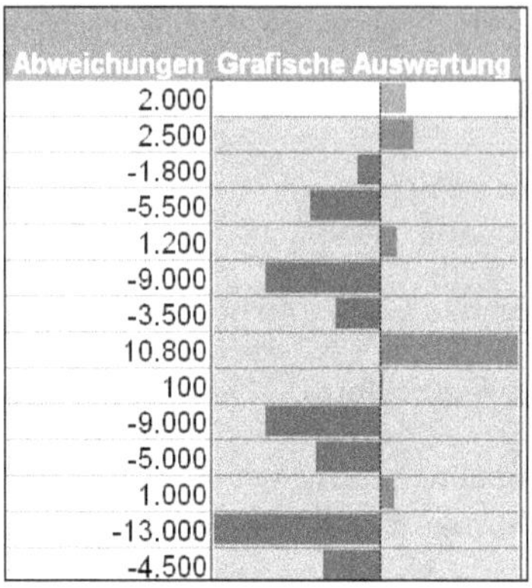

Abbildung 15.8: Links die Zahlen, rechts die optischen Auswertungen dazu

Fehler markieren

Mithilfe der Funktion `=ISTFEHLER(Wert)` können Sie die Fehlermeldung im Tabellenblatt farblich hervorheben oder durch die Farbe Weiß (Weiß auf Weiß) »überstreichen«, also ganz verschwinden lassen.

1. Starten Sie dazu über START|BEDINGTE FORMATIERUNG das Dialogfeld NEUE REGEL und geben Sie FORMEL ZUR ERMITTLUNG DER ZU FORMATIERENDEN ZELLEN VERWENDEN an.
2. Geben Sie die Funktion `=ISTFEHLER()` mit dem entsprechenden Zellbereich an.
3. Über die Schaltfläche FORMATIEREN legen Sie in der Registerkarte AUSFÜLLEN die entsprechende Farbe fest.

KI als Regel-Helfer

Künstliche Intelligenz kann Sie bei der bedingten Formatierung auf vielfältige Weise unterstützen – besonders dann, wenn Sie komplexere Logik formulieren oder neue Darstellungsformen entdecken möchten.

Mit KI steht Ihnen ein persönlicher Excel-Coach zur Seite, der Ihnen bei der Entwicklung, Erklärung und Optimierung von Regeln zur Seite steht – jederzeit, interaktiv und auf Ihr konkretes Problem bezogen. Ideal für alle, die schneller zum Ziel kommen wollen – ganz ohne Formelstress.

So können Sie etwa die Formel einer Regel einfach in ein KI-Tool wie ChatGPT eingeben und fragen:

»Was macht diese Regel?«

Oder

»Wie kann ich diese Bedingung verbessern?«

Die KI liefert Ihnen eine verständliche Erklärung – oft sogar mit passenden Anwendungsbeispielen.

Auch die Entwicklung neuer Regeln funktioniert hervorragend in natürlicher Sprache: Statt sich mit Syntax und Zellbezügen abzumühen, formulieren Sie einfach:

»Markieren Sie alle Umsätze über 1.000 Euro, wenn der Status »Nicht bezahlt« ist.«

Die KI gibt Ihnen sofort die passende Formel zurück – zum Beispiel:

```
=UND(B2>1000;C2="Nicht bezahlt")
```

Darüber hinaus hilft KI dabei, alternative Regeln zu entwickeln, etwa zur Hervorhebung von Wochenenden, Duplikaten oder bestimmten Datumswerten. Fragen Sie einfach:

»Wie markiere ich alle Samstage in meiner Liste?« – und schon erhalten Sie eine passende Formel wie =WOCHENTAG(A2;2)=6.

IN DIESEM KAPITEL

verknüpfen Sie Word und Excel.

werden Sie dynamisch.

exportieren Sie.

Kapitel 16
Feste Verbindungen eingehen

Sie können Ihre Tabellen beziehungsweise Listen kopieren und in Programme wie Word einfügen. Auf die gleiche Art können Sie auch Diagramme verknüpfen.

Dynamische Verbindungen

Wenn Sie Daten einfügen, werden diese als ganz normale Tabelle eingefügt. Ändern Sie die Daten in Excel, werden diese in Word nicht angepasst.

Durch die Verknüpfung ändern Sie das. Erneuern Sie die Daten in Excel, passen sich die Angaben in Word automatisch an. Das funktioniert auch mit PowerPoint.

1. Markieren und kopieren Sie in Excel Ihre Tabelle.
2. Öffnen Sie zum Beispiel das Programm Word.
3. Öffnen Sie in der Registerkarte START (Alt+R) die Auswahl der Schaltfläche EINFÜGEN.

Sie haben nun zwei Schaltflächen, die Sie verwenden können. Möchten Sie die Formatierung aus Excel beibehalten, wählen Sie VERKNÜPFEN UND URSPRÜNGLICHE FORMATIERUNG BEIBEHALTEN (siehe Abbildung 16.1).

Abbildung 16.1: Formatierung beibehalten

Möchten Sie dagegen die Formatierung aus Excel nicht übernehmen, geben Sie VERKNÜPFEN UND ZIELFORMATVORLAGEN VERWENDEN an (siehe Abbildung 16.2).

Gleichgültig, wie Sie sich entscheiden, wichtig ist das Verknüpfen.

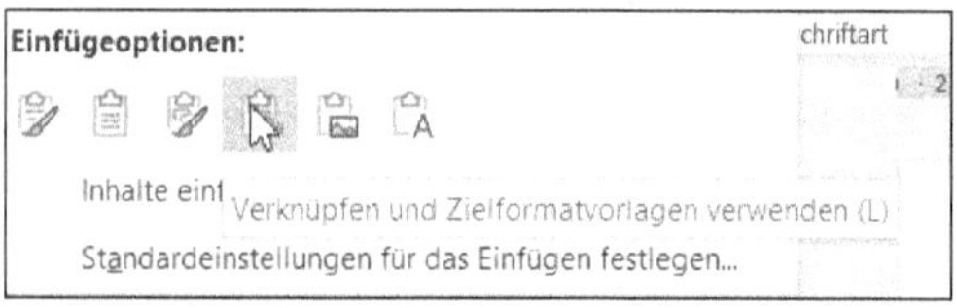

Abbildung 16.2: Ohne Formatierung einfügen

Sie haben noch eine weitere Möglichkeit, um Tabellen aus Excel in Word zu verknüpfen.

1. Öffnen Sie wieder die Auswahl der Schaltfläche EINFÜGEN.
2. Geben Sie hier INHALTE EINFÜGEN an.
3. Aktivieren Sie VERKNÜPFUNG EINFÜGEN (siehe Abbildung 16.3).
4. Wählen Sie bei ALS: die Angabe MICROSOFT EXCEL-ARBEITSMAPPE-OBJEKT aus.

   Sie können in das Word-Dokument auch die Excel-Arbeitsmappe als Symbol platzieren. Ein Mausklick auf das Symbol öffnet die entsprechende Arbeitsmappe.

Gleichgültig, für welche Möglichkeit Sie sich entschieden haben – Excel und Word sind jetzt miteinander verbunden.

Beachten Sie, dass die Funktion in Excel noch aktiv ist. Wechseln Sie zu Excel und drücken Sie beispielsweise die Esc-Taste.

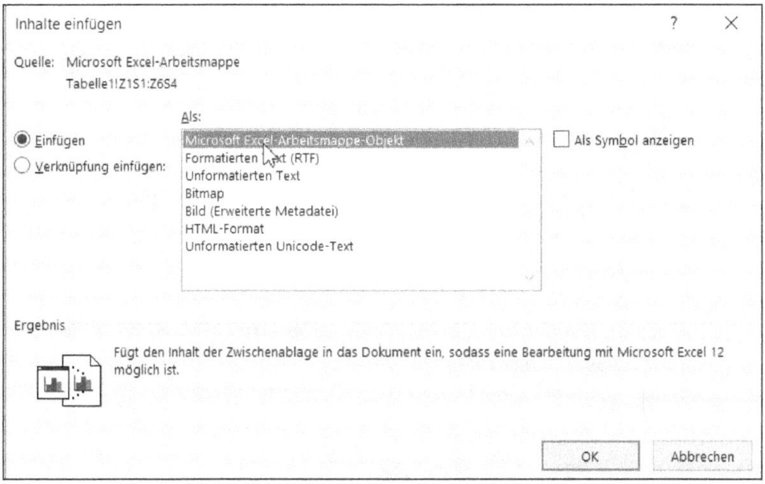

Abbildung 16.3: Inhalte verknüpfen

Wenn Sie jetzt die Daten in der Excel-Tabelle ändern, passen sich die Daten automatisch im Word-Dokument an, auch ohne dass es geöffnet wird. Ist das nicht super?

Klicken Sie in Word in die Tabelle, werden die Inhalte der Zellen grau hinterlegt. Hier sind also Felder, die sich aktualisieren (siehe Abbildung 16.4).

	1. Jahreshälfte	2. Jahreshälfte	
Filialen	**Umsätze**	**Umsätze**	**Abweichungen**
Aachen	22.000	24.000	2.000
Augsburg	22.500	25.000	2.500
Bamberg	24.300	22.500	-1.800
Berlin	28.500	23.000	-5.500

Abbildung 16.4: Dynamische Felder in Word

Wenn Sie die Tasten Alt+F9 drücken, erkennen Sie im Dokument den Weg der Verbindung zu Excel. Mit einem erneuten Drücken geht die Darstellung wieder zurück.

Die Excel-Datei sollte gespeichert sein, denn die Verknüpfung bezieht sich immer auf die aktuelle Arbeitsmappe. Der Speicherort darf daher nicht geändert werden. Möchten Sie die Aktualisierung über die Verknüpfung wieder aufheben, wählen Sie unter DATEI|INFORMATIONEN die Schaltfläche VERKNÜPFUNGEN MIT DATEIEN BEARBEITEN.

Wenn Sie eine verknüpfte Word-Datei als PDF speichern, werden die zum Zeitpunkt des Speicherns aktuellen Excel-Werte übernommen – danach ist die Verbindung gekappt.

KI-Hilfe: Fehlermeldung bei Verknüpfungen?

Kommt in Word statt der Tabelle nur ein Fehlercode wie »#BEZUG!«, fragen Sie die KI direkt:

»Was bedeutet dieser Fehler in der Excel-Verknüpfung in Word?«

Sie erhalten nicht nur die Erklärung, sondern oft auch die Lösung – inklusive Speicherpfad-Tipps.

Transfer nach Outlook

Daten müssen auch nicht in Excel explizit eingegeben werden. Sie können auch von anderen Programmen importiert werden. Ein typisches Programm dazu ist natürlich Microsoft Outlook.

Möchten Sie von dort aus exportieren, starten Sie hier den Import-Export-Assistenten. Diesen finden Sie unter Datei und Öffnen und Exportieren.

Abhängig davon, ob Sie Daten im- oder exportieren möchten, geben Sie die entsprechenden Schritte an.

Zum Exportieren (also den Datentransfer nach Excel) wandeln Sie die Datei einfach in eine CSV-Datei um. Sie sollten dabei »Kommagetrennte Werte« angeben, damit später in Excel die Daten korrekt in Spalten übertragen werden. In Excel öffnen Sie wiederum diese CSV-Datei.

Möchten Sie dagegen Ihre Daten von Excel nach Outlook übertragen, speichern Sie die Arbeitsmappe einfach als Dateityp »CSV (Trennzeichen-getrennt)« ab.

wechseln Sie das Minuszeichen.

bügeln Sie Fehler aus.

wechseln Sie einfach die Seiten.

Kapitel 17
Tohuwabohu bei SAP & Co.

Da kann es einem glatt die Sprache verschlagen, wenn Texte in Excel importiert werden. Schicken Sie Daten aus einem anderen Anwenderprogramm, kann viel passieren, und es entsteht bisweilen ein ziemliches Durcheinander. Dann beginnt das große Reinemachen. So wimmelt es zum Beispiel nur so von überflüssigen Leerzeichen. Bringen Sie hier mit den entsprechenden Funktionen alles wieder ins Lot.

Kein Platz für Leerzellen

Manchmal sieht alles auf den ersten Blick sauber aus – doch der Schein trügt. Nach einem Datenimport schleichen sich oft unsichtbare Leerzellen zwischen die Einträge. Diese können zu fehlerhaften Berechnungen, Sortierproblemen oder unerwarteten Lücken führen. Damit Sie diese Zellen nicht mühsam einzeln aufspüren müssen, bietet Excel eine praktische Funktion, um gezielt alle Leerzellen zu markieren.

1. Wählen Sie das Menüband START.
2. Klicken Sie ganz rechts in der Gruppe BEARBEITEN auf die Schaltfläche SUCHEN UND AUSWÄHLEN.
3. Wählen Sie den Befehl GEHE ZU INHALTE aus.
4. Im erscheinenden Dialogfeld aktivieren Sie die Option LEERZELLEN.
5. Bestätigen Sie mit OK.

Excel markiert nun alle leeren Zellen im gewählten Bereich.

Diese können Sie löschen, entweder durch Drücken der Entf-Taste oder per Rechtsklick mit der Option Zellen löschen, wobei Sie beispielsweise den Befehl Zellen nach oben verschieben auswählen können, um entstandene Lücken zu schließen.

Wenn Zahlen aus einem anderen System importiert wurden, enthalten sie manchmal ein Leerzeichen als Tausendertrennzeichen, zum Beispiel »1 234,56«. Excel erkennt diesen Wert nicht als Zahl und meldet einen Fehler. Abhilfe schafft hier die Funktion =WECHSELN(A1;" ";""), mit der das Leerzeichen entfernt wird. Anschließend können Sie die bereinigte Zeichenfolge mit =WERT() in eine rechenfähige Zahl umwandeln.

Falsche Minuszeichen

Man sollte nicht immer alles so negativ sehen! Einige externe Systeme – zum Beispiel SAP – stellen in der Praxis aus optischen Gründen Zahlen mit einem Minuszeichen rechts dar. Bei einem Datenimport interpretiert Excel diese Zahlen jedoch fälschlich als Text. Das Minuszeichen steht nicht wie sonst vor der Zahl. Eine weitere Berechnung ist nicht möglich. In umfangreichen Listen wäre es eine Sisyphusarbeit, das per Hand zu korrigieren (siehe Abbildung 17.1).

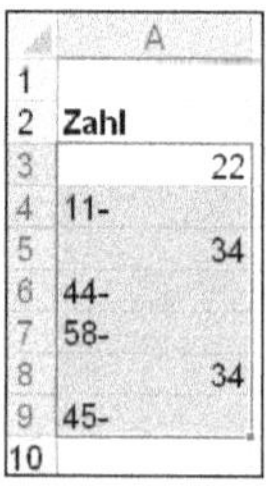

Abbildung 17.1: Diese negativen Zahlen sind für Excel keine Zahlen

Ein etwas versteckter *Textkonvertierungs-Assistent* hilft Ihnen dabei, das Problem rasch zu beheben. Markieren Sie den fehlerhaften Zellbereich. Wählen Sie über das Menüband Daten in der Gruppe Datentools den Befehl Texte in Spalten.

Über die Schaltfläche Weiter gelangen Sie zum dritten Schritt innerhalb des Assistenten (siehe Abbildung 17.2).

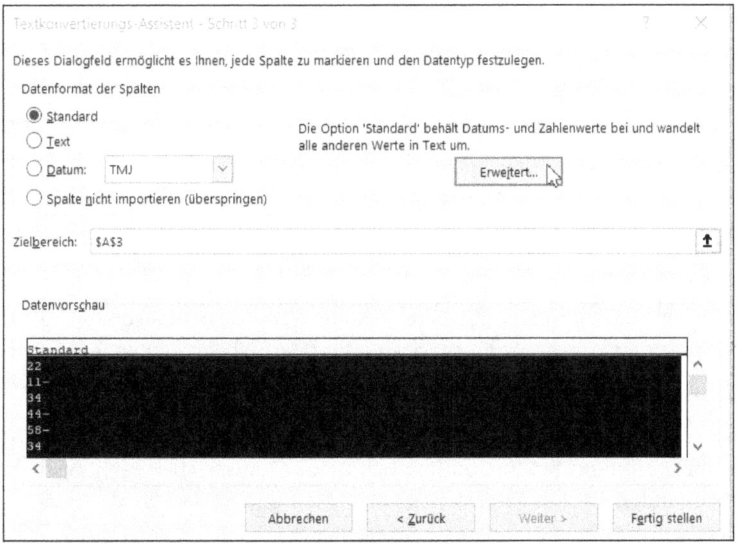

Abbildung 17.2: Der Assistent für die Konvertierung im Einsatz

Aktivieren Sie hier die Schaltfläche ERWEITERT und wählen Sie die Option NACHSTEHENDES MINUSZEICHEN FÜR NEGATIVE ZAHLEN aus (siehe Abbildung 17.3).

Die Option ist meistens bereits aktiviert.

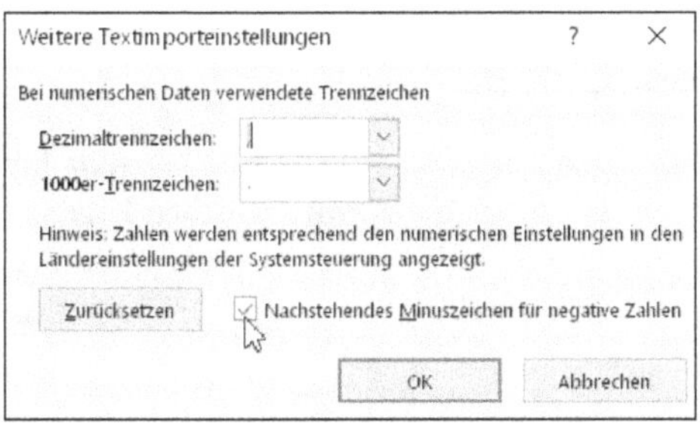

Abbildung 17.3: Die Option muss aktiviert sein!

Über die Schaltfläche FERTIG STELLEN führt der Assistent Ihre Anweisungen aus. Excel stellt jetzt die Werte negativ dar, sodass Sie mit ihnen als Zahl rechnen können (siehe Abbildung 17.4).

	A
1	
2	Zahl
3	22
4	-11
5	34
6	-44
7	-58
8	34
9	-45

Abbildung 17.4: Die Minus-Zahlen sind jetzt für Excel Zahlen!

Wer sich allerdings mit dem Textkonvertierungs-Assistenten nicht anfreunden kann, kann auf dessen Einsatz auch verzichten. Mit einer zusätzlichen Hilfsspalte umgehen Sie ebenfalls das Minus-Problem.

Abhilfe schafft hier ebenfalls eine WENN-Funktion mit kombinierten Funktionen. Mit ihrer Hilfe prüfen Sie, ob überhaupt ein Minuszeichen rechts neben der Zahl vorhanden ist. Die Funktionen `=RECHTS()` und `=LINKS(Text,Anzahl_Zeichen)` geben entsprechend den Richtungen die letzten Zeichen einer Zeichenfolge an. Die Funktion `=LÄNGE(Text)` zählt die Stellen.

Mit einer schönen Kombination aus diesen vier Funktionen wandert das Minuszeichen von rechts nach links: `=WENN(RECHTS(A13;1)="-";LINKS(A13;LÄNGE(A13)-1)-1;A13)`.

Die WENN-Funktion prüft, ob das rechte Zeichen ein Minuszeichen ist. Wenn das der Fall ist, wird es aufgehoben. Dadurch wandeln sich die Textzahlen für Excel in rechenbare Zahlen um. Zum Schluss wird noch mit -1 multipliziert. Die Zahl wird negativ dargestellt.

Die Funktion `=WECHSELN(Text;Alter_Text;Neuer_Text)` erfüllt innerhalb der WENN-Funktion denselben Zweck, also das Minuszeichen korrekt auf die andere Seite zu bringen. Dabei tauschen Sie einfach aus und setzen vor die Funktion ein Minuszeichen: `=WENN(RECHTS(D13;1)="-";-WECHSELN(D13;"-";);D13)` (siehe Abbildung 17.5).

=WENN(RECHTS(A13;1)="-";LINKS(A13;LÄNGE(A13)-1)*-1;A13)

22	22		22	22
11-	-11		11-	-11
34	34		34	34
44-	-44		44-	-44
58-	-58		58-	-58
34	34		34	34
45-	-45		45-	-45

=WENN(RECHTS(D13;1)="-";-WECHSELN(D13;"-";);D13)

Abbildung 17.5: Funktionen bringen das Minuszeichen auf die linke Seite.

Sie können die Werte auch direkt mit den Zahlen aus der Hilfsspalte schnell überschreiben. Markieren Sie dazu den Zellbereich und ziehen Sie mit gedrückter, rechter Maustaste auf die ursprünglichen Werte. Geben Sie zum Schluss im Kontextmenü Hierhin nur als Werte kopieren an.

Nach einem Datenimport kann es vorkommen, dass eigentlich numerische Werte in Excel als Text formatiert sind – ganz ohne Minuszeichen-Problematik. Das führt dazu, dass Berechnungen nicht möglich sind und Sortierungen fehlschlagen. Um solche Textzahlen in echte Zahlen umzuwandeln, hilft eine einfache Formel in einer Hilfsspalte.

Verwenden Sie dazu die Funktion `=WERT(A1)`.

Damit wird der Textwert aus Zelle A1 korrekt als Zahl interpretiert, und Excel kann wieder damit rechnen.

Alternativ können Sie auch den betroffenen Bereich markieren und auf das kleine gelbe Warnsymbol klicken, das neben der ersten Zelle erscheint.

Wählen Sie dort im Kontextmenü den Eintrag In Zahl umwandeln, und Excel konvertiert alle markierten Zellen automatisch.

Textmüll – Excel säubert

Was für eine Unordnung! Wer viele Textdaten aus anderen Rechnersystemen in Excel überträgt, kennt vielleicht das Problem. Nicht alles wird in eine lesbare Form für Excel transportiert.

Sie sehen diese Zeichen nicht immer. Bei Vergleichs- oder Suchoperationen kann Excel diese finden und Ergebnisse anzeigen, die dadurch zwar für Excel, jedoch nicht für Sie nachvollziehbar sind.

Bereinigen Sie Textmüll wie lästige Steuer- und Sonderzeichen mit der Funktion `=SÄUBERN(Text)`. In den Klammen wird die Zelle oder ein Bereich mit den entsprechenden Texten angegeben. Möchten Sie den Text direkt in der Funktion angeben, tippen Sie dazu die Anführungszeichen ein.

Tohuwabohu – Excel bügelt aus

Häufig werden zahlreiche Leerzeichen übertragen. Da könnte man glatt verzweifeln! Diese jedes Mal per Hand zu entfernen, wäre eine Sisyphusarbeit. Die Funktion `=GLÄTTEN(Text)` bügelt dieses Manko leicht aus. Einmal eingesetzt, läuft alles glatt. Sie können jede Zelle einzeln glätten und den Bereich über das Ausfüllkästchen entsprechend erweitern oder direkt eine Matrixformel angeben.

Dabei wird einfach die transportierte Liste in einem neuen Bereich eingefügt. Markieren Sie dazu einen gleich großen Bereich. Geben Sie die Funktion `=GLÄTTEN(A1:C11)` in die aktive Zelle ein.

Ein typisches Problem bei importierten Daten, etwa aus SAP-Berichten, sind doppelte oder sogar dreifache Leerzeichen innerhalb von Texten – zum Beispiel »Hans Müller«. Mit der Funktion `=GLÄTTEN(A1)` entfernt Excel automatisch überflüssige Leerzeichen und reduziert sie auf jeweils ein Leerzeichen zwischen den Wörtern.

Erstellen Sie dann über die Tasten Strg+⇧+↵ eine Matrixformel. Innerhalb der Zielmatrix sind nun die überflüssigen Leerzeichen entfernt (siehe Abbildung 17.6).

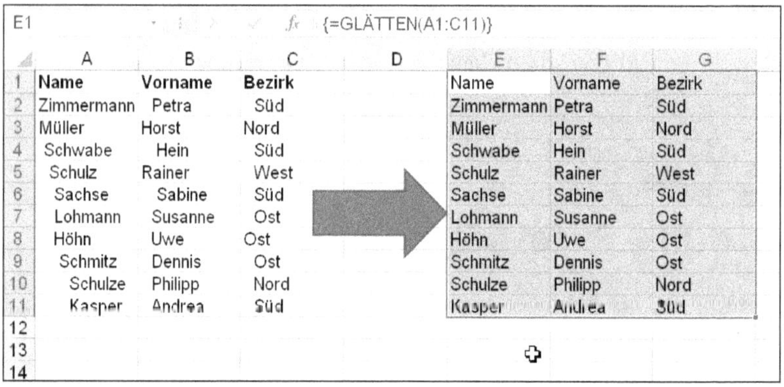

Abbildung 17.6: Einfach von einer Tabelle in eine neue geglättet

Sollten Zellen nur Leerzeichen beinhalten, führt das zu einem leeren Ergebnis.

Eine so erstellte Matrix können Sie nur einheitlich bearbeiten. Möchten Sie das ändern, drücken Sie wiederum die Tasten Strg+⇧+↵.

Die Funktion `=WECHSELN()` erfüllt den gleichen Zweck. Dabei tauschen Sie einfach alt gegen neu aus.

A1: Schichtwechsel

A3: `=WECHSELN(A1; "Wechselschicht";"Schichtwechsel")`

Sie können dabei einzelne Textpassagen stehen lassen beziehungsweise ergänzen.

A5: `=WECHSELN(A1; "wechsel";"arbeit")`

Das Ergebnis wäre hier: Aus Schichtwechsel wird Schichtarbeit.

Damit ist noch lange nicht Schicht im Schacht! Sie können auch einzelne Buchstaben, Sonderzeichen und Umlaute wie »ü« durch »ue« austauschen.

Jetzt wird es lustig! Ein einfaches Beispiel dazu: Sie möchten nur eine Passage eines Texts ersetzen.

A1: Petra Lustig

Sie geben an, an welcher Position im alten Text das Ersetzen erfolgen soll und wie viele Zeichen es sind.

```
=ERSETZEN(Alter_Text;Erstes_Zeichen;Anzahl_Zeichen;Neuer_Text)
```

```
=ERSETZEN (A1;4;2;"er")
```

Das Ergebnis ist: Peter Lustig.

Power Query für Datenmüll

Wenn Sie hartnäckigen Datenmüll loswerden möchten – etwa unsichtbare Steuerzeichen, Unicode-Geister oder andere Störenfriede – ist dies der ultimative Geheimtipp. Das ist oft deutlich effektiver als die klassischen Funktionen `=GLÄTTEN()` oder `=SÄUBERN()`, da Power Query auch Sonderzeichen und Nullbytes zuverlässig entfernt.

1. Wechseln Sie zum Menüband DATEN.
2. Wählen Sie in der Gruppe ABRUFEN UND TRANSFORMIEREN den Befehl AUS TABELLE/BEREICH aus.
3. Markieren Sie den Zellbereich und bestätigen Sie über die Schaltfläche OK.
4. Daraufhin öffnet sich Power Query in einem eigenen Fenster.
5. Markieren Sie im Power-Query-Editor die Spalte, die bereinigt werden soll.
6. Wechseln Sie oben in das Menü TRANSFORMIEREN.
7. Klicken auf die Schaltfläche FORMAT.

Dort stehen Ihnen zwei besonders hilfreiche Befehle zur Verfügung:

- ✔ **Bereinigen**

  Entfernt unsichtbare Steuerzeichen, die von normalen Excel-Funktionen häufig übersehen werden.

- ✔ **Leerzeichen entfernen**

  Löscht überflüssige Leerzeichen am Anfang und Ende von Textinhalten.

8. Klicken Sie zum Abschluss auf START und SCHLIEßEN & LADEN.

Power Query übernimmt die aufgeräumten Daten automatisch zurück in Ihr Excel-Arbeitsblatt.

KI-Bereinigung für das Daten-Durcheinander

Bei der Datenbereinigung kann Ihnen Künstliche Intelligenz eine wertvolle Hilfe sein – insbesondere, wenn Sie Microsoft 365 mit integriertem Copiloten verwenden. So können Sie beispielsweise natürliche Fragen stellen wie:

»Welche Zellen enthalten Zahlen, die als Text formatiert sind?«

oder

»Finde alle negativen Zahlen mit dem Minuszeichen rechts.«

Der Copilot erkennt das Problem und schlägt passende Formeln oder Schritte zur Korrektur vor.

Auch wenn Sie selbst nicht genau wissen, wie die passende Formel aussehen müsste, können Sie einfach fragen:

»Wie kann ich das Minuszeichen von rechts nach links verschieben?«

Sie erhalten direkt einen konkreten Lösungsvorschlag, zum Beispiel mit einer `WENN`-Funktion oder der Funktion `=WECHSELN()`.

Besonders praktisch ist auch die Möglichkeit, Power Query mithilfe der KI gezielt zu nutzen.

Eine Anfrage wie »Entferne alle Leerzeichen und unsichtbaren Zeichen in dieser Tabelle« führt dazu, dass der Copilot die notwendigen Transformationsschritte vorschlägt und sogar automatisch anwendet.

IN DIESEM KAPITEL

analysieren Sie Daten.

ordnen Sie Daten neu an.

finden Sie den PivotChart gut.

Kapitel 18
Pivot-Schnell-Analyse

Pivot-Tabellen sind ein wichtiges Werkzeug zur Datenauswertung einer Liste oder Datenbank. Sie ermöglichen eine komfortable Analyse von Daten.

Häufig fallen Daten in einer Form an, in der sie sich in herkömmlichen Excel-Tabellen nur mit viel Aufwand auswerten lassen. Pivot-Tabellen helfen dabei, große Datenmengen in den Griff zu bekommen, indem sie sie aus unterschiedlichen Perspektiven analysieren.

Das Wort »Pivot« in der Pivot-Tabelle oder in Excel »PivotTable« bedeutet »Dreh- und Angelpunkt«. Es handelt sich um interaktive Tabellen, in denen sich die Daten sinnvoll zusammenfassen und aus unterschiedlichen Blickwinkeln betrachten und auswerten lassen. Dabei arbeiten Pivot-Tabellen mit einer Kopie der zugrunde liegenden Daten, sodass diese stets unberührt bleiben.

Per Mausklick angelegt

Tabellen, die Sie in eine Pivot-Tabelle überführen möchten, dürfen Text oder Zahlen enthalten. Auch Formeln sind erlaubt, aus denen die Pivot-Tabelle aber nur den resultierenden Wert behandelt. Außerdem sind sämtliche Teilergebnisse oder Filter im auszuwertenden Datenbereich zu entfernen.

In der Tabelle dürfen zwar leere Zellen stehen, leere Spalten und Zeilen sollten Sie aber vermeiden, da Excel einen zusammenhängenden Bereich erwartet. Zudem sollten alle Zellen einer Spalte stets dasselbe Format tragen (Zahlen, Text oder Datumswerte).

Pivot-Tabellen lassen sich in Excel sehr schnell erstellen, quasi mit »links«, denn Sie können einfach mit der gedrückten, linken Maustaste angeben, wo was ausgewertet werden soll.

Wenn sich Ihre Quelltabelle regelmäßig erweitert, empfiehlt es sich, diese vorab als sogenannte »intelligente Tabelle« zu formatieren. Das gelingt über die Registerkarte START mit der Schaltfläche ALS TABELLE FORMATIEREN oder mit der Tastenkombination Strg+T.

Sobald Sie die Pivot-Tabelle auf diese formatierte Tabelle beziehen, passt sie sich automatisch an, wenn Sie neue Zeilen hinzufügen – ganz ohne manuelles Anpassen des Datenbereichs.

1. Klicken Sie wiederum eine Zelle innerhalb Ihrer Liste an. So weiß Excel jetzt schon, was ausgewertet werden soll.

2. In der Registerkarte EINFÜGEN finden Sie die Schaltfläche PIVOTTABLE. Hier legen Sie das Layout später selbst fest.

3. Wählen Sie die Schaltfläche EMPFOHLENE PIVOTTABLES, erhalten Sie bereits Vorschläge für die Anordnung und das Aussehen.

4. Sie brauchen nur anzugeben, wo Sie die Pivot-Tabelle erstellen möchten: im aktuellen oder auf einem neuen Tabellenblatt.

Wählen Sie daher NEUES ARBEITSBLATT aus. Unten im Dialog finden Sie seit Excel 2013 die Option DEM DATENMODELL DIESE DATEN HINZUFÜGEN, über die sich mehrere Datenquellen in Pivot-Tabellen verwenden lassen, zum Beispiel zwei Kundenlisten. Da die Option hier nicht nötig ist, lassen Sie sie deaktiviert.

5. Wenn Sie nichts angeben, erstellt Excel automatisch ein neues Tabellenblatt.

6. Sobald Sie mit OK bestätigen, erscheint am rechten Bildschirmrand ein Aufgabenbereich namens PIVOTTABLE-FELDER (siehe Abbildung 18.1).

7. Ziehen Sie mit gedrückter linker Maustaste die Felder in den angezeigten Bereich, um das Aussehen für die Pivot-Tabelle festzulegen.

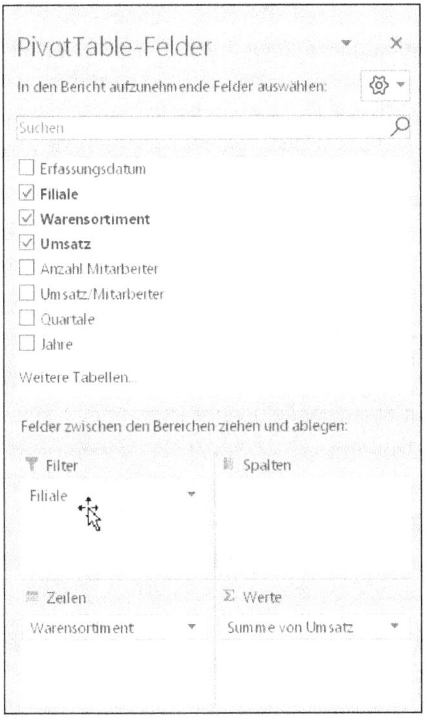

Abbildung 18.1: Der Aufgabenbereich ist wie eine Schaltzentrale.

Eine Pivot-Tabelle setzt sich aus mehreren Bereichen zusammen: Filter, Spalten, Zeilen und Werte (siehe Abbildung 18.2).

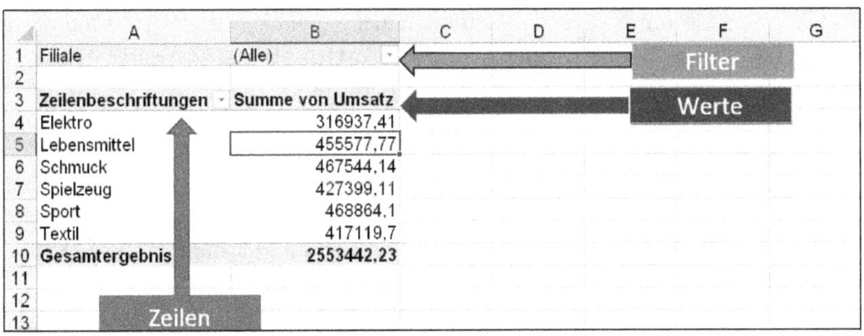

Abbildung 18.2: Anordnung der Pivot-Tabelle

Sie können die Felder einer Pivot-Tabelle jederzeit über den Aufgabenbereich umstellen, entfernen und neue Felder hinzufügen. Zum Hinzufügen ziehen Sie das benötigte Feld aus der Feldliste nach unten. Um Zeilen und Spalten zu vertauschen, ziehen Sie das Feld aus dem Zeilen- in den Spaltenbereich und umgekehrt. Zum Entfernen deaktivieren Sie einfach das Kontrollkästchen in der Feldliste.

In die Pivot-Tabellen übernimmt Excel zwar die Feldinhalte, aber nicht die Überschriften selbst. Das können Sie jedoch leicht anpassen, indem Sie in die Zellen mit den automatisch in die Pivot-Tabelle eingefügten Überschriften klicken und den Inhalt überschreiben. Beachten Sie dabei, dass Sie bereits vorhandene PivotTable-Namen nicht noch einmal verwenden dürfen.

Mit Ausnahme des Wertebereichs muss man nicht alle Bereiche verwenden. Hier legen Sie fest, nach welchen Spalten beziehungsweise Feldern eine Auswertung erfolgen soll.

Die Datenauswertung sollte natürlich einen Sinn ergeben. Ein wesentlicher Vorteil ist, Sie können im Tabellenblatt bereits in der Vorschau das Aussehen der Pivot-Tabelle erkennen.

Auch das nachträgliche Umstellen und Ändern der Daten ist möglich. So müssen Sie nicht jedes Mal eine neue Tabelle erstellen.

Standardmäßig summiert Excel die zugrunde liegenden Werte. Sie können dies aber ändern und zum Beispiel den Mittelwert berechnen.

Dazu klicken Sie mit der rechten Maustaste in die Pivot-Spalte und wählen im Kontextmenü den Eintrag WERTE ZUSAMMENFASSEN NACH.

Dort können Sie unter diversen Optionen wie Anzahl, Mittelwert, Minimum oder Maximum auswählen. Über WEITERE OPTIONEN stehen weitere Funktionen wie Standardabweichung und Varianz bereit.

Mithilfe der Wertfeldeinstellungen lassen sich die Ergebnisse innerhalb der Pivot-Tabelle weiter berechnen. Das ist zum Beispiel nützlich, wenn man statt der absoluten Umsätze deren prozentualen Anteil am Gesamtumsatz ermitteln möchte. Dazu öffnen Sie wie zuvor das Kontextmenü und wählen WERTE ANZEIGEN ALS (siehe Abbildung 18.3).

Sobald die Pivot-Tabelle angelegt ist, stehen Ihnen zwei weitere Registerkarten zur Verfügung: ANALYSIEREN und ENTWURF. Hier finden Sie auch die Befehle, die oben beschrieben sind. Nur ein anderer Weg führt dorthin.

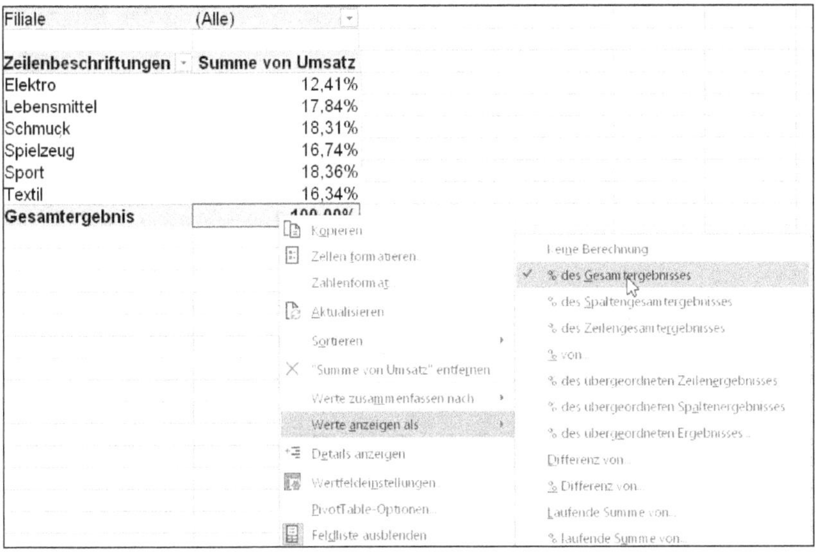

Abbildung 18.3: Mit Prozentwerten rechnen

Seit Excel 2013 heißt die Registerkarte ANALYSIEREN, in den Versionen davor OPTIONEN.

Um Pivot-Tabellen nachträglich an eine andere Stelle oder in ein anderes Tabellenblatt zu verschieben, aktivieren Sie in der Registerkarte ANALYSIEREN in der Gruppe AKTIONEN die Schaltfläche PIVOTTABLE VERSCHIEBEN.

In der Registerkarte ANALYSIEREN klicken Sie zum Beispiel auf die Schaltfläche FELDEINSTELLUNGEN. Hier können Sie schnell angeben, welche Funktion ausgeführt werden soll. Sie können die Darstellung der Zellenwerte ändern, indem Sie angeben, wie die Gesamtergebnisse der Zeilen und Spalten erscheinen sollen.

Dazu öffnen Sie im Aufgabenbereich PIVOTTABLE-FELDER die Auswahl unter WERTE. Aktivieren Sie als Nächstes WERTFELDEINSTELLUNGEN.

Über die Registerkarte WERTE ANZEIGEN öffnen Sie die Auswahl bei WERTE ANZEIGEN ALS. Hier können Sie festlegen, wie die Werte – zum Beispiel als Prozente der Gesamtsumme – erscheinen sollen.

Über BERICHTSLAYOUT ändern Sie die Anzeige von Zeilen und Spalten. Standardmäßig verwendet Excel hier das Kurzformat. Weitere Layoutoptionen erhalten Sie ebenfalls über die Schaltfläche BERICHTSLAYOUT im Menüband ENTWURF.

In der Registerkarte ENTWURF finden Sie ebenfalls die Schaltfläche TEILERGEBNISSE.

Wenn Sie dort die Auswahl öffnen, können Sie die Teilergebnisse nach Bedarf oben oder unten platzieren (siehe Abbildung 18.4).

Wählen Sie in der Gruppe PIVOTTABLE-FORMATE eine farbige Vorlage aus und deaktivieren Sie im Beispiel die Teilergebnisse über TEILERGEBNISSE NICHT ANZEIGEN.

Abbildung 18.4: Mit Teilsummen die Daten auswerten

Per Mausklick ausgewertet

Die Spalten einer Liste enthalten zusätzlich zu den Überschriften kleine Schaltflächen mit Dreiecken.

Nach dem Anklicken öffnet sich ein Menü, über das Sie einzelne Listeneinträge beziehungsweise Datensätze auswählen können, zum Beispiel nur bestimmte Filialen.

Eine Suchfunktion, die auch Platzhalter wie * unterstützt, vereinfacht die Auswahl in großen Listen.

Eine Eingabe wie S* zeigt alle Datensätze an, die mit »S« beginnen.

Ohne den Platzhalter würden sämtliche Einträge angezeigt, in denen der Buchstabe vorkommt.

Beachten Sie bei Zahlen auch die Top-10-Anzeige. Diese können Sie auf die Top-3-Werte beschränken. Klicken Sie dazu in der Pivot-Tabelle zum Beispiel auf das Dreieck der Spalte und wählen Sie im Menü Wertefelder|Top 10. Im Dialog setzen Sie dann den Wert für die obersten Werte von 10 auf 3.

Sie können Werte innerhalb der Pivot-Tabelle nicht aktualisieren. Dazu verwenden Sie die Quelltabelle. Ändern Sie hier die Daten und drücken Sie die Tastenkombination [Alt]+[F5].

Beziehen sich mehrere Pivot-Tabellen auf eine Datenquelle, wählen Sie in der Registerkarte Analysieren den Befehl Alle aktualisieren.

Beachten Sie, dass Excel bei der Aktualisierung nur den Ursprungsdatenbereich berücksichtigt. Wenn Sie später neue Zeilen oder Spalten hinzugefügt haben, werden diese Daten in der Pivot-Tabelle nicht aktualisiert. Das können Sie aber vermeiden, indem Sie vor dem Erzeugen der Pivot-Tabelle den Bereich, deren Daten Sie analysieren möchten, dynamisch anlegen. Dazu markieren Sie ihn und wählen in der Registerkarte Start den Befehl Als Tabelle formatieren oder drücken die Tastenkombination [Strg]+[T].

Sie können auch auf den Befehl Als Tabelle formatieren verzichten, indem Sie in der Registerkarte Analysieren auf die Schaltfläche Datenquelle ändern klicken und den Zellbereich erweitern.

Sollten bei jeder Aktualisierung Formatierungen verloren gehen, dann überprüfen Sie die Optionen. Holen Sie dazu die Registerkarte PivotTable-Tools|Analysieren in den Vordergrund und wählen Sie über die Schaltfläche PivotTable den Eintrag Optionen.

Zu diesen gelangen Sie auch mit einem Rechtsklick innerhalb der Pivot-Tabelle.

In der Registerkarte LAYOUT & FORMAT sollte die Option ZELLFORMATIERUNG bei AKTUALISIERUNG BEIBEHALTEN aktiviert sein.

Sollten dennoch Formatierungsprobleme bei Aktualisierungen auftreten, können Sie die Option SPALTENBREITEN BEI AKTUALISIERUNG AUTOMATISCH ANPASSEN deaktivieren.

Falls das Problem auftaucht, dass aus dem Quellbereich entfernte Daten nach der Aktualisierung noch in der Pivot-Tabelle vorhanden sind, sollten Sie in der Registerkarte DATEN die Auswahl bei ANZAHL DER PRO FELD BEIZUBEHALTENDEN ELEMENTE von AUTOMATISCH auf KEINE umschalten.

Datenschnitt und Zeitachse

Seit der Version 2013 verfügt Excel über ein Zeitachsentool. Es dient als Filter für zeitliche Betrachtungen. Die Handhabung ähnelt der des Datenschnitts. Die Schaltfläche ZEITACHSE EINFÜGEN finden Sie ebenfalls in der Registerkarte ANALYSIEREN.

Sie finden die Schaltfläche DATENSCHNITT EINFÜGEN in der Registerkarte PIVOTTABLE-TOOLS|OPTIONEN beziehungsweise ANALYSIEREN.

Im eingeblendeten Dialog geben Sie durch Setzen von Häkchen an, welche Felder der Datenschnitt anzeigen soll. Nun können Sie innerhalb der Datenschnitte das Feld anklicken (siehe Abbildung 18.6).

Um mehrere Datensätze anzuzeigen, wählen Sie diese bei gedrückter [Strg]-Taste mit der linken Maustaste aus. Über die [⇧]-Taste und Mausklick können Sie zusammenhängende Bereiche auswählen.

Innerhalb eines Tabellenblatts können Sie auch mehrere Datenschnitte für unterschiedliche Felder anlegen und so eine Art Dashboard aufbauen, das sich komfortabel bedienen lässt.

Seit der Version 2013 verfügt Excel über ein Zeitachsentool (siehe Abbildung 18.5). Es dient als Filter für zeitliche Betrachtungen.

Die Handhabung ähnelt der des Datenschnitts (siehe Abbildung 18.6). Die Schaltfläche ZEITACHSE EINFÜGEN finden Sie ebenfalls in der Registerkarte ANALYSIEREN.

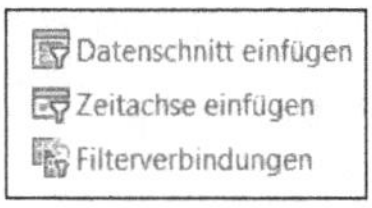

Abbildung 18.5: Seit 2013 erst dabei!

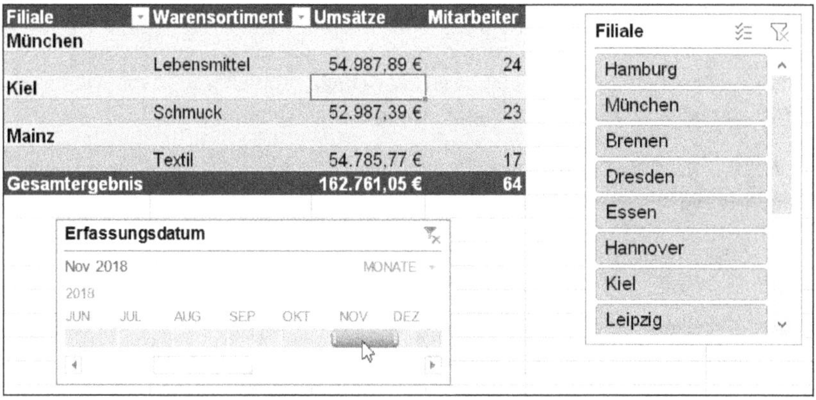

Abbildung 18.6: Zeitachse und Datenschnitt

Zum Entfernen von Datenschnitt und Zeitachse klicken Sie das jeweilige Element wie eine Grafik an und drücken die `Entf`-Taste.

Schnelle Detailangaben

Innerhalb einer Gruppe können Sie Details ein- und ausblenden. Dazu klicken Sie in der Registerkarte ANALYSIEREN auf die Schaltfläche +/-. Es erscheint in der Pivot-Tabelle eine weitere Schaltfläche, über die sich Informationen ein- und ausblenden lassen.

Noch schneller geht es mit einem Doppelklick auf eines der Felder, beispielsweise »Filialen«. Wenn Sie zum Beispiel einen Wert in der Spalte doppelt anklicken, erhalten Sie auf einem separaten Tabellenblatt Einzelauskünfte zu den Daten. Und nach einem Doppelklick rechts unten in der Pivot-Tabelle auf die Gesamtsumme erhalten Sie in einem neuen Tabellenblatt eine formatierte Tabelle mit sämtlichen Einzelwerten.

Sie können eine Zelle mit den Auswertungen der Pivot-Tabelle verknüpfen. Dabei hilft Ihnen die Funktion `=PIVOTDATENZUORDNEN()`.

Sie können zum Beispiel die Formel verwenden, um den Umsatz der Bremer Filiale in die Zelle mit der Formel zu übernehmen (siehe Abbildung 18.7):

```
=PIVOTDATENZUORDNEN("Umsatz";A3;"Filiale";"Bremen")
```

Die einzelnen Werte werden der Zelle zugeordnet. Die Angaben werden in »""« geschrieben. Die Zellenangabe (»A3«) ist die Pivot-Tabelle selbst.

Sie können die Auswertungen immer weiter untergliedern. So ermittelt die nachstehende Formel im Beispiel den Umsatz der Filiale Bremen und davon wiederum den Umsatz des Warensortiments Spielzeug (siehe Abbildung 18.7):

```
=PIVOTDATENZUORDNEN("Umsatz";A3;"Filiale";"Bremen";"Warensortiment
";"Spielzeug")
```

	A	B	C	D	E	F	G
1							
2							
3	Umsätze	Filiale					
4	Warensortiment	Hamburg	München	Bremen	Dresden	Essen	Hannover
5	Elektro	25.987,55 €		153.961,42 €	45.124,34 €		
6	Lebensmittel		143.573,78 €	56.098,87 €		104.987,00 €	
7	Schmuck	132.888,43 €		70.007,88 €	102.869,44 €		
8	Spielzeug		82.974,66 €	75.987,98 €		34.987,89 €	68.585,89 €
9	Sport	134.211,67 €			49.775,83 €	79.877,94 €	100.955,78 €
10	Textil	54.785,76 €					38.585,89 €
11	Gesamtergebnis	347.873,41 €	226.548,44 €	356.056,15 €	197.769,61 €	219.852,83 €	208.127,56 €
12	=PIVOTDATENZUORDNEN("Umsatz";A3;"Filiale";"Bremen")						
13	=PIVOTDATENZUORDNEN("Umsatz";A3;"Filiale";"Bremen";"Warensortiment";"Spielzeug")						
14							
15	Filiale	Bremen	Umsatz	356.056,15 €			
16		Warensortiment	Spielzeug	75.987,98 €			

Abbildung 18.7: Daten einzeln ausgewertet

Sie brauchen sich um den Aufbau der Funktion `=PIVOTDATENZUORDNEN()` nicht zu kümmern. Geben Sie das Gleichheitszeichen ein und klicken Sie innerhalb der Pivot-Tabelle die entsprechende Zelle an. Die Funktion wird automatisch aufgestellt und muss nur noch bestätigt werden.

Mehr als Diagramme: PivotCharts

Ein Bild sagt mehr als tausend Worte: Mit wenigen Klicks lassen sich aus Pivot-Tabellen ansprechende Diagramme erzeugen, die Sie auch in PowerPoint-Präsentationen übernehmen können.

Dazu finden Sie nach dem Anlegen der Pivot-Tabelle in der Registerkarte ANALYSIEREN die Schaltfläche PIVOTCHART.

Jede Umstellung der Felder in der Tabelle ändert die Darstellung im Diagramm und umgekehrt. Ein Pivot-Diagramm bezieht sich immer auf sämtliche Felder.

In den meisten Fällen ist es übersichtlicher, das Diagramm in ein anderes Tabellenblatt zu platzieren, was Sie in der Registerkarte ANALYSIEREN mit der Schaltfläche DIAGRAMM VERSCHIEBEN erledigen können.

Anders als bei herkömmlichen Excel-Diagrammen können Sie die Daten bei PivotCharts per Mausklick auswählen (siehe Abbildung 18.8).

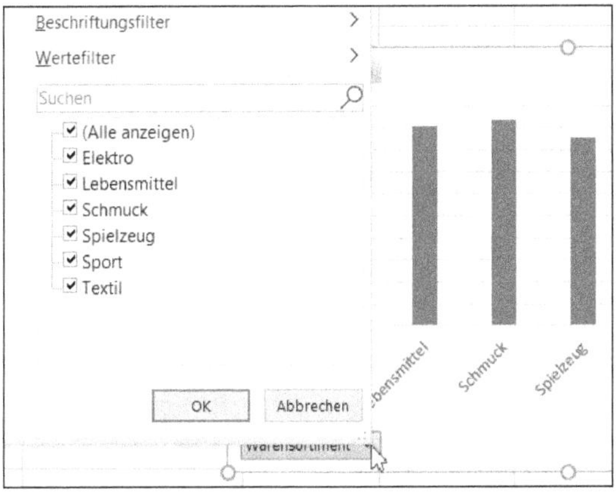

Abbildung 18.8: Daten per Mausklick auswerten

Der vergessene Assistent

Zu Pivot-Tabellen gehört ein Assistent wie zum Zauberer die charmante Assistentin.

Eine Pivot-Tabelle wird »normalerweise« lediglich nur aus einer einzelnen Liste erstellt. Doch Sie können auch mehrere Bereiche gleichzeitig berücksichtigen – und das ohne Umwege! Dazu steht Ihnen jemand zur Seite, der anscheinend einfach vergessen wurde!

Excel wäre nicht Excel, wenn es nicht immer mal etwas Überraschendes parat hätte. Excel ist hier wie ein Zauberkasten! Mal werden drei Tasten gedrückt, und schon erscheint ein Assistent auf der Oberfläche.

Bis zu Office 2007 gab es den nützlichen PivotTable/PivotChart-Assistenten. Doch wo ist er geblieben? Abgeschafft? Weggemobbt? Nein! Drücken Sie einfach die Tasten [Alt]+[N]+[P]. Schwuppdiwupp ist er wieder da! Der alte kommt wieder zum verdienten Einsatz.

Möchten Sie – wie oben erwähnt – mehrere Bereiche gleichzeitig berücksichtigen, geben Sie in Schritt 1 die Option MEHRERE KONSOLIDIERUNGSBEREICHE an (siehe Abbildung 18.9).

Sie können hier nicht nur mehrere Zellbereiche berücksichtigen, sondern auch eine externe Datenquelle angeben.

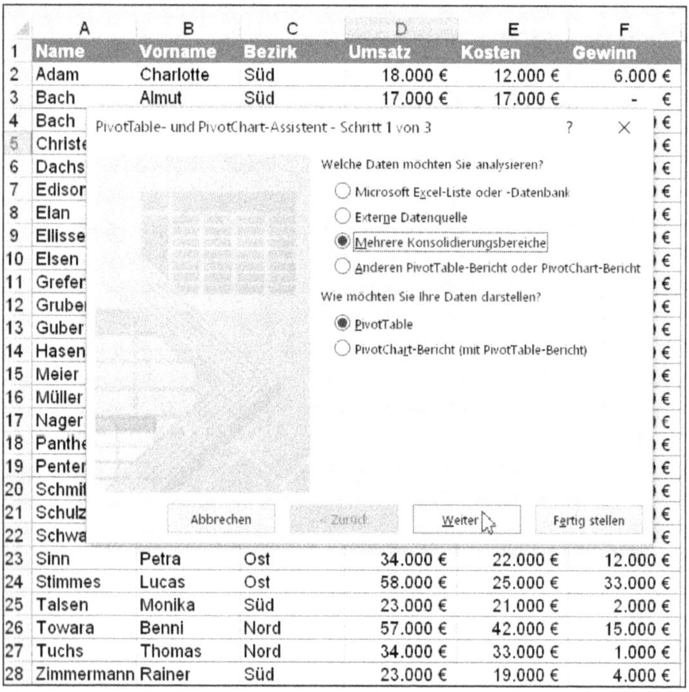

Abbildung 18.9: Mehrere Datenquellen angeben

Falls Sie sich die Tastenkombination [Alt]+[N]+[P] nicht merken können und sich keine Eselsbrücke wie »(Alt)er (N)ützlicher (P)ivotassistent« bauen möchten, können Sie auch die Schaltfläche in die SYMBOLLEISTE FÜR DEN SCHNELLZUGRIFF platzieren. Unter ALLE BEFEHLE finden Sie die Schaltfläche PIVOTTABLE- UND PIVOTCHART-ASSISTENT.

So hilft KI bei Pivot-Auswertungen!

Anstatt sich durch Menüs zu klicken, können Sie einfach der KI eine Frage stellen wie:

»Zeige mir den durchschnittlichen Umsatz pro Filiale!«

oder

»Welche Produkte haben die höchsten Umsätze im letzten Quartal?«

Der Copilot analysiert daraufhin automatisch Ihre Datenquelle, erstellt eine passende Pivot-Tabelle und schlägt eine geeignete Struktur vor.

Sie können die KI auch nutzen, um komplexe Berechnungen zu automatisieren, ohne selbst Formeln schreiben zu müssen.

Fragen Sie beispielsweise:

»Füge ein berechnetes Feld hinzu, das den Anteil eines Produkts am Gesamtumsatz zeigt.«

Die KI erstellt daraufhin das passende Feld – inklusive Formel.

Besonders hilfreich ist die KI auch beim Umwandeln unstrukturierter Daten in eine saubere Pivot-Grundlage.

Eine einfache Anweisung wie

»Bereinige diese Liste und fasse gleichnamige Einträge zusammen!«

kann Power Query über Copilot anstoßen und optimieren – inklusive Umwandlung in eine intelligente Tabelle.

Schließlich lässt sich auch die Darstellung mithilfe von KI verbessern.

Geben Sie Copilot zum Beispiel die Anweisung, ein Pivot-Diagramm mit den Top-5-Produkten nach Region zu erstellen.

Die visuelle Auswertung folgt dann automatisch der Tabellenlogik und ist in Präsentationen direkt einsetzbar.

IN DIESEM KAPITEL

blenden Sie ein und aus.

lassen Sie Formeln verschwinden.

behalten Sie Ihr Geheimnis.

Kapitel 19

Abrakadabra – und weg!

Doch warum sich die stressigen Mühen machen und dann die selbst erarbeiteten Lösungen in Form von Formeln und Funktionen anderen anvertrauen? Hier gilt: »For your eyes only.« Verstecken Sie Ihre geheimen Informationen so gut, dass nur Sie persönlich diese wieder hervorholen können. So können Sie in Excel Kommentare von sich geben, die niemand zu sehen bekommt.

Es muss in einer Liste – ups! Entschuldigung, nennen wir es korrekt Tabelle – ja nicht immer alles zu sehen sein! Möchten Sie bestimmte Informationen vor fremden Blicken verbergen, blenden Sie diese aus.

Zellinhalte mit benutzerdefiniertem Zahlenformat ausblenden

Sie möchten den Zellinhalt unsichtbar machen – ohne den Zellschutz zu verwenden? Dann nutzen Sie einfach ein benutzerdefiniertes Zahlenformat:

1. Markieren Sie die Zelle oder den Zellbereich.

2. Geben Sie unter ZAHLENFORMAT BENUTZERDEFINIERT an.

3. Im Formatfeld geben Sie dreimal das Semikolon ein: »;;;«

Das zeigt in der Zelle nichts mehr an – egal, ob Text, Zahl oder Formel. Der Inhalt bleibt aber vorhanden, und Sie können beispielsweise mit der Zelle weiterrechnen.

Aber Vorsicht: Bei einer Auswahl sieht man den Inhalt noch in der Bearbeitungsleiste!

Formeln verschwinden lassen

Formeln können ganz verschwinden. Obwohl sie da sind, sind sie selbst in der Bearbeitungsleiste nicht zu sehen. Die Zellen, die die Formel enthalten, können jedoch dabei auch leider nicht bearbeitet werden. Die Formeln bleiben so lange fürs bloße Auge verschwunden, bis Sie den verhangenen Schutz wieder aufheben.

Markieren Sie zunächst den entsprechenden Zellbereich. Sie können dabei auch nicht angrenzende Bereiche oder das gesamte Blatt auswählen.

1. Wählen Sie über die Registerkarte START die Schaltfläche FORMAT.
2. Aktivieren Sie den Eintrag ZELLEN FORMATIEREN (siehe Abbildung 19.1).

Abbildung 19.1: Der Eintrag öffnet ein weiteres Dialogfeld.

3. In der Registerkarte SCHUTZ geben Sie das Kontrollkästchen AUSGEBLENDET an.

Noch ist nichts verschwunden. Aber bald! Um das Wegzaubern von Formeln zu beenden, muss das Blatt geschützt werden.

1. Klicken Sie in der Registerkarte ÜBERPRÜFEN auf die Schaltfläche BLATT SCHÜTZEN.
2. Überprüfen Sie, ob das Kontrollkästchen ARBEITSBLATT UND INHALT GESPERRTER ZELLEN SCHÜTZEN AKTIVIERT ist (siehe Abbildung 19.2).

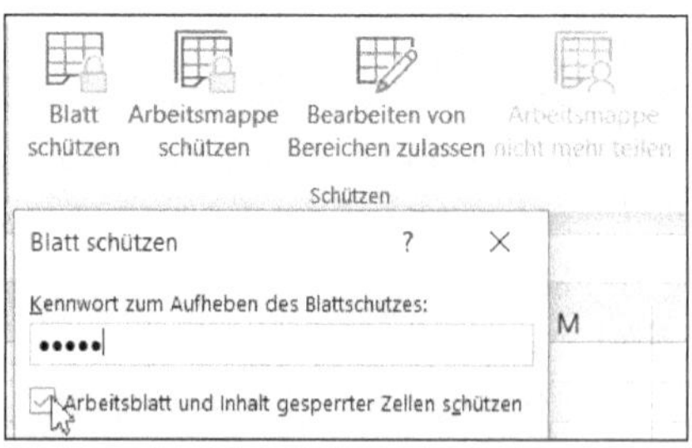

Abbildung 19.2: Schutz mit Kennwort

Die Wirkung: Keine Spur von einer Formel ist zu erkennen! Kein Hinweis auf deren Existenz, auch nicht in der Bearbeitungsleiste – von der Bildoberfläche einfach ins Niemandsland verschwunden. Da hilft auch keine Großfahndung, sondern nur ein Klick auf die Schaltfläche BLATTSCHUTZ AUFHEBEN.

Wer diesen Klick aber verhindern möchte, legt einfach beim zuvor angelegten Blattschutz ein persönliches Kennwort fest.

Formel schützen, Ergebnis anzeigen

Manchmal möchten Sie das Ergebnis einer Berechnung sichtbar lassen, aber die dahinterliegende Formel geheim halten – etwa bei sensiblen Kalkulationen, die niemand verändern oder einsehen soll.

1. Markieren Sie die Zelle oder den Zellbereich mit der Formel.
2. In der Registerkarte START öffnen Sie die Auswahl über die Schaltfläche FORMAT.
3. Geben Sie ZELLEN FORMATIEREN an.
4. Wechseln Sie im Dialogfenster auf die Registerkarte SCHUTZ.
5. Setzen Sie nur ein Häkchen bei AUSGEBLENDET (nicht bei GESPERRT – außer Sie wollen die Bearbeitung zusätzlich verhindern).
6. Bestätigen Sie mit OK.

Jetzt wirkt die Einstellung noch nicht – erst wenn Sie das Arbeitsblatt schützen:

1. Gehen Sie zur Registerkarte ÜBERPRÜFEN und klicken Sie auf BLATT SCHÜTZEN.
2. Legen Sie ggf. ein Kennwort fest – oder bestätigen Sie einfach mit OK.

Die Formel bleibt zwar in der Zelle aktiv, wird aber nicht mehr in der Bearbeitungsleiste angezeigt. Wer die Zelle anklickt, sieht nur das Ergebnis.

Und solange das Blatt geschützt ist, bleibt das so!

Zeilen und Spalten ein und aus

Anstatt etwas verschwinden zu lassen, kann man fürs bloße Auge etwas auf den ersten Blick ausblenden. Das geht schneller als ein Wimpernschlag.

Möchten Sie mal die eine oder andere Spalte (oder auch Zeile) ausblenden? Es muss ja nicht immer alles zu sehen sein! Mit einem rechten Mausklick auf dem Spaltenkopf bieten sich Ihnen dazu die Befehle Ausblenden und Einblenden. Bei den Zeilen funktioniert es ganz genauso.

Bei Spalten und Zeilen geht's schnell mit Tasten. Mit den Tasten Strg+8 blenden Sie Spalten aus und mit den Tasten Strg+⇧+9 wieder ein. Bei Zeilen ist es ähnlich. Mit den Tasten Strg+⇧+8 blenden Sie Zeilen aus, über die Tasten Strg+9 wieder ein.

Aber warum etwas verstecken, wenn jeder das Versteck sieht? Selbst der ungeübte Excel-Anwender erkennt auf den ersten geschulten Blick: Hier ist doch was ausgeblendet! Da wird etwas verborgen! Das ist Excel-Zauberei für Anfänger.

Ein rechter Mausklick und schon ist die Spalte oder Zeile wieder eingeblendet, gelesen und ruck, zuck wieder ausgeblendet. Ihre Informationen können gelesen werden, ohne dass Sie davon überhaupt Kenntnis genommen haben, dass hier ein »Excel-Spion« am Werk war. Kein Schutz. Ein Versteck, auf dem förmlich das Schild festgenagelt ist: »Herzlich willkommen zu meinen versteckten Daten. Bitte treten Sie ein.«

Besser ist es, geheime Informationen oder Berechnungen auf einem separaten Tabellenblatt einzugeben und sich darauf in Übersichten zu beziehen.

Top Secret – das geheime Tabellenblatt

Mit »Hokuspokus« können Sie das geheime Tabellenblatt verschwinden lassen, und Ihr »Zauberstab« dazu ist der Visual-Basic-Editor.

Ein Tabellenblatt muss mindestens eingeblendet bleiben.

1. Holen Sie Ihren Excel-Zauberstab hervor beziehungsweise starten Sie den Visual-Basic-Editor über die Tastenkombination Alt+F11.
2. Blenden Sie nun den Projekt-Explorer über das Menü Ansicht ein oder drücken Sie die Tastenkombination Strg+F11.

   Jetzt brauchen Sie das Fenster Projekt – VBAProjekt.
3. Dieses starten Sie über das Menü Ansicht und den Eintrag Eigenschaftenfenster oder Sie drücken direkt die Taste F4.
4. Markieren Sie zunächst das Tabellenblatt, das Sie verstecken möchten (siehe Abbildung 19.3).

Abbildung 19.3: Tabellenblatt markieren

5. Danach klicken Sie im Fenster EIGENSCHAFTEN auf VISIBLE.

6. In der Auswahl schalten Sie auf XLSHEETVERYHIDDEN um (siehe Abbildung 19.4).

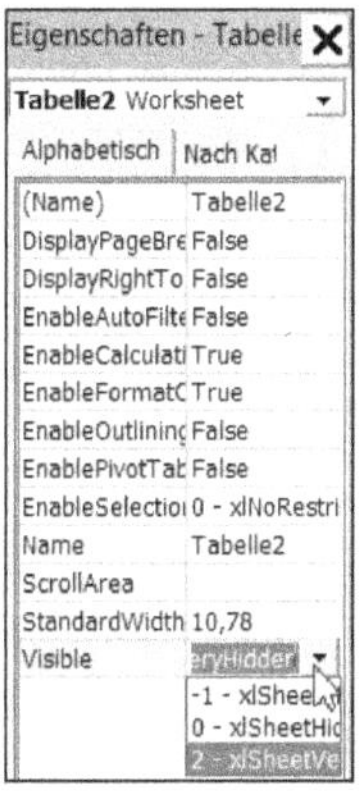

Abbildung 19.4: Einfach mal verstecken

Das war's. Die Arbeit innerhalb des Visual-Basic-Editors ist getan.

Wechseln Sie zurück zum Programm Excel (Tastenkombination Alt+F4), ist das Tabellenblatt »very hidden«.

Sobald Sie den Editor verlassen, ist das Tabellenblatt ausgeblendet.

Niemand erkennt, dass hier ein Tabellenblatt überhaupt existiert. Es ist mit Ihren geheimen Berechnungen und Informationen von der Excel-Oberfläche verschwunden, quasi »untergetaucht«.

Über denselben Weg holen Sie das Tabellenblatt aus dem Excel-Versteck wieder hervor und machen es für das Auge einfach sichtbar.

Vielleicht möchten Sie nicht, dass zum Beispiel ein nicht berechtigter Anwender die Very-Hidden-Einstellung zurücknehmen kann. Denn jeder kann ja auch hier die Anleitung dazu lesen und weiß dann, wie es geht!

Um das zu vermeiden, starten Sie wiederum den Visual-Basic-Editor und klicken mit der rechten Maustaste auf das Projekt. Im Kontextmenü geben Sie nun den Eintrag EIGENSCHAFTEN VON VBAPROJECT an.

In der Registerkarte SCHUTZ tippen Sie das Kennwort ein. Das Tabellenblatt mit den geheimen Informationen ist verschwunden und kann nun nur noch mit Ihrem Kennwort aus seinem Versteck geholt werden: Sesam öffne DICH.

Sie können das Geheimnis um das verschwundene Tabellenblatt für immer bewahren. Speichern Sie die Datei zum Schluss als »Makro-Arbeitsmappe«.

KI – Ihr Sicherheitsdienst

Gerade beim Thema »Verstecken und Schützen« spart der Einsatz von KI nicht nur Zeit, sondern hilft auch, typische Stolperfallen (zum Beispiel einen vergessenen Blattschutz) zu vermeiden.

Wenn Sie Microsoft 365 mit Copilot verwenden, können Sie ganz bequem per Sprache oder Text Fragen stellen – auch zu sensiblen Themen wie Zellschutz, Blattschutz und dem Ausblenden von Daten.

Hier einige Beispiele für nützliche Copilot-Anfragen, die direkt zu konkreten Aktionen oder Vorschlägen führen:

»Wie kann ich verhindern, dass jemand meine Formeln sieht?«

Copilot schlägt automatisch die Funktion ZELLEN AUSBLENDEN + BLATTSCHUTZ AKTIVIEREN vor – mit Schritt-für-Schritt-Anleitung.

»Verstecke diese Spalte und verhindere, dass jemand sie wieder einblendet!«

Der Copilot empfiehlt nicht nur das Ausblenden, sondern auch das Sperren und Schützen des Blattes, inklusive Passwort.

»Wie mache ich ein Blatt unsichtbar?«

Copilot erklärt den Unterschied zwischen normal ausgeblendet und »very hidden« und bietet an, den VBA-Code zum Verstecken direkt einzufügen.

»Ich möchte sensible Daten nur für mich sichtbar machen – wie geht das?«

Die KI analysiert Ihre Arbeitsmappe und gibt gezielte Vorschläge zum Verstecken von Spalten, Ausblenden von Formeln und sogar zur Makrospeicherung mit Passwortschutz.

IN DIESEM KAPITEL

ignorieren Sie Fehler.

schalten Sie mal ab.

blenden Sie mal aus.

Kapitel 20

Wenn Excel richtig nervt!

Excel ist ein sehr umfangreiches Programm und äußerst nützlich. Doch wo Licht, da auch Schatten. Wenn es nicht so klappt, wie man es sich wünscht, kann es einem auch gehörig auf die Nerven gehen. Den einen stört dies, den anderen stört das.

KI hilft, wenn Excel nichts Konkretes sagt!

Fehlermeldungen wie »#WERT!«, »#BEZUG!« oder Meldungen beim Öffnen (»Diese Datei ist beschädigt!«) kann die KI erklären, analysieren und Lösungen anbieten.

Sie können sogar Screenshots (falls Sie die Möglichkeit haben) hochladen und fragen: »Warum nervt mich diese Meldung – und wie krieg ich sie weg?«

Fehler endlich ignorieren

Nicht alle automatisch eingestellten Optionen sind in der Handhabung tatsächlich eine nützliche Hilfe. Es ist gut gemeint, wenn Excel-Optionen zahlreiche Einstellungen von selbst anbieten. Kleine grüne Dreiecke erscheinen auf der Bildschirmoberfläche. Obwohl Sie selbst keinen Fehler gemacht haben, weist Sie Excel auf einen hin (siehe Abbildung 20.1).

Öffnen Sie die Auswahl, erscheinen die Fehlerindikatoren. Selbst wenn Sie hier auf den Eintrag FEHLER IGNORIEREN klicken, wird die Anzeige erneut eingeblendet, sobald Sie den Inhalt der Zelle ändern.

B10 =SUMME(B5:B7)

	A	B	C	D
1				
2				
3	Abrechnung	Bezirk A	Bezirk B	Bezirk C
4	Übertrag aus Vorjahr	14.000	15.000	14.500
5	Januar	12.000	10.800	19.000
6	Februar	13.000	10.900	18.000
7	März	14.500	17.000	14.000
8	Summe I. Quartal	39.500	38.700	51.000
9				
10	Mittelwert	39.500		
11				

Abbildung 20.1: Fehler, die nicht gemacht wurden

Besonders der Hinweis Die Formel schliesst nicht alle angrenzenden Zellen ein ist meistens in der Anwendung entbehrlich.

Unter Datei und Optionen in der Kategorie Formeln können Sie diese dauernde Fehlerprüfung für immer und ewig ausblenden (siehe Abbildung 20.2).

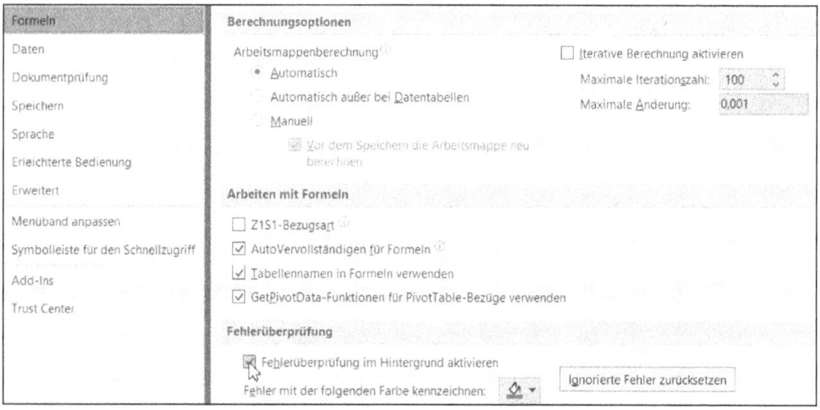

Abbildung 20.2: Einfach mal abschalten

Sehen Sie am Zellenrand rote Dreiecke, sind Kommentare vorhanden. Über die Tastenkombination Alt+D+O gelangen Sie schnell zu den Optionen. Eine Option bleibt so lange aktiv, bis sie deaktiviert wird.

Mit der Tastenkombination Strg+⇧+O markieren Sie übrigens schnell sämtliche Zellen in einem Tabellenblatt, die Kommentare enthalten. Ein Ausschalten erreichen Sie unter Datei und Erweitert und dann Anzeigen.

Automatismen abschalten

Nutzen Sie sämtliche Automatismen des Programms? Oder sind diese Einblendungen nur ein Störenfried auf dem Bildschirm? Sie entscheiden, was wichtig und nicht wichtig ist.

Das vordefinierte Ausfüllen von benachbarten Zellen mithilfe des Ausfüllkästchens ist zugegebenermaßen ein nützlicher Helfer. Excel ist sogar so clever, dass es bei der Aufzählung von Füllreihen wie Quartalen folglich nur bis zum vierten zählt und dann wieder mit eins anfängt. Da kann man schon verschmerzen, dass dadurch bei der Aufzählung »Q1, Q2, Q3, Q4« wieder von vorne angefangen wird.

Was jedoch hier stören könnte, ist das permanente Einblenden der AutoAusfüll-Optionen-Schaltfläche, auch SmartTag genannt (siehe Abbildung 20.3). Dieser ist zwar bei der nächsten Aktion verschwunden, doch Sie können die Schaltfläche auch deaktivieren.

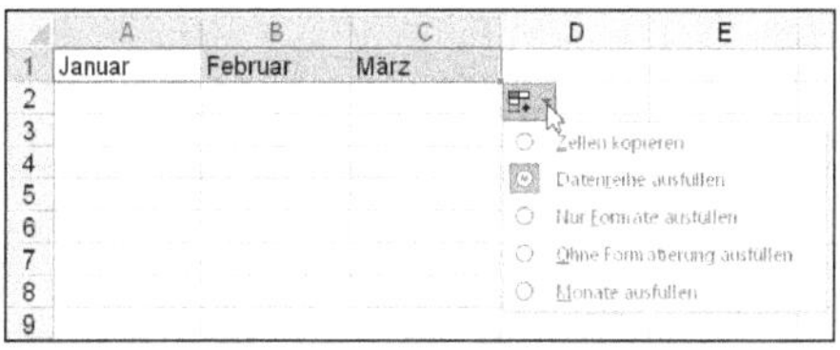

Abbildung 20.3: Nervt? Kann weg?

Mit einem entsprechenden Klick bei den erweiterten Optionen unter AUSSCHNEIDEN, KOPIEREN UND EINFÜGEN entfernen Sie dazu das Häkchen.

Beim Markieren geht es schon weiter, das Generve. Markiert man mehrere Zellen, erscheint automatisch die Schaltfläche SCHNELLANALYSE (siehe Abbildung 20.4).

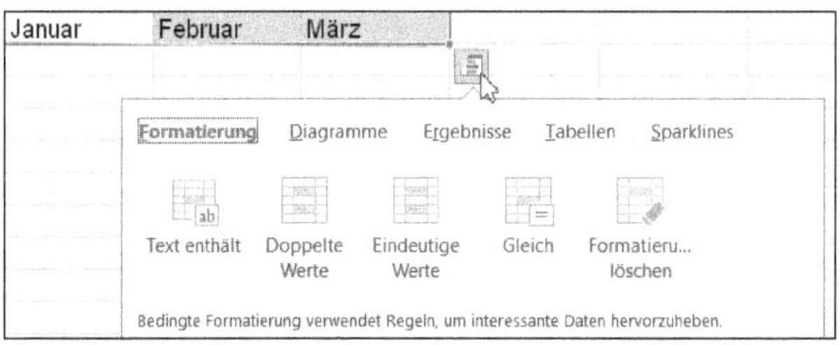

Abbildung 20.4: Nutzen Sie die Schaltfläche oft?

Auch hier blenden Sie die Schaltfläche bei den Optionen (ERWEITERT) unter AUSSCHNEIDEN, KOPIEREN UND EINFÜGEN aus (siehe Abbildung 20.5).

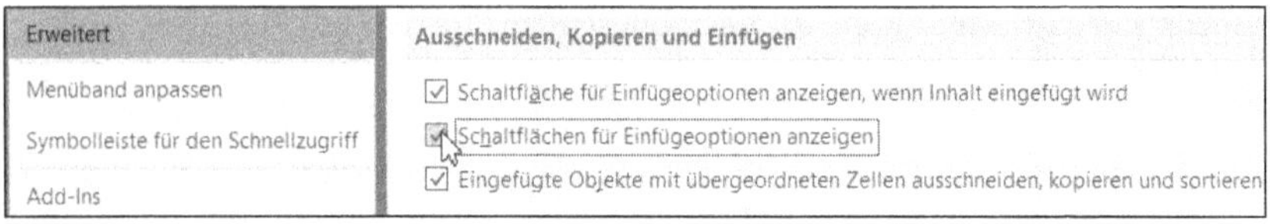

Abbildung 20.5: Ausschalten, wer es nicht braucht!

Apropos Ausfüllkästchen! Mit einem Doppelklick darauf wird eine Formel entsprechend so weit erweitert, wie die Spalte direkt daneben gefüllt ist.

Klicken Sie mit der rechten Maustaste ins Tabellenblatt, erscheint über dem Kontextmenü immer die Minisymbolleiste. Diese habe ich zum Beispiel noch nie genutzt. Sie können sie gerne unter den allgemeinen Optionen deaktivieren (siehe Abbildung 20.6).

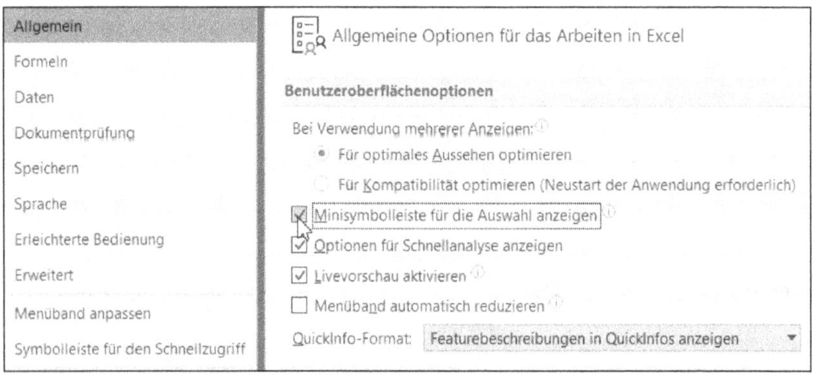

Abbildung 20.6: Die Minisymbolleiste ausblenden

Excel schlägt automatisch beim Ausfüllen von Zellen die Wortergänzung aus einer Liste vor, sobald Sie die Anfangsbuchstaben eintippen. Wen das stört, der kann sie unter BEARBEITUNGSOPTIONEN abschalten. Deaktivieren Sie dazu die Option AUTOVERVOLLSTÄNDIGEN FÜR ZELLWERTE AKTIVIEREN.

Auf Fehler verzichten!

Nobody is perfect! Sicherlich sind Ihnen auch schon Fehler unterlaufen, und kaum einer kann von sich behaupten, dass er stets korrekte Angaben macht: Felher – oh, Verzeihung – Fehler machen ist menschlich!

Häufig kommt es auf die richtige Mischung an. In Excel ist es die Mixtur aus den verschiedensten Formeln. Dabei können Sie Fehler in Excel direkt bei der Eingabe vermeiden.

Auf Punkt und Komma achten!

Wie schnell gibt man bei der Zahleneingabe statt eines Kommas einen Punkt, statt eines Dezimalpunkts ein Leerzeichen ein, oder die Zeichen werden einfach falsch übertragen.

Schnell kann auch die Umwandlung von Texten mit Kommas und Punkten sein. So wird der Text »77.77« mit der Funktion `=ZAHLENWERT(C4:C11;".";",")` in die Zahl »77,77« umgewandelt.

Mit der Angabe einer Matrixfunktion (Strg+⇧+Entf) können komplette Spalten direkt umgewandelt werden (siehe Abbildung 20.7).

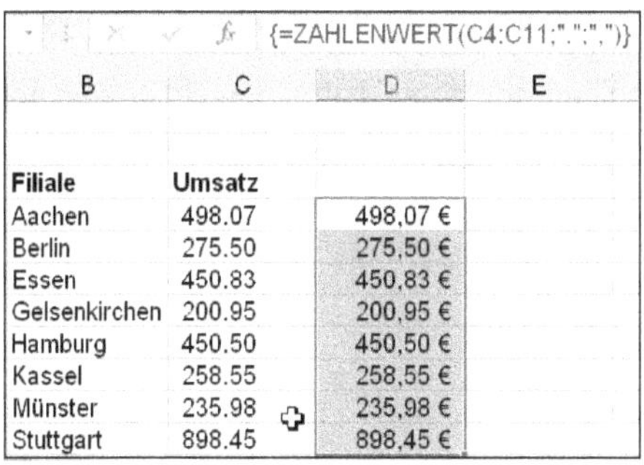
{=ZAHLENWERT(C4:C11;".";",")}

B	C	D	E
Filiale	Umsatz		
Aachen	498.07	498,07 €	
Berlin	275.50	275,50 €	
Essen	450.83	450,83 €	
Gelsenkirchen	200.95	200,95 €	
Hamburg	450.50	450,50 €	
Kassel	258.55	258,55 €	
Münster	235.98	235,98 €	
Stuttgart	898.45	898,45 €	

Abbildung 20.7: Texte in Zahlen umwandeln

Rasch ist aus der eigentlichen Zahl ein unberechenbarer Text geworden. Die Funktion `=ZAHLENWERT()` ignoriert Leerstellen, auch wenn diese sich innerhalb der Zahl befinden (siehe Abbildung 20.8).

So wird aus dem Text »44 44 44« (mit Leerzeichen) schnell die Zahl »444444« (ohne Leerzeichen).

Abbildung 20.8: Leerzeichen verschwinden lassen

Datenprüfung: Keine Fehler erlauben!

Bei umfangreichen Listen kann es wichtig sein, dass man Daten fortlaufend, also ohne Leerzeilen, eingibt. Um das direkt bei der Eingabe sicherzustellen, nutzen Sie in der Registerkarte DATEN die Datenüberprüfung. Markieren Sie dazu die für die Eingabe vorgesehenen Spalten und starten Sie die Datenüberprüfung.

Leere Zellen verhindern

Hier geben Sie in der Registerkarte EINSTELLUNGEN die Auswahl BENUTZERDEFINIERT an und tippen als Formel zum Beispiel `=Anzahlleerezellen(a$1:a1)=0` ein.

Die gesamte Spalte A wird dann überprüft. Um einen entsprechenden Hinweis anzuzeigen, wählen Sie im Dialog DATENÜBERPRÜFUNG die Registerkarte FEHLERMELDUNG (siehe Abbildung 20.9).

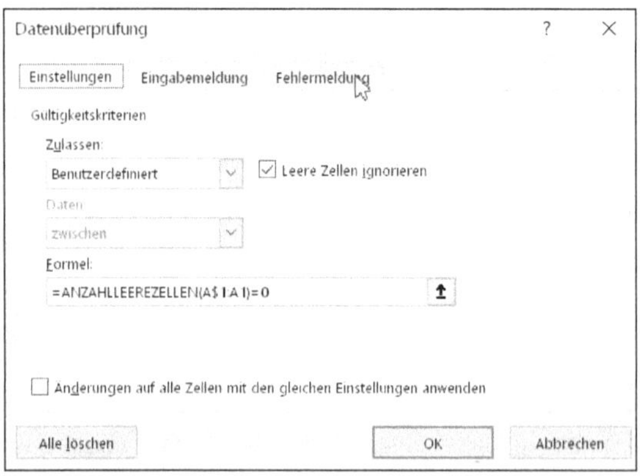

Abbildung 20.9: Leerzellen sind verboten

Falls bereits Leerzellen existieren, markieren Sie diese über GEHE ZU (Strg+G), indem Sie im Dialog auf die Schaltfläche INHALTE klicken und anschließend LEERZELLEN auswählen. Wenn Sie den Dialog mit OK schließen, sind alle Leerzeilen markiert. Nach Strg+- erscheint ein Dialog, und mit einem Klick auf OK sind sämtliche Leerzeilen gelöscht.

Leerzeichen verbieten

Neben Leerzeilen kann über die Datenprüfung auch die Eingabe von Leerzeichen verhindert werden. Dazu geben Sie unter BENUTZERDEFINIERT im Feld FORMEL `=ISTFEHL(Suchen(" ";A1))` ein. Dabei ist *A1* nur ein Beispiel.

Die Eingabe von *Leerstellen* wird nun nicht nur moniert, sondern auch untersagt.

Möchten Sie dagegen nur die Eingabe von Zahlen erlauben, geben Sie `=NICHT(ISTTEXT(A1))` an.

Und wenn Sie nun beides kombinieren, lautet die Funktion: `=UND(NICHT(ISTTEXT(A1);ISTFEHL(Suchen(" ";A1)))`.

So lässt sich die Eingabe von Texten untersagen und ausschließlich die Eingabe von Zahlen erlauben.

»Doppelt gemoppelt hält besser«, sagt man so schön. Das gilt aber nicht für Excel. Möchten Sie die Eingabe von doppelten Einträgen vermeiden, geben Sie im Feld FORMEL `=ZÄHLENWENN($A$1:$A$30;A1)<=1` ein.

IN DIESEM KAPITEL

aktivieren Sie Registerkarten.

legen Sie Schaltflächen an.

haben Sie eine Auswahl.

Kapitel 21

Imponieren mit eigenen Schaltflächen

Oft sieht der Alltag in der Praxis anders aus als in der Theorie. Mit Buttons und Funktionen verkürzen Sie Routinen, vereinfachen Eingaben und schaffen Platz im Tabellenblatt. Dazu nutzen Sie das Trennen, Verbinden und Verknüpfen von Informationen. Vermeiden Sie zeitaufreibende und nervende Arbeiten und verschaffen Sie sich den besten Überblick!

In der Praxis können Sie sich das Leben noch mehr erleichtern und Tabellen auf einen Blick übersichtlicher gestalten. Alte Excel-Fossile zwar, doch immer wieder hilfreich sind Buttons – sogenannte Steuerelemente.

Mit ihrer Hilfe können zum Beispiel Berechnungen schrittweise per Mausklick ausgeführt werden. Zudem sparen sie Platz und bieten einen besseren Überblick für Einzelauswertungen an.

Zahlen – wie hier der aktuelle Währungskurs – können direkt aus dem Internet kopiert werden. Sie fügen den Wert in die entsprechende Zelle ein. Excel erkennt ihn meistens (Ausnahmen bestätigen die Regel) als Zahl an.

BEISPIEL

In der Zelle D1 kann der aktuelle Euro-US-Dollar-Kurs eingegeben werden. Daraus ergibt sich, wie viel 10 $, 20 $, 30 $ und so weiter in Euro sind. Es soll zum Beispiel immer um 10 $ per Mausklick erhöht werden, und die Rechnung passt sich automatisch an. Hier soll Excel schrittweise einen Wert ändern, und die Formel beziehungsweise das Ergebnis sollen automatisch angepasst werden (siehe Abbildung 21.1).

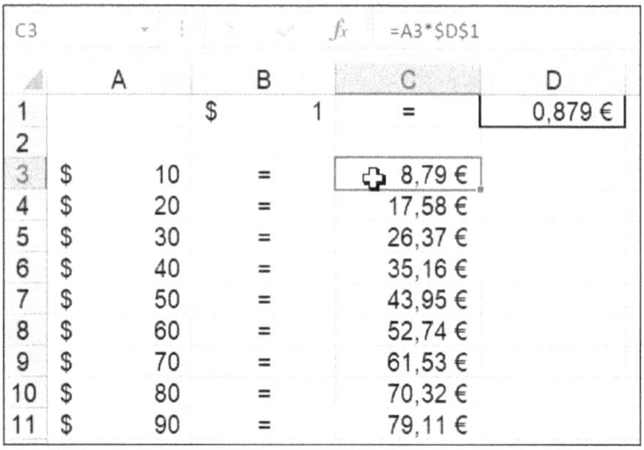

C3 =A3*$D$1

	A		B	C	D
1		$	1	=	0,879 €
2					
3	$	10	=	8,79 €	
4	$	20	=	17,58 €	
5	$	30	=	26,37 €	
6	$	40	=	35,16 €	
7	$	50	=	43,95 €	
8	$	60	=	52,74 €	
9	$	70	=	61,53 €	
10	$	80	=	70,32 €	
11	$	90	=	79,11 €	

Abbildung 21.1: Der Dollarkurs in Euro steht in einer festen Zelle.

Die Registerkarte »Entwicklertools«

Die Schaltfläche, die Sie für dieses Beispiel benötigen, befindet sich auf der Registerkarte ENTWICKLERTOOLS. Falls noch nicht geschehen, aktivieren Sie diese.

1. Bewegen Sie dazu den Mauszeiger beliebig auf das Menüband.

2. Drücken Sie die rechte Maustaste.

3. Wählen Sie den Befehl MENÜBAND ANPASSEN.

4. Aktivieren Sie unter HAUPTREGISTERKARTEN die Registerkarte ENTWICKLERTOOLS (siehe Abbildung 21.2).

5. Bestätigen Sie mit OK.

Die Registerkarte ENTWICKLERTOOLS steht Ihnen nun für die weitere Arbeit zur Verfügung (Tastenkombination [Alt]+[W]).

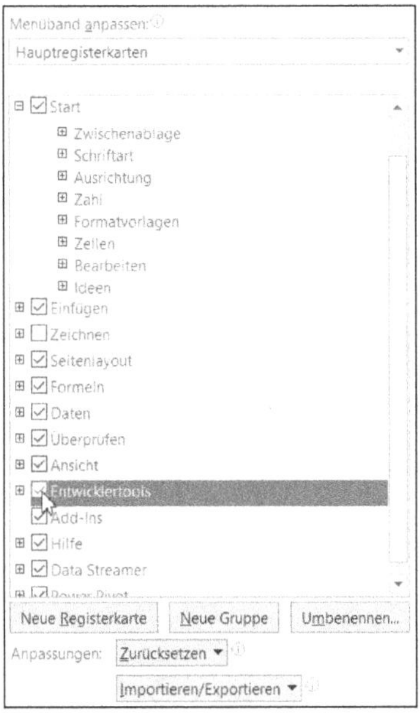

Abbildung 21.2: Registerkarte aktivieren

Klick-Rechnung

Schaltflächen in Excel sehen nicht nur toll und professionell aus, sondern sie sind auch besonders nützlich.

1. Holen Sie die Registerkarte Entwicklertools in den Vordergrund.
2. Klicken Sie hier auf die Schaltfläche Einfügen. Auf die einzelnen Steuerelemente einzugehen, würde sicherlich den Rahmen sprengen.
3. In diesem Beispiel wählen Sie das Steuerelement Drehfeld (siehe Abbildung 21.3.)

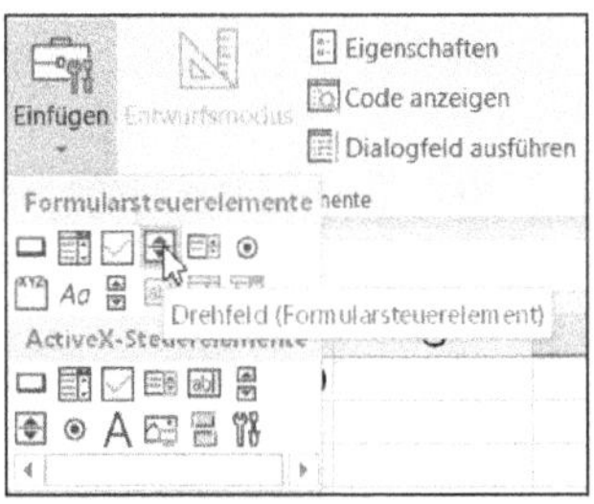

Abbildung 21.3: Steuerelement auswählen

4. Mit gedrückter linker Maustaste ziehen Sie das Steuerelement im Tabellenblatt auf.

5. Sobald Sie die Maustaste loslassen, erscheinen um das Feld die Begrenzungslinien und -punkte.

Dem Steuerelement können bestimmte Anweisungen zugewiesen werden.

1. Klicken Sie mit der rechten Maustaste auf das Steuerelement, öffnet sich ein Kontextmenü.

2. Hier können Sie auch ein Makro zuweisen. In diesem Beispiel führen Sie den Befehl STEUERELEMENT FORMATIEREN aus (siehe Abbildung 21.4).

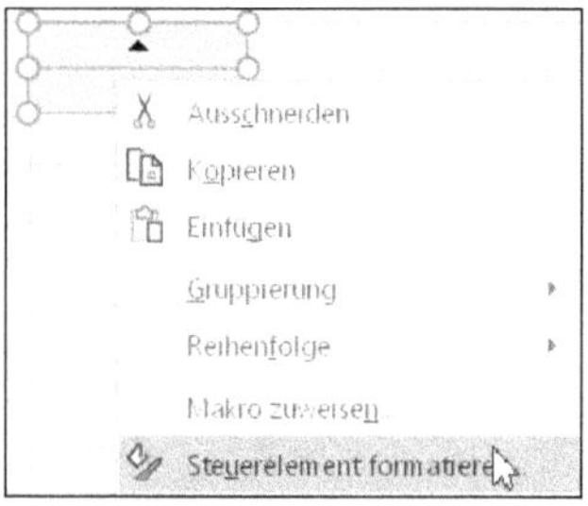

Abbildung 21.4: Rechter Mausklick: das Steuerelement bearbeiten

3. Wichtig ist die Schrittweite. Sie geben hier an, in welchen Schritten gezählt werden soll. In diesem Beispiel sind das `10`.

4. Bei ZELLVERKNÜPFUNG geben Sie an, wo – also in welcher Zelle – schrittweise gezählt werden soll (siehe Abbildung 21.5).

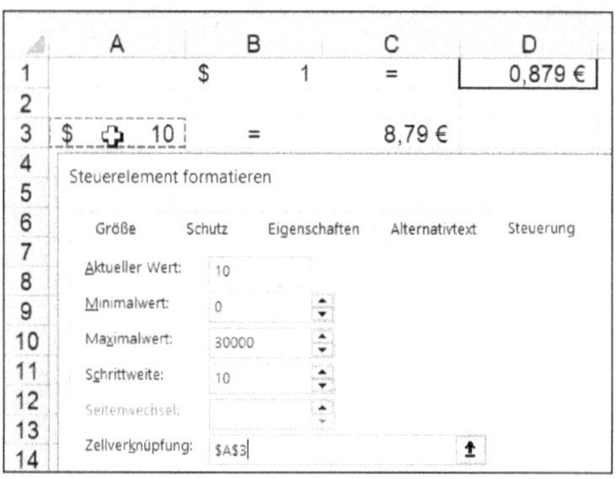

Abbildung 21.5: Die Schrittweite und Zellverknüpfung sind wichtig.

Sobald Sie bestätigt haben, ist die Schaltfläche aktiv.

Mit Mausklick auf die entsprechenden Pfeiltasten stellen Sie den Wert in der Zelle ein. Anhand der bereits vorhandenen Rechnung oder Formel wird das Ergebnis automatisch angepasst (siehe Abbildung 21.6).

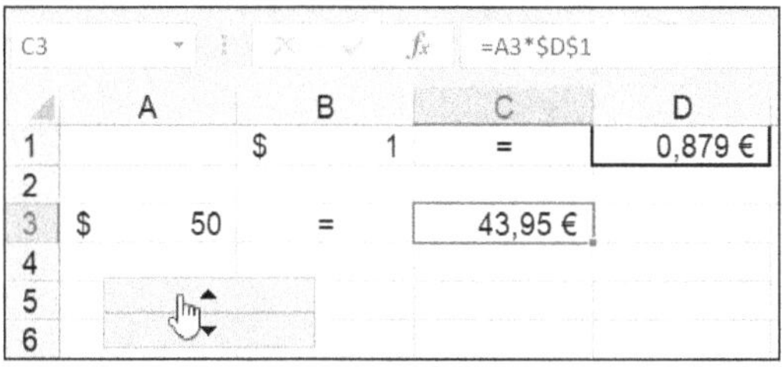

Abbildung 21.6: Per Mausklick rechnen

Sie können das Steuerelement vergrößern oder verkleinern. Bewegen Sie den Mauszeiger auf das Steuerelement, können Sie es mit gedrückter linker Maustaste im Tabellenblatt verschieben.

Steuerelemente lassen sich in der Regel im Nachhinein schlecht aktivieren, um beispielsweise ihre Größe zu ändern. Halten Sie die Strg-Taste gedrückt und klicken Sie das Steuerelement an. Jetzt ist es markiert und kann bearbeitet werden.

Sie können Steuerelemente in Excel ganz einfach optisch aufwerten, um ihnen ein moderneres und ansprechenderes Aussehen zu verleihen.

Dazu haben Sie die Möglichkeit, beispielsweise einen transparenten Rahmen, eine farbige Füllung oder einen eigenen Text hinzuzufügen.

1. Klicken Sie mit der rechten Maustaste auf das gewünschte Steuerelement.
2. Wählen Sie den Befehl STEUERELEMENT FORMATIEREN.

Im Reiter FARBEN UND LINIEN können Sie nun gezielt eine Farbe zuweisen, den Rahmen ausblenden oder auch abgerundete Ecken gestalten. So wirken Ihre Schaltflächen nicht mehr wie aus alten Excel-Versionen, sondern wie elegante kleine Werkzeuge in Ihrer eigenen Benutzeroberfläche.

Auswahllisten erstellen

Sie können über die Registerkarte ENTWICKLERTOOLS auch eine Liste erstellen, um etwa Elemente aus einer Tabelle einzubinden, die der Nutzer per Mausklick auswählen und so schnell auswerten kann. Sobald dieser einen Eintrag aus der Liste auswählt, werden die zugehörigen Daten automatisch angezeigt.

Das wäre zum Beispiel in einer Tabelle mit Umsatzzahlen der Filialen mehrerer Städte praktisch, um einen Städtenamen auszuwählen, woraufhin die Tabelle die Daten für diesen Ort aufbereitet (siehe Abbildung 21.7).

	A	B	C	D
1		Januar	Februar	März
2	Berlin	128.000	122.000	139.000
3	Bremen	190.000	140.000	150.000
4	Dinslaken	200.000	239.000	250.000
5	Dresden	280.000	258.000	180.000
6	Düren	230.000	440.000	280.000
7	Essen	250.000	210.000	450.000
8	Frankfurt	280.000	222.000	250.000
9	Gelsenkirchen	430.000	450.000	450.000
10	Halle	250.000	230.000	250.000
11	Hannover	280.000	345.000	350.000
12	Kassel	450.000	130.000	150.000
13	Kiel	380.000	155.000	200.000
14	Köln	350.000	270.000	300.000
15	Leipzig	280.000	390.000	460.000
16	Mainz	290.000	400.000	450.000
17	München	300.000	350.000	340.000
18	Nürnberg	290.000	300.000	290.000
19	Oberhausen	280.000	250.000	280.000
20	Rostock	270.000	590.000	500.000
21	Rügen	260.000	270.000	480.000
22	Schwerin	290.000	280.000	350.000
23	Stuttgart	230.000	270.000	280.000
24	Wiesbaden	250.000	150.000	170.000

Abbildung 21.7: Die Beispieltabelle

1. Um ein solches Element anzulegen, öffnen Sie das Auswahlfenster über die Schaltfläche EINFÜGEN.

2. Klicken Sie auf die Schaltfläche KOMBINATIONSFELD (siehe Abbildung 21.8).

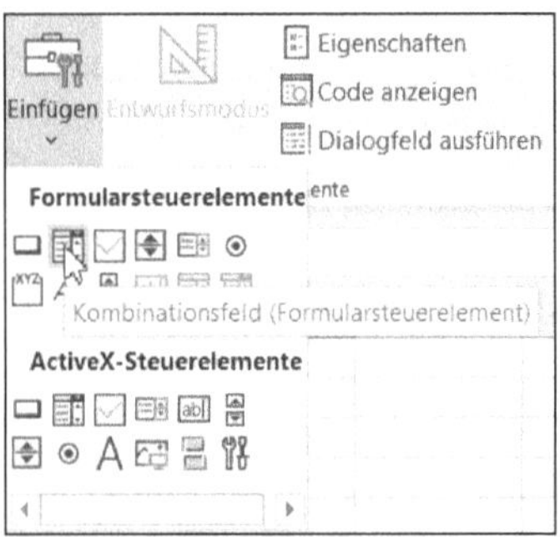

Abbildung 21.8: Steuerelement einfügen

3. Legen Sie das Feld mit gedrückter linker Maustaste im Tabellenblatt an und platzieren Sie es.

4. Klicken Sie anschließend mit der rechten Maustaste auf das Kombinationslistenfeld.

5. Geben Sie im Eingabebereich die Daten der Liste an. Auch wenn sich die Liste auf einem anderen Tabellenblatt befindet, können Sie sie einbinden.

6. Bei ZELLVERKNÜPFUNG geben Sie die Zelle an, in der das Ergebnis der Auswertung stehen soll, zum Beispiel G9.

Wenn Sie im Kombinationslistenfeld auf einen Eintrag klicken, zeigt Excel die Position in der Liste an. Es geht aber natürlich besser!

Die Funktion `=INDEX(Bezug;Zeile;[Spalte];[Bereich])` gibt die Werte einer bestimmten Zeile wieder.

7. Geben Sie innerhalb der Funktion zunächst den Bereich der Liste an.

8. Aktivieren Sie danach die Zelle, in der Excel die Position des Datensatzes anzeigt. Dieser wird über die Auswahl der zuvor angelegten Liste verbunden.

9. Da diese Zelle für die Funktion fixiert werden soll, damit der Bezug nach Kopieren des Inhalts erhalten bleibt, legen Sie mit der Taste F4 einen absoluten Bezug fest.

10. Nun geben Sie an, aus welcher Spalte die Informationen übertragen werden sollen.

11. Kopieren Sie die Funktion anschließend in die anderen Zellen und ändern Sie noch für jede Funktion die Spaltenzahl.

12. Excel übernimmt die Inhalte der ausgewählten Spalten und zeigt den kompletten Datensatz an (siehe Abbildung 21.9).

Eleganter wäre es, in der Umsatzübersicht den Städtenamen und einen Monat auszuwählen. Dabei holt sich Excel die Informationen aus einer präzisen Schnittstelle innerhalb der Tabelle (siehe Abbildung 21.10).

Dies lässt sich mit den Funktionen umsetzen:

```
=INDEX(Bereich;Zeile;[Spalte])
```

und

```
=VERGLEICH(Suchkriterium;Suchmatrix;[Vergleichstyp])
```

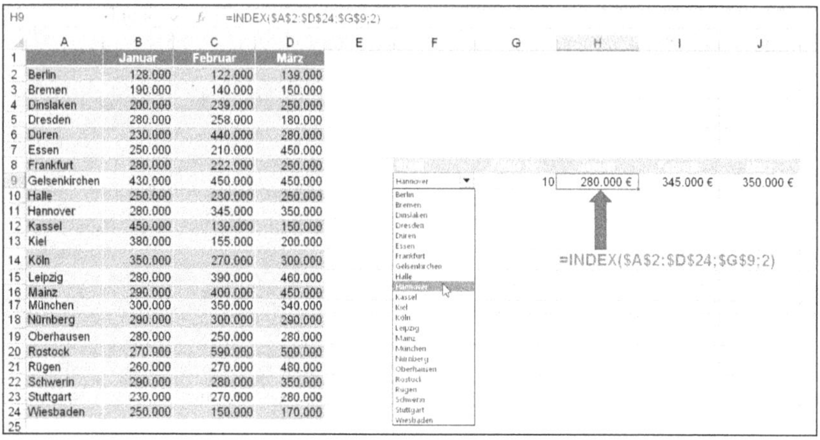

	A	B	C	D
1		Januar	Februar	März
2	Berlin	128.000	122.000	139.000
3	Bremen	190.000	140.000	150.000
4	Dinslaken	200.000	239.000	250.000
5	Dresden	280.000	258.000	180.000
6	Düren	230.000	440.000	280.000
7	Essen	250.000	210.000	450.000
8	Frankfurt	280.000	222.000	250.000
9	Gelsenkirchen	430.000	450.000	450.000
10	Halle	250.000	230.000	250.000
11	Hannover	280.000	345.000	350.000
12	Kassel	450.000	130.000	150.000
13	Kiel	380.000	155.000	200.000
14	Köln	350.000	270.000	300.000
15	Leipzig	280.000	390.000	460.000
16	Mainz	290.000	400.000	450.000
17	München	300.000	350.000	340.000
18	Nürnberg	290.000	300.000	290.000
19	Oberhausen	280.000	250.000	280.000
20	Rostock	270.000	590.000	500.000
21	Rügen	260.000	270.000	480.000
22	Schwerin	290.000	280.000	350.000
23	Stuttgart	230.000	270.000	280.000
24	Wiesbaden	250.000	150.000	170.000
25				

Abbildung 21.9: Auswahlliste und INDEX-Funktion

	A	B	C	D
1		Januar	Februar	März
2	Berlin	128.000	[illegible]	139.000
3	Bremen	190.000	[illegible]	150.000
4	Dinslaken	200.000	[illegible]	250.000
5	Dresden	280.000	[illegible]	180.000
6	Düren	230.000	[illegible]	280.000
7	Essen	250.000	[illegible]	450.000
8	Frankfurt	280.000	[illegible]	250.000
9	Gelsenkirchen	430.000	[illegible]	450.000
10	Halle	250.000	[illegible]	250.000
11	Hannover	[illegible]	345.000	350.000
12	Kassel	450.000	130.000	150.000
13	Kiel	380.000	155.000	200.000
14	Köln	350.000	270.000	300.000
15	Leipzig	280.000	390.000	460.000
16	Mainz	290.000	400.000	450.000
17	München	300.000	350.000	340.000
18	Nürnberg	290.000	300.000	290.000
19	Oberhausen	280.000	250.000	280.000
20	Rostock	270.000	590.000	500.000
21	Rügen	260.000	270.000	480.000
22	Schwerin	290.000	280.000	350.000
23	Stuttgart	230.000	270.000	280.000
24	Wiesbaden	250.000	150.000	170.000

Abbildung 21.10: Informationen aus einer bestimmten Zelle

13. Die Kombination (siehe Abbildung 21.11) aus beiden wäre dann:

```
=INDEX(A1:D24;VERGLEICH(G10;A1:A24;0);VERGLEICH(G8;A1:D1;0))
```

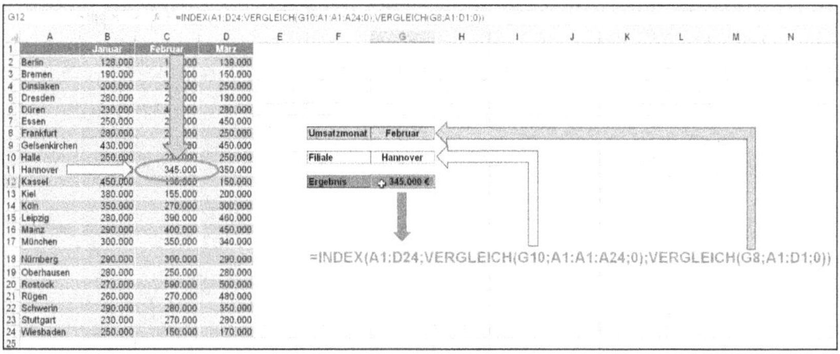

Abbildung 21.11: Kombination Funktionen = Schnittpunkt

Sie können auch zwei Steuerelemente miteinander kombinieren, um Ihre Arbeitsmappe noch interaktiver zu gestalten.

Setzen Sie beispielsweise ein Drehfeld ein, mit dem ein Betrag – etwa eine Eurohöhe – gesteuert wird, und ergänzen Sie dazu ein Kombinationsfeld, über das die gewünschte Währung wie USD, CHF oder GBP ausgewählt werden kann. Beide Steuerelemente sind jeweils mit einer eigenen Zelle verknüpft.

In einer dritten Zelle führen Sie anschließend die Berechnung oder Umrechnung durch, indem Excel die beiden Eingaben automatisch verarbeitet. Auf diese Weise schaffen Sie eine benutzerfreundliche und dynamische Steuerung – ganz ohne Makro (dazu mehr im nächsten Kapitel!).

Ein Klick dank KI

Auch ohne Programmierkenntnisse kann Ihnen eine KI wie ChatGPT oder Microsoft Copilot eine wertvolle Unterstützung bei der Arbeit mit Steuerelementen in Excel sein. Sie hilft Ihnen nicht nur bei der Planung, sondern auch bei der praktischen Umsetzung und Gestaltung.

So können Sie die KI zum Beispiel fragen, wie Sie ein **Drehfeld** und ein **Kombinationsfeld** sinnvoll miteinander kombinieren.

Die KI erklärt Ihnen Schritt für Schritt, welche Zellen Sie verknüpfen, welche Einstellungen Sie vornehmen und wie Sie die Eingaben anschließend sinnvoll auswerten.

Wenn Sie eine Auswahlliste mit vordefinierten Werten benötigen, können Sie sich von der KI direkt die passenden Daten erstellen lassen.

Fragen Sie einfach nach einer Liste mit europäischen Ländern, deutschen Städten oder Währungen – die Ergebnisse lassen sich bequem in Excel übernehmen und als Quelle für ein Kombinationsfeld nutzen.

Darüber hinaus kann Ihnen die KI helfen, Formeln wie `=INDEX()` und `=VERGLEICH()` korrekt aufzubauen. Geben Sie einfach an, was Sie erreichen möchten – beispielsweise, dass bei Auswahl eines Eintrags automatisch der zugehörige Wert angezeigt werden soll –, und die KI liefert Ihnen eine passende Formel samt Erklärung.

Selbst beim Design und der Benutzerführung steht Ihnen die KI unterstützend zur Seite. Sie erhalten Tipps, wie Sie Steuerelemente übersichtlich anordnen, welche Farben sich eignen oder wie Sie Beschriftungen gestalten, um Ihre Excel-Oberfläche besonders benutzerfreundlich wirken zu lassen.

Und wenn Sie noch am Anfang stehen, können Sie die KI sogar als persönlichen Assistenten nutzen. Sie beantwortet Ihnen auf Wunsch Fragen wie »Was ist der Unterschied zwischen Kombinationsfeld und Listenfeld?« – und erklärt Ihnen die Funktionen so oft, wie Sie möchten.

So machen Sie mehr aus Ihren Schaltflächen – mit Unterstützung durch künstliche Intelligenz, ganz ohne technische Hürden.

IN DIESEM KAPITEL

legen Sie Makros an.

führen Sie Makros aus.

überdenken Sie die Sicherheit.

Kapitel 22
Makros: ein Befehl für alle

Immer wieder dieselben Befehle ausführen … das können Sie einfacher haben! Legen Sie Makros an, die eine bestimmte Befehlsreihenfolge aufzeichnen und dann später ausführen. Mit ihnen sparen Sie nicht nur Zeit – Sie bringen Excel dazu, für Sie zu arbeiten!

Makros aufzeichnen

Makros sind ein »supergroßes Thema«, über das es bereits zahlreiche Bücher gibt! Wenn Sie sich bei der Aufzeichnung vertun – kein Problem: Makro löschen und neu aufzeichnen! Makros sind geduldig. Beim Aufzeichnen können Sie durch verschiedene Registerblätter klicken, Formatierungen übernehmen oder Daten kopieren – das Makro merkt sich jeden Schritt.

Die einfache Handhabung erkläre ich Ihnen hier anhand eines Beispiels.

Bei der Eingabe einer Zahl in eine Zelle soll die Zelle automatisch mit dem Buchhaltungsformat und drei Dezimalstellen formatiert werden:

1. Klicken Sie ganz unten links im Fenster auf die entsprechende Schaltfläche, um ein Makro aufzuzeichnen (siehe Abbildung 22.1).

Abbildung 22.1: Die Aufzeichnung beginnt.

2. Vergeben Sie nun einen Namen. Achtung! Hier dürfen keine Leer- oder unzulässigen Sonderzeichen verwendet werden, sonst moniert das Programm dies.

3. Tippen Sie Ihre Tastenkombination ein, mit der das Makro ausgeführt werden soll. Beispiel: Strg+⇧+E (siehe Abbildung 22.2).

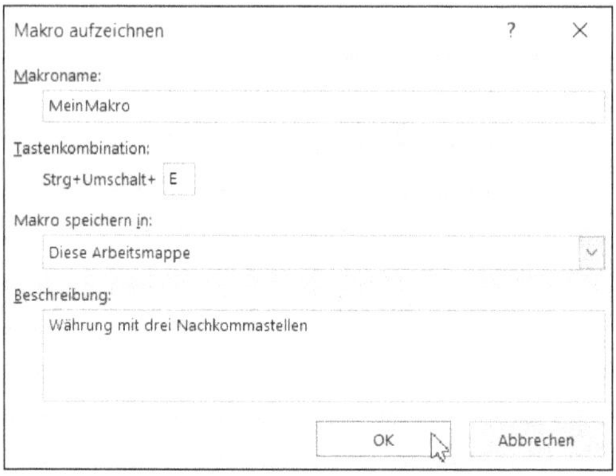

Abbildung 22.2: Namen und Tasten festlegen

4. Legen Sie gegebenenfalls fest, für welche Arbeitsmappen das Makro gültig sein soll.

5. Führen Sie nun Ihre Schritte aus, die aufgezeichnet werden sollen: Klicken Sie auf die Schaltfläche BUCHHALTUNGSFORMAT und geben Sie mit einem Klick drei Nachkommastellen an (siehe Abbildung 22.3).

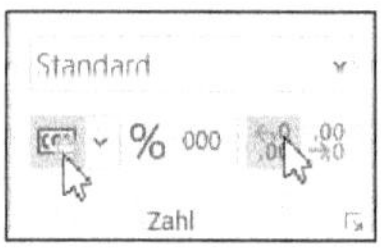

Abbildung 22.3: Die Schritte aufzeichnen

6. Klicken Sie wieder auf die Schaltfläche in der *Statusleiste*, um die Aufzeichnung zu beenden (siehe Abbildung 22.4).

Abbildung 22.4: Beenden der Aufzeichnung

Das Makro ist aufgezeichnet. Das ist jetzt Ihr Makro! Sie können es gleich ausprobieren.

Klicken Sie nun in irgendeine andere Zelle. Tippen Sie eine beliebige Zahl ein und drücken Sie die Tasten Ihres gerade aufgezeichneten Makros: Strg+⇧+E.

Das Format wird automatisch übertragen. Genauso funktioniert es mit anderen Befehlsreihenfolgen, die Sie aufzeichnen möchten. Sie müssen nur wissen, was und wie Sie es wollen!

Möchten Sie ein Makro bearbeiten, drücken Sie die Tasten Alt+F8.

Wenn Sie auf die Schaltfläche Bearbeiten klicken, öffnet sich der Visual-Basic-Editor (Alt+F11). Hier können Sie, wenn Sie wollen, Ihre Makro-Programmierkenntnisse unter Beweis stellen.

Arbeitsmappen, die Makros enthalten, müssen als Makrodateien (Excel-Arbeitsmappe mit Makros) gespeichert werden.

Beim späteren Öffnen erscheint eine Makrosicherheitswarnung. Die Optionen dazu finden Sie in der Registerkarte Entwicklertools unter Makrosicherheit (Alt+W+2) oder unter den Excel-Optionen im Sicherheitscenter.

Wählen Sie in der Makrosicherheit immer Alle Makros mit Benachrichtigung deaktivieren.

Wenn Sie die erste Option Alle Makros ohne Benachrichtigung deaktivieren aktivieren, lassen sich die Makros nicht mehr ausführen!

Speichern Sie Ihre besten Makros in der persönlichen Makroarbeitsmappe (PERSONAL.XLSB). So stehen sie Ihnen in jedem Excel-Dokument zur Verfügung. Einfach beim Aufzeichnen unter Speichern in die persönliche Arbeitsmappe wählen!

Was ist eigentlich eine »*.XLSB-Datei«?

Wenn Sie mit Makros arbeiten, stoßen Sie früher oder später auf eine Datei mit der Endung .XLSB – und fragen sich vielleicht: Was ist das denn?

Keine Sorge: Das ist kein Fehler und kein Geheimcode. Die Endung ».XLSB« steht einfach für »Excel Binary Workbook«, also eine Excel-Arbeitsmappe im Binärformat. Dieses Format ist besonders kompakt und schnell, vor allem wenn große Datenmengen oder viele Makros enthalten sind.

Excel speichert auch die persönliche Makroarbeitsmappe – also Ihre globale Makrosammlung – genau in diesem Format. Sie trägt den Namen »PERSONAL.XLSB« und wird im Hintergrund geöffnet, sobald Sie Excel starten. Dadurch stehen Ihnen Ihre Makros jederzeit zur Verfügung – ganz egal, mit welcher Excel-Datei Sie gerade arbeiten.

Übrigens: Auch »*.XLSB-Dateien« können Makros enthalten. Daher zeigt Excel beim Öffnen eine entsprechende Sicherheitswarnung an – genauso wie bei »*.XLSM-Dateien«. Makrosicherheit ist also auch hier ein wichtiges Thema!

Eine Form mit Makro

Sie können in Excel auch eigene Schaltflächen kreieren. Dazu nutzen Sie eine der Formen, die Ihnen in der Registerkarte EINFÜGEN zur Verfügung stehen. In diesem Beispiel fügen Sie ein Textfeld ein.

1. Holen Sie die Registerkarte EINFÜGEN in den Vordergrund.
2. Fügen Sie über die Schaltfläche FORMEN ein Textfeld ein und legen Sie es mit gedrückter linker Maustaste an.
3. Ist das Textfeld aktiviert, erscheint die Registerkarte ZEICHENTOOLS|FORMAT.
4. Wählen Sie hier unter FÜLLEFFEKT eine Angabe aus.
5. Tippen Sie in das Textfeld zum Beispiel den Text »Start«.

Das Textfeld kann nun für die Zuweisung eines Makros genutzt werden.

Jetzt müssen Sie nur noch das zuvor erstellte Makro der Schaltfläche zuweisen.

6. Klicken Sie mit der rechten Maustaste auf die Schaltfläche.
7. Wählen Sie den Eintrag MAKRO ZUWEISEN.
8. Geben Sie das entsprechende Makro per Mausklick an. Bestätigen Sie mit der Schaltfläche OK. Das Makro ist zugewiesen.

Sie brauchen nur auf die Form zu klicken und das Makro startet. Die Form muss übrigens kein Textfeld sein. Es funktioniert auch mit anderen Formen.

Eine Schaltfläche für Ihr Makro

Sie können auch eine Schaltfläche für Ihr Makro in der *Symbolleiste für den Schnellzugriff* anlegen.

1. Bewegen Sie den Mauszeiger an eine beliebige Stelle der Symbolleiste und drücken Sie die rechte Maustaste.
2. Aktivieren Sie SYMBOLLEISTE FÜR DEN SCHNELLZUGRIFF ANPASSEN.
3. Wählen Sie unter BEFEHLE AUSWÄHLEN: DIE MAKROS aus.
4. Fügen Sie Ihr Makro der *Symbolleiste für den Schnellzugriff* hinzu (siehe Abbildung 22.5).
5. Bestätigen Sie mit der Schaltfläche OK.

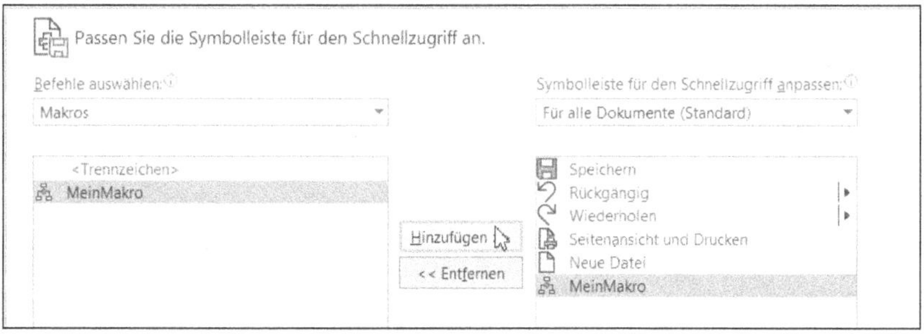

Abbildung 22.5: Makro als Schaltfläche hinzufügen

Ihr Makro steht nun für Sie als Symbol/Schaltfläche in der *Symbolleiste für den Schnellzugriff* »mausklickbereit«.

KI – Ihr persönlicher Makro-Mitarbeiter

Excel selbst bietet zwar noch keine eingebaute »Makro-KI«, aber Sie können mit KI-Tools wie ChatGPT mächtig nachhelfen. Makros sparen Zeit – und mit künstlicher Intelligenz (KI) geht's jetzt sogar noch leichter.

Sie wollen ein Makro erstellen, wissen aber nicht, wie der Code aussieht? Kein Problem – künstliche Intelligenz hilft weiter!

Wenn Sie Ihre Makros mit KI verbessern oder erweitern wollen, beschreiben Sie einfach Schritt für Schritt, was passieren soll – möglichst präzise. Die KI erledigt den Rest.

Wenn Sie sich nicht mit dem Visual-Basic-Editor herumschlagen wollen oder sich bei der Programmierung unsicher fühlen: KI-Tools wie ChatGPT springen gerne ein.

Sie müssen nur in einfachen Worten beschreiben, was das Makro tun soll – zum Beispiel: »Erstelle mir ein Makro, das die Zellen B2 bis B100 auf leere Einträge prüft und leere Zellen gelb einfärbt.«

Schon liefert Ihnen die KI den passenden VBA-Code – bereit zum Einfügen (Alt+F11) und Ausprobieren.

Je genauer Sie die Aufgabe beschreiben, desto besser wird das Ergebnis. Aber die KI kann noch mehr: Sie erklärt Ihnen auch bestehende Makros, wenn Sie mal nicht mehr durchblicken. Kopieren Sie einfach den VBA-Code und schreiben Sie dazu: »Erkläre mir, was dieses Makro macht – bitte einfach und verständlich.«

Das ist besonders praktisch, wenn Sie ein aufgezeichnetes Makro verändern möchten, sich aber im Code-Dschungel verirren. So wird die KI zum persönlichen Dolmetscher zwischen Ihnen und Excel.

Die Kombination aus Makros und KI ist wie ein persönlicher Excel-Assistent mit Programmierkenntnissen. Sie sagen, was Sie wollen – und bekommen eine Lösung, die genau das tut. Ohne Programmierkenntnisse, ohne Frust, ohne stundenlanges Googeln.

Ein Beispiel: Makro von der KI schreiben lassen

Sie möchten ein Makro haben, das alle Zahlen in Spalte A durch 2 teilt – aber nur dann, wenn in der jeweiligen Zelle überhaupt eine Zahl steht. Klingt kompliziert? Nicht für die KI!

Sie schreiben zum Beispiel in ein KI-Tool wie ChatGPT: »Erstelle ein Makro, das in Spalte A alle Zahlen durch 2 teilt. Wenn eine Zelle leer ist oder Text enthält, soll sie übersprungen werden.«

Die KI antwortet mit einem fertigen Makro. Sie können das Makro einfach in den Visual-Basic-Editor kopieren (Alt+F11), auf AUSFÜHREN klicken und zusehen, wie Excel Ihre Spalte automatisch anpasst.

Teil III

Der Top-Ten-Teil – kreativ und geheim!

Der
Top-Ten-
Teil

web
Extras

Besuchen Sie uns auf `www.fuer-dummies.de` oder unseren Social-Media-Kanälen:

Facebook
`www.facebook.com/fuerdummies`

Instagram
`www.instagram.com/furdummies`

YouTube
`www.youtube.com/@dummies-mann`

IN DIESEM TEIL …

- entdecken Sie versteckte Assistenten.
- wandeln Sie Maße richtig um.
- verbessern Sie Ihre Ansichten.

IN DIESEM KAPITEL

arbeiten Sie mit Verborgenen.

helfen Sie dem Zufall auf die Sprünge.

machen Sie mit Excel Stimmung.

Kapitel 23
Excel-Überraschung mal 10!

Wer hätte gedacht, dass man Excel auch zu etwas anderem gebrauchen kann als nur zum Berechnen von Formeln und zum Erstellen von Statistiken. In früheren Versionen fand man häufig versteckte Spiele (sogenannte »Easter Eggs«) wie Flugsimulator oder Autorennen, doch mittlerweile ist das leider nicht mehr so. Dennoch kann Excel manchmal ganz schön crazy sein! Hier meine subjektive Top-Ten-Liste dazu!

Ausgegraben wie Tutanchamun

Eine Datenmaske ist in den Niederungen der Excel-Befehle verschwunden, stand sie doch in früheren Versionen direkt zur Verfügung. Mit diesem Excel-Fossil konnte man prima Daten erfassen und verwalten.

Damit die Datenmaske ihr Comeback feiern kann, muss sie erst in die Symbolleiste für den Schnellzugriff als Schaltfläche angelegt werden.

Sie wissen vielleicht, wie Sie eine Schaltfläche in die Symbolleiste legen. Falls nicht, sind die Schritte schnell erklärt. Verschiedene Wege führen zum Ziel beziehungsweise zur erwähnten Schaltfläche. Ein leicht zu erklärender Weg ist der Weg übers Menü. Wählen Sie also DATEI, klicken Sie auf OPTIONEN und geben Sie SYMBOLLEISTE FÜR DEN SCHNELLZUGRIFF an.

Hier können Sie die Symbolleiste für den Schnellzugriff schnell anpassen.

1. Wählen Sie unter BEFEHLE AUSWÄHLEN: den Eintrag ALLE BEFEHLE.
2. Jetzt stehen Ihnen sämtliche Befehle, die es in Excel gibt, zur Verfügung.
3. Scrollen Sie nach unten, bis Sie die Angabe MASKE sehen.

Es geht noch schneller. Klicken Sie den ersten Eintrag an und tippen Sie ein `m` ein. Excel springt nun zu den Einträgen, die mit »M« beginnen!

4. Klicken Sie nun MASKE an.

5. Mit einem Mausklick auf die Schaltfläche HINZUFÜGEN legen Sie hier die gewünschte Schaltfläche in der SYMBOLLEISTE FÜR DEN SCHNELLZUGRIFF an. Befehle können hier auch schnell per Doppelklick hinzugefügt und entfernt werden.

6. Sobald Sie über die Schaltfläche OK bestätigen, befindet sich die Schaltfläche MASKE ganz oben auf dem Bildschirm in der SYMBOLLEISTE FÜR DEN SCHNELLZUGRIFF.

Ein Mausklick in die Liste genügt, und Sie können per Mausklick auf die Schaltfläche MASKE die Datenmaske wieder aktivieren (siehe Abbildung 23.1).

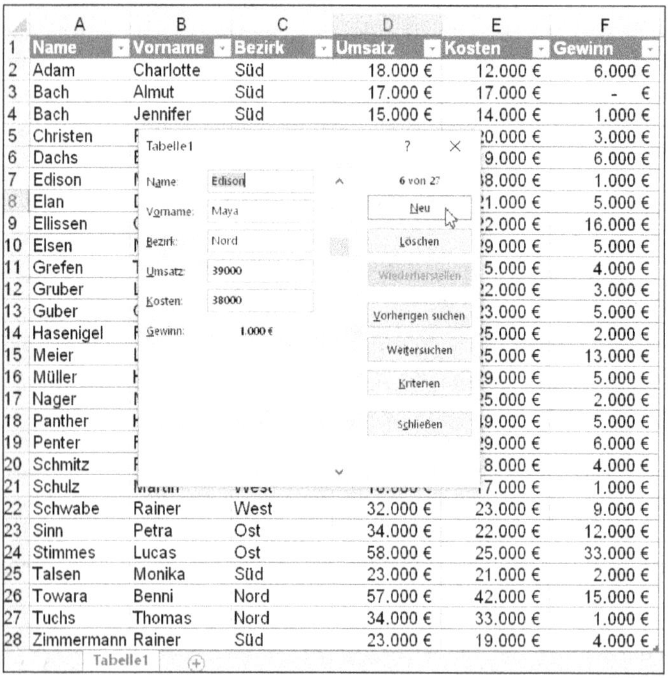

Abbildung 23.1: Nützliche Maske zur Verwaltung von Datensätzen

Hier können Sie Ihre Liste super verwalten. Fügen Sie zum Beispiel einen neuen Datensatz ein, wird dieser automatisch an die Liste angehängt.

Bock auf Tierkreiszeichen?

Wer in seine Zukunft blicken möchte, vertraut vielleicht Horoskopen. Zwar kann Excel kein Horoskop erstellen, aber das Programm kann einem Geburtsdatum schnell das Tierkreiszeichen zuordnen (siehe Abbildung 23.2).

=INDEX(Tierkreiszeichen;VERGLEICH(DATUM(;MONAT(F4);TAG(F4));INDEX(Tierkreiszeichen;;2));1)

B	C	D	E	F	G
Steinbock	1		**Name**	**Geburtstag**	**Tierkreiszeichen**
Wassermann	21		Adam	22.11.1972	Skorpion
Fische	51		Bernd	25.08.1981	Jungfrau
Widder	81		Christien	05.01.1985	Steinbock
Stier	112		Dagmar	02.04.1969	Widder
Zwillinge	142		Philipp	22.04.2002	Stier
Krebs	174		Monika	03.07.1962	Krebs
Löwe	205		Ulla	24.03.1974	Widder
Jungfrau	237				
Waage	268				
Skorpion	298				

Abbildung 23.2: Zu jedem Tierkreiszeichen gehört in Excel eine Zahl.

Jedem Tierkreiszeichen ist in Excel eine Zahl zugeordnet. Diese Zahlen beziehen sich auf das Jahr 1900 – das Jahr, in dem Excel seine Tageszählung beginnt.

Für diesen Zellbereich vergeben Sie am besten einen Namen wie `Tierkreiszeichen`.

Geben Sie dann die Formel `=INDEX(Tierkreiszeichen;VERGLEICH(DATUM(;MONAT(F4);TAG(F4));INDEX(Tierkreiszeichen;;2));1)` ein.

Zu jedem eingebenden Geburtstag in Zelle F4 erscheint dann als Text das passende Tierkreiszeichen. Danach wird die Formel einfach kopiert. In der Schriftart WINGDINGS finden Sie die passenden Symbole für die Tierkreiszeichen, die Sie auch noch berücksichtigen können.

Excel macht Stimmung

Beim Eingeben kann Excel auch noch Spaß machen. Sie können schon bei der Eingabe mit entsprechenden Visualisierungen Freude, Leid und Neutralität anhand von zutreffenden Smileys ausdrücken. So sehen Sie auf den ersten Blick, ob Zahlen über oder unter den Erwartungen liegen oder genau diesen entsprechen. Geben Sie dazu die Formel `=WENN(A1>A2;ZEICHEN(74);WENN(A1=A2;ZEICHEN(75);Zeichen(76)))` ein und kopieren Sie die Formel in die entsprechenden Zellen.

Formatieren Sie diesen Zellbereich mit der Schriftart Wingdings. Entsprechend den Werten in der einen Zelle erscheint in der anderen Zelle die optische Auswirkung: der Smiley.

Über die Schaltfläche BEDINGTE FORMATIERUNG in der Registerkarte START können Sie noch mehr Farbe ins Spiel bringen.

Sie können auch beliebige Symbole (der Schriftart Wingdings) zur optischen Fehleranzeige verwenden.

Mit der Formel `=WENN(ISTFEHLER(A1);"Fehler";"")` wird das Wort `Fehler` angezeigt, ansonsten bleibt die Zelle leer.

Die Zeichen 74, 75, 76 der Schriftart Wingdings stehen für die emotionalen Smileys lachen, neutral und traurig.

Mit der Formel `=WENN(ISTFEHLER(C7);ZEICHEN(76);ZEICHEN(74))` erscheinen ein trauriger Smiley bei einem Fehler und ein lachender, wenn kein Fehler angezeigt wird.

Möchten Sie die Formel für einen gesamten markierten Bereich festlegen, beenden Sie die Formeleingabe über die Tastenkombination Strg+↵. Geben Sie dann noch als Schriftart Wingdings an.

Dem Zufall auf die Sprünge helfen

Hier brauchen Sie kein exaktes Ergebnis, sondern eher ein zufälliges. Das ist wie Glück im Spiel! Wenn Sie möchten, können Sie alles auf eine Zahl setzen. Zufallszahlen könnten Sie mit einem eigenen Makro ermitteln.

Mit der Funktion `=ZUFALLSZAHL()` lässt sich eine zufällige Zahl zwischen 0 und 1 bilden.

Die Funktion enthält überhaupt keine Parameter! Sie geben einfach eine beliebige Zahl mit Dezimalstellen wie zum Beispiel `0,244578305` ein. Jetzt wird nur noch mit `100` multipliziert und die Funktion `=RUNDEN()` eingesetzt: `=RUNDEN(ZUFALLSZAHL()*100;0)`.

Über die Taste F9 erfolgt immer wieder eine Neuberechnung.

Wie weit der Zahlenbereich gehen soll, müssen Sie entscheiden. So ergibt `=RUNDEN(ZUFALLSZAHL()*10.000.000;0)` Zahlen zwischen 1 und 9.999.999.

Reiner Zufall

Neben der sofortigen Zahl gibt es noch den Zufallsbereich. Stellen Sie dazu ein paar beliebige Zahlenkolonnen in einer Tabelle auf. Falls Sie aus Versehen Werte doppelt eingeben, kommt vielleicht die Formel `=IDENTISCH()` zum Einsatz. Leider können Sie dabei nur zwei Argumente miteinander vergleichen. Setzen Sie dabei den Zellzeiger in eine leere Zelle in der ersten Zeile der Tabelle und geben Sie die Formel `=IDENTISCH(A1;B1)` ein. Kopieren Sie nun die Formel für die übrigen Zeilen. Als Ergebnis erhalten Sie WAHR für identische und FALSCH für nicht identische Zelleninhalte.

Die Excel-Formel `=ZUFALLSBEREICH()` wählt Zahlen per Zufallsgenerator. Zunächst legen Sie aus der Zahlentabelle die Zufallsspalte mit der Formel `=TEIL("ABCDE";ZUFALLSBEREICH(1;5);1)` fest.

Der gleiche Zufall gilt auch für Zeilen mit der Formel `=TEIL(12345678910;ZUFALLSBEREICH(1;10);1)`.

Zwei Zufälle auf einmal. Dort, wo Spalte und Zeile sich treffen, ergibt sich die Zufallszahl (siehe Abbildung 23.3).

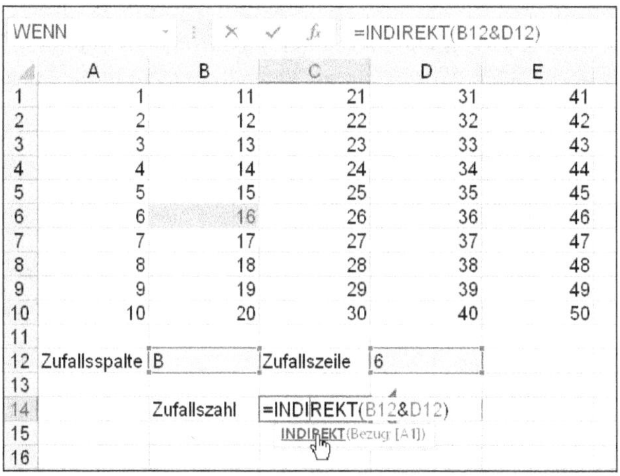

Abbildung 23.3: Zufällige Spalte und Zeile = Zufallszahl

Im Beispiel steht die Zufallsspalte in B12 und die Zufallszeile in D12. Jetzt muss nur noch der Inhalt der entsprechenden Zeile aufgeführt werden. Die Funktion `=INDIREKT()` bietet sich für die Verknüpfungen an, bei denen sowohl Zellennamen als auch Tabellennamen inhaltlich angezeigt werden können, in diesem Beispiel: `=INDIREKT(B12&D12)`.

Rien ne va plus – nichts geht mehr! Drücken Sie die Taste F9 für die Neuberechnung. Haben Sie die richtige Zahl?

Möchten Sie auch noch Farbe ins Spiel bringen und sich die Zufallszahl ebenfalls optisch in der Matrix anzeigen lassen, verwenden Sie die BEDINGTE FORMATIERUNG in der Registerkarte START.

Sie geben zum Beispiel unter REGELN ZUM HERVORHEBEN von Zellen den Eintrag GLEICH an, wählen die Zufallszelle und die Art der Formatierung aus.

Sie können sich aber auch sofort Ihre Zufallszahl anzeigen lassen, indem Sie einfach den Zahlenbereich direkt in die Funktion eingeben: `=ZUFALLSBEREICH (Untere_Zahl;Obere_Zahl)`.

Die Funktion liefert immer nur ganze Zahlen! Dabei können auch negative Zahlen eingegeben werden.

Möchten Sie Nachkommastellen angezeigt bekommen, ändern Sie die Formel zu: `=ZUFALLSBEREICH(10;300)/10`.

Möchten Sie den Zufallsbereich für einen markierten Bereich angeben, drücken Sie einfach die Tasten Strg+↵.

Die Funktion lässt sich mit beliebigen anderen Funktionen prima kombinieren. So ergibt `=HEUTE()+ZUFALLSBEREICH(0;30)` ein zufälliges Datum innerhalb der nächsten 30 Tage.

Zufällige Wörter finden

Doch nicht nur Zahlen können per Zufall gefunden werden, sondern auch über die Funktion `=ZUFALLSBEREICH()` die passenden Wörter (siehe Abbildung 23.4).

So kann man einen kreativen Wörtersalat oder einen Bestseller nach dem Motto schreiben: »Was will uns der Autor damit sagen?«

Erstellen Sie dazu eine Liste und kombinieren Sie wieder die Funktionen: `=INDEX (LISTE;ZUFALLSBEREICH(1;10))`.

Die Parameter ermitteln hier im Beispiel einen Inhalt aus einer Liste von 10 Einträgen. Und die zufällige Wörterkreativität kann noch weiter gehen …! Ob das immer die passenden Worte sind, sei dahingestellt.

Nutzen Sie wiederum die Kombination aus den Funktionen `=INDEX()` und `=ZUFALLSBEREICH()`.

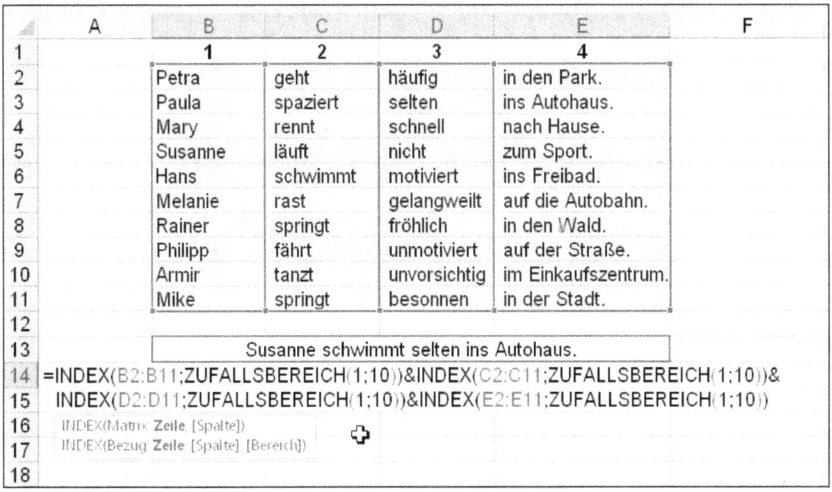

Abbildung 23.4: Wenn es einem die Sprache verschlägt: zufällige Sätze finden

Geben Sie die Leerzeichen direkt in den einzelnen Zellen ein, wird die Formel übersichtlicher.

Wann feiern Sie Geburtstag?

Happy birthday to you. Es ist jedes Jahr das Gleiche, es sei denn, Sie sind in einem Schaltjahr genau am 29. Februar geboren. Sie möchten wissen, an welchem Tag Sie Geburtstag feiern können? Dazu brauchen Sie keinen Blick auf den Kalender zu werfen, sondern lassen sich von Excel den Wochentag Ihres Geburtstags anzeigen.

Die Text-Funktion wandelt Zahlen in Texte um: `=TEXT(Zahl;Textformat)`. Ähnlich ist es bei der Funktion `=FEST()`. Nur kann die Text-Funktion Zahlenformate zum Beispiel direkt übertragen.

A1:456,789

B1:`=TEXT(A1,"$0,00")`

Das Ergebnis ist: $456,78

Bei der Angabe eines Datums wird in einen Wochentag umgewandelt. Tippen Sie dazu in eine Zelle Ihr Geburtsdatum und setzen Sie die Text-Funktion ein: `TEXT(A1;"TTTT, TT.MMMM")`.

Nun können Sie Texte und Zellen – wie zuvor in diesem Artikel beschrieben – leicht verketten:

```
C2="Mein Geburtsdatum "&A1&" fällt in diesem Jahr auf den Wochentag
"&TEXT(A1;"TTTT, TT.MMMM")&"."
```

Lassen Sie sich an Ihrem Geburtstag reichlich beschenken. Denn nach dem Geburtstag ist vor dem Geburtstag, auch wenn es wieder fast ein Jahr dauert.

In Maßen rechnen

Gehen Sie gerne in den englischen Pub um die Ecke? Prost! Und Excel macht das Maß voll. Die britische Gallone basiert auf einem Bier-Maß aus dem Mittelalter. Sie wollen wissen, wie viele Liter Sie jetzt trinken dürfen (siehe Abbildung 23.5)?

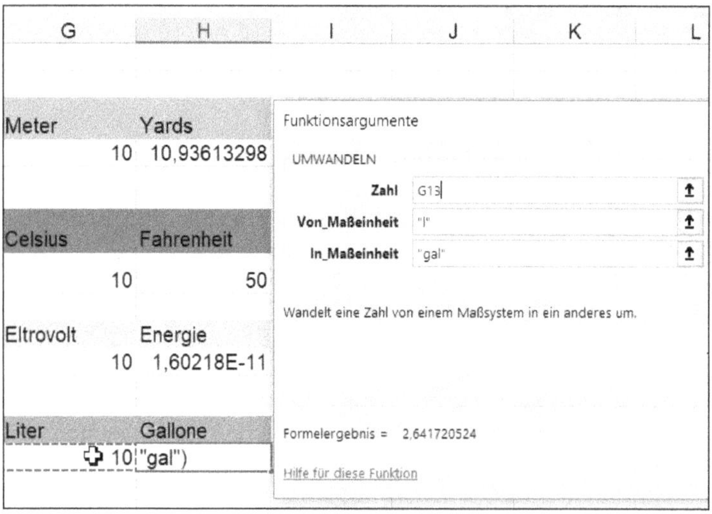

Abbildung 23.5: Wer trinkt wie viel? In Liter oder Gallonen

Oder Sie sind eher der sportliche Typ. Wenn Sie Golf spielen oder ein Turnier verfolgen, fliegt der Ball in Yards oder Meter. Bevor der Ball wieder landet, rechnen Sie die entsprechende Länge des Grüns um.

Excel wandelt Maßeinheiten um, wie zum Beispiele Celsius in Fahrenheit, Liter in Pints, Watts in PS und so weiter.

Dazu nutzen Sie die Funktion `=UMWANDELN(Zelle;Zelle)`.

Die Funktion benötigt drei Argumente:

- ✔ die Zahl, die umgewandelt werden soll,
- ✔ die Maßeinheit, aus der umgewandelt werden soll, und
- ✔ die Maßeinheit, in die umgewandelt werden soll.

Die Angabe der Maßeinheiten erfolgt in Anführungszeichen.

Natürlich fehlen Ihnen jetzt noch die Argumente, die für die Maße stehen. Die wichtigsten finden Sie in der Abbildung 23.6.

Umwandeln kann man in Excel viel. Dabei existieren unterschiedliche Zahlensysteme. So kennt der Computer nur die Zustände »0« und »1« – das binäre Zahlensystem.

Die Funktion `=DEZIMAL(Text;Basis)` wandelt eine binäre Textzahl (zum Beispiel 00000001) auf der Basis 10 in eine Dezimalzahl (=1) um.

Anderes herum geht es auch! Mithilfe der Funktion `=BASIS(Zahl;Basis;Mindestlänge)` rechnen Sie schnell wiederum eine Dezimalzahl in eine Binärzahl um.

Dabei können auch Zahlen in das Hexadezimalsystem (mit der Basis 16) umgewandelt werden.

Die Angabe der Mindestlänge ist nicht zwingend erforderlich. Geben Sie hier nichts an, wird das Ergebnis ohne führende Nullen angezeigt. Die Funktionen `=HEXINBIN(Zahl)`, `=HEXINDEZ(Zahl;Stellen)` und `=HEXINOKT(Zahl;Stellen)` wandeln eine hexadezimale Zahl jeweils in eine binäre, dezimale oder Oktalzahl um.

Das Oktal-Zahlensystem bezieht sich auf die Basis 8. Die Funktion `=DEZINOKT(Zahl;Stellen)` wandelt die Dezimalzahl sofort um.

Beim Umwandeln von arabischen Zahlen ins Römische hilft die Funktion `=RÖMISCH(Zahl;Typ)`. Eine Zahl darf hier nicht negativ und nicht größer als 3.999 sein. Über das Argument `Typ` geben Sie mit den Zahlen 0, 1, 2, 3, 4 Zahlenformate für das Ergebnis an. Die »0« (oder auch keine Eingabe) steht hier für das klassische Zahlenformat, so wie Sie es wahrscheinlich kennen. Wer nun alles wieder zurückwandeln möchte, nimmt analog dazu die Funktion `=ARABISCH(Text)`.

Beispiele

Druck	**Maßeinheit (Typ)**	**Entfernung**	**Maßeinheit (Typ)**	**Gewicht und Masse**	**Maßeinheit (Typ)**
Atmosphäre	at oder atm	Fuß	ft	Gramm	g
Pascal	p	Meilen Festland	mi	Pfund (Handelsgewicht)	lbm
Quecksilber mm	mmHg	Meilen See	nmi	Unze (Handelsgewicht)	ozm
Energie	**Maßeinheit (Typ)**	Meter	m	**Temperatur**	**Maßeinheit (Typ)**
BTU	btu	Pica 1/72 Zoll	Pica	Celsius Grad	C
Elektrovolt	ev	Yard	yd	Fahrenheit Grad	F
Erg	e	**Flüssigkeiten**	**Maßeinheit (Typ)**	Kelvin	K
Fuß-Pound	flb	Esslöffel	tbs	**Zeiten**	**Maßeinheit (Typ)**
IT-Kalorie	cal	Gallone	gal	Jahr	yr
Joule	J	Liter	l oder lt	Minute	mn
Thermodynamische Kalorie	c	Teelöffel	tsp	Stunde	hr
Watt	w	U.K. Pint	uk_pt	Tag	d

Abbildung 23.6: Schnell mal ein anderes Maß finden …

Wer noch nach dem Motto »Früher war alles besser« an den »alten« DM-Zeiten hängt, kann mit der Funktion `=DM(Zahl;Dezimalstellen)` wieder aus dem Euro die Deutsche Mark umwandeln. Wer hier eine Umrechnung nach dem damaligen Kurs (1 DM = 1,95583 €) erwartet, wird enttäuscht sein. Lediglich das Format wird geändert. Sie geben hier eine Zahl direkt ein, die Angabe eines Zellbezugs ist nicht möglich. Das Argument `Dezimalstellen` legt die Nachkommastellen fest. Die spätere Anpassung über die Schaltfläche DEZIMALSTELLEN HINZUFÜGEN in der Registerkarte START ist auch nicht möglich.

Ab 2002 wurde der Euro einführt. In römischen Zahlen war das das Jahr »MMII«. Hätten Sie es gewusst?

Das dynamische Selfie

Achtung, Aufnahme! Sie können dynamische Verknüpfungen in Excel als eine Grafik anlegen, die Sie wiederum ganz anders mit grafischen Möglichkeiten bearbeiten können. Sie benötigen dazu die Schaltfläche KAMERA.

Sie können damit eine dynamische Momentaufnahme eines Diagramms oder Zellbereichs erstellen, die sich automatisch aktualisiert.

1. Klicken Sie in der Schnellzugriffleiste auf das Symbol mit dem Dreieck nach unten und wählen Sie dann im Menü WEITERE BEFEHLE.
2. Geben Sie hier unter BEFEHLE AUSWÄHLEN den Eintrag ALLE BEFEHLE an.
3. Klicken Sie dann auf den Eintrag <TRENNZEICHEN> und tippen Sie `k` ein, um zu den Befehlen zu springen, die mit diesem Buchstaben beginnen.
4. Mit einem Doppelklick auf den Eintrag KAMERA wählen Sie diesen aus.

Sobald Sie den Dialog schließen, steht Ihnen die Schaltfläche in der Symbolleiste für den Schnellzugriff zur Verfügung (siehe Abbildung 23.7).

5. Markieren Sie den entsprechenden Zellbereich und aktivieren Sie per Mausklick die Funktion KAMERA.
6. Mit gedrückter, linker Maustaste ziehen Sie die Grafik auf.

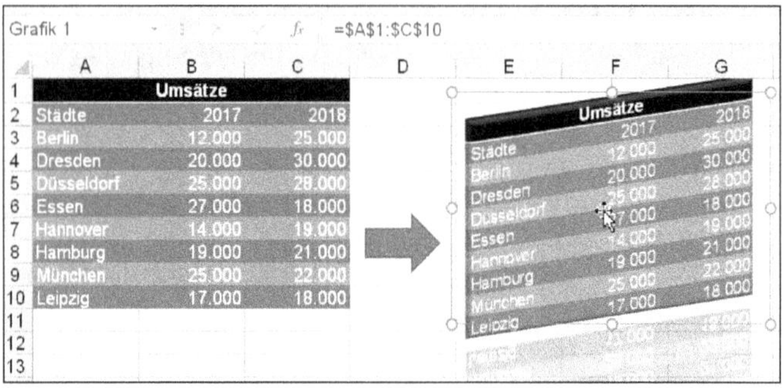

Abbildung 23.7: Blitzschnell: von einer Tabelle zu einer Grafik

Die Symbolleiste BILDTOOLS/FORMAT blendet sich zur grafischen Bearbeitung ein.

Live mit der Kamera dabei sein!

Excel merkt sich jetzt den markierten Bereich als Schnappschuss.

Das Bild bleibt mit dem Original verbunden! Obwohl es aussieht wie ein statischer Screenshot, ist dieses Bild mit dem ursprünglichen Bereich dynamisch verknüpft. Wenn Sie Daten ändern, Formeln anpassen oder das Diagramm neu gestalten, passt sich das Kamerabild automatisch an.

Hokuspokus: Texte trennen

Manchmal möchte man sich nicht verbinden, sondern trennen. In Excel können die einzelnen Angaben aus E-Mail-Adressen übersichtlich extrahiert werden. Das ist zum Beispiel bei E-Mail-Adressen der Fall, die häufig als ein zusammenhängender Text an Excel übergeben werden.

Hier lassen sich Namen und Vornamen bei einem entsprechenden Aufbau der E-Mail-Adressen (wie zum Beispiel peter.lustig@abc.de) in einzelne Spalten voneinander trennen.

Dazu können Sie den Textkonvertierungs-Assistenten im Menüband DATEN über die Schaltfläche TEXT IN SPALTEN starten. Hier geben Sie als Trennungszeichen den Punkt und das @-Zeichen ein.

Eine gute Hilfe bietet dazu die Vorschau des Textkonvertierungs-Assistenten. Allerdings geht das hier nur in Einzelschritten, und Sie müssen den Assistenten jedes Mal Trennung für Trennung, Spalte für Spalte starten.

Eine weitere Möglichkeit ist der Einsatz von kombinierten Funktionen. Mit den Funktionen `=GROSS()`, `=GROSS2()` und `=KLEIN()` können Sie die Groß- und Kleinschreibung in Excel ändern.

Mit der Funktion `=GROSS()` werden alle Buchstaben des Texts großgeschrieben, während die Funktion `=GROSS2()` nur den ersten Buchstaben großschreibt.

Nur eine kleine Ergänzung: Mit der Funktion `=KLEIN()` werden großgeschriebene Wörter kleingeschrieben.

Mit den Funktionen `=LINKS()` und `=RECHTS()` selektieren Sie die Zeichen bis zu einer beziehungsweise ab einer bestimmten Stelle. Sie erhalten in diesem Beispiel den Vornamen aus der E-Mail-Adresse mit der kombinierten Formel (siehe Abbildung 23.8): `=GROSS2(LINKS(A2;FINDEN(".";A2)-1))`.

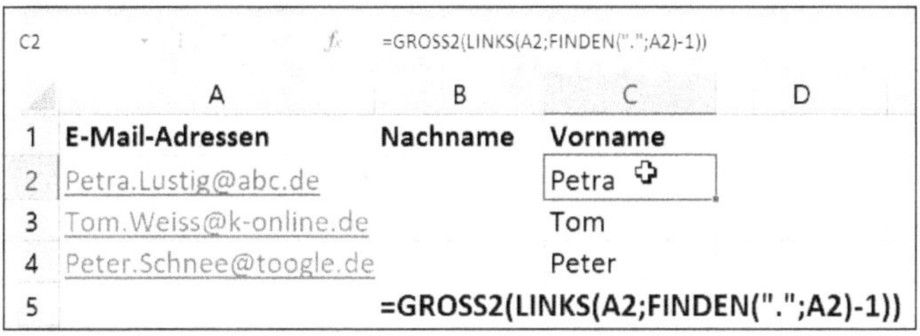

C2 =GROSS2(LINKS(A2;FINDEN(".";A2)-1))

	A	B	C	D
1	**E-Mail-Adressen**	**Nachname**	**Vorname**	
2	Petra.Lustig@abc.de		Petra	
3	Tom.Weiss@k-online.de		Tom	
4	Peter.Schnee@toogle.de		Peter	
5		**=GROSS2(LINKS(A2;FINDEN(".";A2)-1))**		

Abbildung 23.8: Vornamen finden

»Was denkt sich Excel dabei?« Excel sucht den ersten Punkt einer Zeichenfolge mithilfe der Funktion `=FINDEN()`.

Die Zeichen links davon werden über die Funktion `=LINKS()` wiedergeben, mit Ausnahme des Punkts (`-1`).

Dabei wird der Anfangsbuchstabe durch die Funktion `=GROSS2()` großgeschrieben.

Für die zusätzliche Übertragung des Nachnamens benötigen Sie noch die Funktion `=TEIL()`, die eine bestimmte Zeichenfolge wiedergibt.

Kombinieren Sie Funktionen, können Sie mit mithilfe der folgenden Formel den Nachnamen aus einer E-Mail-Adresse filtern:

```
=GROSS2(TEIL(A2;FINDEN(".";A2)+1;FINDEN("@";A2)-FINDEN(".";A2)-1))
```

Die Funktion `=TEIL()` gibt die Zeichenfolge zwischen dem ersten Punkt bis zum @-Zeichen wieder.

Durch die beiden ersten Funktionen `=FINDEN()` werden diese beiden Zeichen ermittelt.

Mithilfe der Subtraktion der dritten Funktion `=FINDEN()` werden die Zeichen vom Punkt bis zum @-Zeichen wiedergegeben (siehe Abbildung 23.9).

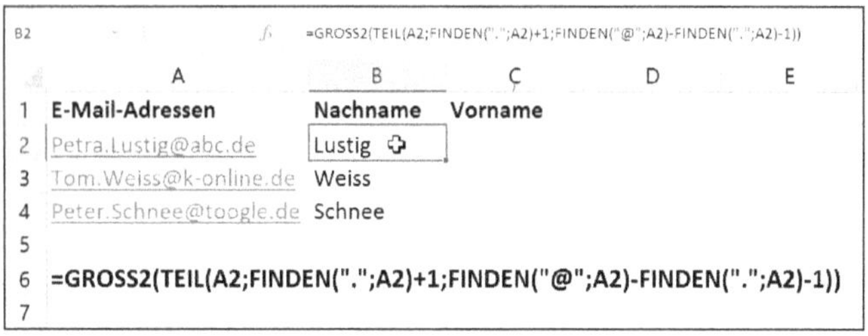

Abbildung 23.9: Den passenden Nachnamen gefunden

Spaltensummen richtig austricksen

Zellen können auch mit einem Mausklick verbunden werden. Aus mehreren markierten Zellen wird eine. Das Auge formatiert mit. Aus optischen Gründen wird häufig eine Überschrift zentral über mehrere Zellen gewünscht.

Über die Schaltfläche VERBINDEN UND ZENTRIEREN in der Registerkarte START verbinden und zentrieren Sie markierte Zellbereiche. Der Befehl wird gerne in der Praxis genommen, um Zellinhalte über Listen optisch zu zentrieren. Dazu markieren Sie die Zellen und klicken auf den Befehl. Aus mehreren Zellen wird jetzt eine (siehe Abbildung 23.10).

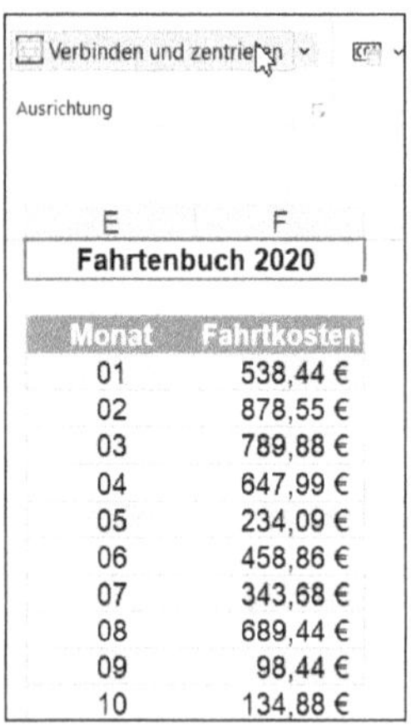

Abbildung 23.10: Überschriften optisch zentrieren

Doch einen großen Haken hat die Sache. Die so verbundenen Zellen stören bei Berechnungen. So können Sie beispielsweise keine Summe =SUMME(C:C) aus dieser Spalte bilden (siehe Abbildung 23.11).

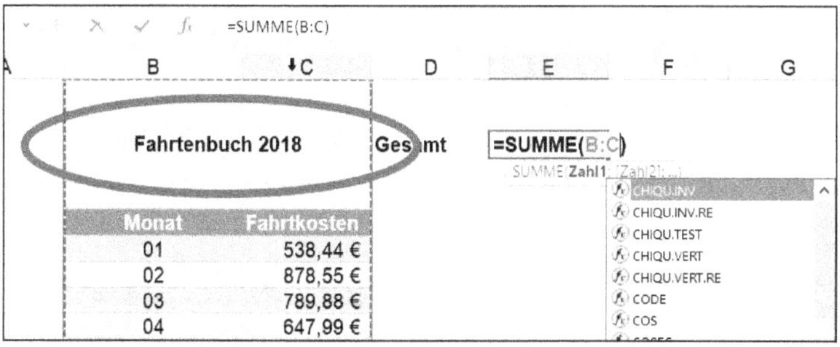

Abbildung 23.11: Das Verbinden und Zentrieren stört die Spaltensumme

Hier bietet sich ein anderer Weg als über die Schaltfläche VERBINDEN UND ZENTRIEREN an.

1. Markieren Sie ebenfalls die entsprechenden Zellen. Starten Sie das Dialogfeld ZELLEN FORMATIEREN (Strg+1).
2. Holen Sie die Registerkarte AUSRICHTUNG in den Vordergrund.
3. Öffnen Sie die Auswahl bei HORIZONTAL.
4. Wählen Sie hier die Angabe ÜBER AUSWAHL ZENTRIEREN (siehe Abbildung 23.12).

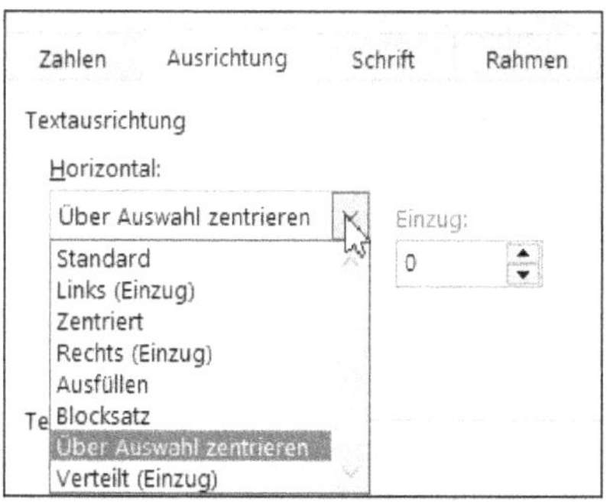

Abbildung 23.12: Ausgetrickst! Keine Berechnung wird mehr gestört.

Der Inhalt der Zelle wird entsprechend der Markierung zentriert. Die Zellen bleiben jedoch einzeln und können nun ohne Einschränkung für Berechnungen genutzt werden.

Voll im Excel-Bild sein!

Mit einem Klick zur *Vollbildansicht* zu gelangen, war in den früheren Excel-Versionen möglich. So konnten Sie sich auf das Wesentliche, auf die Eingabe und das Tabellenblatt, konzentrieren.

In den aktuellen Versionen legen Sie dazu eine eigene Schaltfläche in der Symbolleiste für den Schnellzugriff an (funktioniert in Word übrigens ganz genauso).

Sie können zwar über die Menübandoptionen das Menüband komplett ausblenden. Doch das ist nicht so komfortabel, vor allem beim Deaktivieren des Vollbildmodus.

Ob über die Auswahl in der Symbolleiste für den Schnellzugriff, mit rechter Maustaste oder Datei|Optionen, viele Wege führen angeblich nach Rom. So auch der Weg zum Anpassen der Symbolleiste für den Schnellzugriff.

Geben Sie hier unter Befehle auswählen: den Eintrag Alle Befehle an. Klicken Sie auf den Eintrag <Trennzeichen> und geben Sie den Buchstaben v ein. Sie springen zu den Befehlen, die mit dem Buchstaben V anfangen. Klicken Sie doppelt auf den Eintrag Vollbildansicht ein/aus und bestätigen Sie über die Schaltfläche OK.

Die Schaltfläche Vollbildansicht ein/aus befindet sich in der Symbolleiste für den Schnellzugriff. Klicken Sie die Schaltfläche an, erscheint die Vollbildansicht. Mit der Taste Esc gelangen Sie wieder zur Normalansicht zurück.

Wem die Wege zum Anpassen der Symbolleiste zu weit sind, der kann sich das Leben erheblich erleichtern. Unter Alle Befehle finden Sie die Schaltfläche Passen Sie die Symbolleiste für den Schnellzugriff an. Ist sie einmal hinzugefügt, gelangen Sie per Mausklick direkt zur Schaltzentrale für die Symbolleiste für den Schnellzugriff.

Übrigens, es gibt unter Alle Befehle auch die Schaltfläche Optionen für den schnellen Weg dorthin.

Abbildungsverzeichnis

Stichwortverzeichnis

Diese Bücher könnten Sie auch interessieren

R. Schwabe

Word Tipps und Tricks für Dummies

2. Auflage 2019 **ISBN:** 978-3-527-71664-7

258 Seiten

Format: 140 mm x 216 mm

Ladenpreis: 9,99 €*

Dieses Buch verrät Ihnen viele Tipps und Tricks, die Sie kennen sollten, um mit Word (2019, 2016, 2013, 2010, 2007 und Office 365) schnell und effektiv zu arbeiten. Dazu gibt es viele praktische Tastenkombinationen und lustige Ideen für den Word-Alltag.

K. Oehler und R. Schwabe

Excel im Controlling für Dummies

2. Auflage 2020 **ISBN:** 978-3-527-71597-8

454 Seiten

Format: 176 mm x 240 mm

Ladenpreis: 24,99 €*

Sie haben sich schon immer gefragt, wie Sie Excel noch effektiver für Ihren Job im Controlling oder in der Buchhaltung nutzen können? Dann sind Sie hier genau richtig! Lernen Sie, professionell mit Excel umzugehen und es erfolgreich in Ihrem Berufsalltag einzusetzen.

A. Blumenau, A. Windolph und P. Kiefer

Projektmanagement mit Microsoft 365 für Dummies

1. Auflage 2024 **ISBN:** 978-3-527-72171-9

544 Seiten

Format: 176 mm x 240 mm

Ladenpreis: 30,- €*

Dieses Buch ermöglicht es Ihnen, Projekte mit Excel und weiteren Microsoft-365-Tools zu planen, sicher durchzuführen und zuverlässig zu kontrollieren.

*Der €-Preis gilt nur für Deutschland. Preisänderungen und Irrtümer vorbehalten.

www.ingramcontent.com/pod-product-compliance
Lightning Source LLC
LaVergne TN
LVHW050649051026
849532LV00002B/581